Helio Castroneves

Três vezes campeão das 500 Milhas de Indianápolis

O caminho da vitória

Recordista brasileiro de vitórias na Fórmula Indy

Helio Castroneves

Três vezes campeão das 500 Milhas de Indianápolis

O caminho
da vitória

com **Marissa Matteo**

*Recordista brasileiro de
vitórias na Fórmula Indy*

São Paulo | 2011

EDITORA
Gaia

Victory Road: The Ride of my Life
© Castroneves Publishing, LLC, 2010
Foreword © Roger Penske, 2010

All rights reserved including the right of reproduction in whole or in part in any form. This edition published by arrangement with Celebra, a member of Penguin Group (USA) Inc.

Imagens do livro: © El Nuevo Herald, 2009 (capa); © Dana Garrett, 2009 (orelha); © Shawn Payne/IMS Photo (quarta capa); cortesia do autor (p. 5, 23, 93, 123, 135, 151, 223, 233, 249, 263, 264); © Dan Helrigel/IMS Photo (p. 16, 17); © Miguel Costa Jr. (p. 39, 77, 163, 213); © Carol Kaelson/Disney ABC Television Group (p. 77); © Jim Haines/IMS Photo (quarta capa, p. 259). *Imagens do encarte:* fotos cedidas pela família.

1ª Edição, Editora Gaia, São Paulo 2011

Diretor Editorial
Jefferson L. Alves

Diretor de Marketing
Richard A. Alves

Gerente de Produção
Flávio Samuel

Coordenadora Editorial
Arlete Zebber

Tradução
Claudio Blanc

Preparação
Luciana Chagas

Revisão
Ana Carolina Ribeiro

Capa
Reverson R. Diniz

Dados Internacionais de Catalogação na Publicação (CIP)
(Câmara Brasileira do Livro, SP, Brasil)

Castroneves, Helio
  O caminho da vitória / Helio Castroneves com Marissa Matteo ; [tradução Claudio Blanc]. – São Paulo : Gaia, 2011.

  Título original: Victory road : the ride of my life.

  ISBN 978-85-7555-276-6

  1. Automobilismo - Brasil 2. Castroneves, Helio I. Matteo, Marissa. II. Título.

11-10318   CDD-796.72092

Índice para catálogo sistemático:
1. Pilotos de corrida : Automobilismo : Biografia   796.72092

Direitos Reservados

EDITORA GAIA LTDA.
(pertence ao grupo Global Editora
e Distribuidora Ltda.)

Rua Pirapitingui, 111-A — Liberdade
CEP 01508-020 — São Paulo — SP
Tel: (11) 3277-7999 / Fax: (11) 3277-8141
e-mail: gaia@editoragaia.com.br
www.editoragaia.com.br

Obra atualizada conforme o
Novo Acordo Ortográfico da Língua Portuguesa

Colabore com a produção científica e cultural.
Proibida a reprodução total ou parcial desta obra sem a autorização do editor.

Nº de Catálogo: **3254**

Para Luke Weber, cujo otimismo sempre me lembrou de que simplesmente basta ter oportunidade para realizar seus sonhos.

Para Kati, que abriu mão de seus sonhos para que eu pudesse realizar os meus. Só hoje percebo que conquistar meus sonhos também era o sonho dela.

Para meus pais, cujo sonho era que eu e minha irmã nos amássemos e nos apoiássemos ao longo do caminho. Esse sonho se realizou.

E para Adriana e Mikaella, por quem darei duro para que realizem seus sonhos.

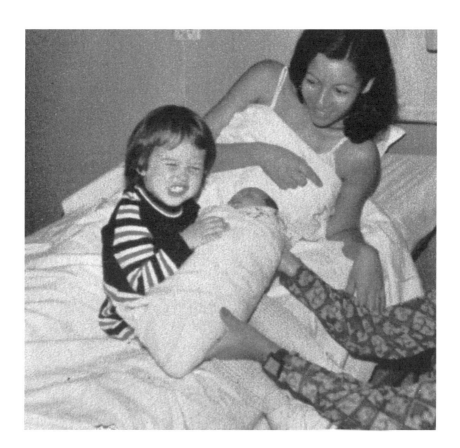

Sumário

Prefácio   9

Prólogo   13

Parte 1

CAPÍTULO 1: Parado   23

CAPÍTULO 2: Motivado   39

CAPÍTULO 3: Testando   77

CAPÍTULO 4: Diminuindo   93

CAPÍTULO 5: Chamado ao box   107

Parte 2

CAPÍTULO 6: 180 graus   123

CAPÍTULO 7: A primeira vez em Indianápolis   135

CAPÍTULO 8: Perseguindo a história   151

CAPÍTULO 9: Sob julgamento   163

CAPÍTULO 10: Dançando   177

Parte 3

CAPÍTULO 11: Pare, desacelere, volte   203

CAPÍTULO 12: Perdendo o controle   213

CAPÍTULO 13: Preparação   223

CAPÍTULO 14: Tempo de julgamento   233

CAPÍTULO 15: Concluindo   249

CAPÍTULO 16: De volta às pistas   259

CONCLUSÃO: O começo   263

Apêndice   269

Agradecimentos   275

Prefácio

MESMO ANTES DE HELIO fazer parte da equipe Penske, eu o observava nas pistas. Quando não estava de capacete, ele era só sorriso; quando estava com o capacete, era só concentração. É o tipo de pessoa por quem você torceria e o tipo de piloto que você iria querer em sua equipe. Assim, fiquei entusiasmado quando ele entrou no time, em 2000. Imediatamente, Helio absorveu a cultura da equipe, mas também trouxe algo novo e unicamente seu. Ficou claro que tínhamos contratado não só um grande piloto, mas também um grande caráter, revelado aos fãs em uma das primeiras corridas daquela temporada.

Estávamos no Grande Prêmio de Detroit, em Belle Isle, onde Helio conquistou sua primeira vitória na CART.[1] Quando cruzou a linha de chegada, eu sabia que aquela seria a primeira de muitas vitórias impressionantes. Contudo, eu não estava esperando pelo que aconteceu em seguida. Helio parou o carro na linha de chegada, correu até o alambrado e começou a escalar. Eu nunca tinha visto nada parecido. Ninguém tinha. O público ficou louco. Era emocionante ver nosso novo e jovem piloto pendurado naquela cerca, ansioso por compartilhar sua alegria com os fãs. Era impossível não se deixar levar pela emoção. Seu entusiasmo era contagiante.

---

1   Championship Auto Racing Teams, série norte-americana de competições de monopostos entre equipes de automobilismo. (NT)

O caminho da vitória

Com aquela primeira escalada de alambrado, Helio trouxe algo novo ao nosso esporte — um entusiasmo e uma energia que os torcedores há muito procuravam. Passaram a chamá-lo de Homem--Aranha e, logo que entrava na pista, começavam a cantar o apelido. Garotos vestiam a fantasia do Homem-Aranha nas arquibancadas. Ele se tornou um ídolo da noite para o dia. Na primeira temporada, conquistou três *pole positions* e escalou o alambrado três vezes. Ficou conhecido não apenas por ser um cara divertido de se ver correr, mas também por ser um piloto de nível internacional.

Apesar da paixão e emoção que Helio demonstra depois de cruzar a linha de chegada, quando está no carro ele é um dos pilotos mais obstinados e concentrados que já vi. Isso ficou evidente como nunca quando Helio correu as 500 Milhas de Indianápolis pela primeira vez. Foi em 2001, e nossa equipe estava voltando a correr no Brickyard[2] pela primeira vez em cinco anos. Indianápolis é uma pista difícil, mas Helio estava determinado e foi obstinado em sua preparação. Durante o mês que antecedeu a Indy 500, ele trabalhou, ouviu conselhos e conseguiu aumentar sua confiança. No dia da prova, estava ansioso para correr — e não desapontou. Nas últimas voltas, colou em seu companheiro de equipe, Gil de Ferran, e, dessa forma, terminamos em primeiro e segundo lugares pela primeira vez na história da escuderia. Helio escalou pela primeira vez o alambrado do autódromo e foi contagiante ver a multidão cantar seu nome enquanto ele comemorava vibrando os punhos no ar.

Quando Helio voltou ao Brickyard, em 2002, houve muita especulação a respeito da possibilidade de ele se tornar o primeiro piloto em trinta anos a vencer essa prova sucessivamente. Prometi ao Helio que se ele realizasse esse feito impressionante, eu o acompanharia na escalada do alambrado do autódromo. Helio, como de costume, fi-

---

2   Brickyard ("pátio de tijolos"), nome pelo qual também é conhecido o Indianapolis Motor Speedway em razão de seu traçado oval de 2,5 milhas ter sido coberto por 3,2 milhões de tijolos – os mesmos usados em pavimentação de rua – meses depois de sua inauguração, em 1909, e com eles permanecido até 1961, quando recebeu asfalto tradicional. (NE)

cou calmo e resoluto assim que colocou o capacete. Era uma corrida especialmente difícil, mas ele obteve mais uma vitória emocionante. E eu escalei o alambrado pela primeira vez.

Helio foi o primeiro (e possivelmente o único) piloto que conseguiu me fazer escalar o alambrado no Brickyard. É claro que ele comemorou da mesma forma quando venceu as 500 Milhas pela terceira vez, em 2009, tornando-se um dos nove pilotos na história a vencer a Indy três vezes.

A personalidade apaixonada e divertida de Helio é contagiante. Quando está por perto, você não consegue deixar de se envolver pela história dele. E ele escreveu uma grande história.

Estou ansioso para ver os próximos capítulos.

Roger Penske

Prólogo

NASCI EM SÃO PAULO, em 10 de maio de 1975, e cresci em uma cidade do interior chamada Ribeirão Preto. Fui criado por Helio Castro Neves pai, um homem que adorava automobilismo, e Sandra Castro Neves, uma mulher que detestava esse esporte.

Meu pai é inteligente, carinhoso e sempre está de bom humor. Mas também é um lutador quando é preciso ser (ou seja, todas as vezes que mamãe tentou me impedir de pilotar). Durante minha vida inteira, procurei viver de acordo com o exemplo e a filosofia de meu pai: "para ser um campeão, você precisa agir como um campeão".

Minha mãe é uma mulher meiga, elegante e religiosa. Em minhas primeiras corridas, ela permanecia do lado de fora com seu terço, rezando para que eu ficasse entre os últimos, longe do grupo principal, para não me machucar (ela ainda usa o terço, mas não reza mais para que eu fique entre os últimos). Fez tudo o que podia para me convencer a escolher qualquer outra carreira que não fosse a de piloto — alguma coisa estável e segura —, mas acabou abrindo mão. Ela tem fé nas palavras que repete continuamente para mim: "Deus tem um plano".

Eu e minha irmã, Kati, fomos criados entre esse duelo de filosofias: "aja como um campeão" e "Deus tem um plano". Também fomos ensinados a ficar juntos. O sucesso na vida é um esforço de equipe. Eu sempre soube que, se me virasse para o lado, Kati estaria lá com seus olhos castanhos brilhantes e com um enorme sorriso nos lábios.

Comecei a correr em 1987 e, apesar de minha mãe ter de arrastá-la para as primeiras corridas, Kati logo se tornou minha maior (e mais barulhenta) torcedora. Em contrapartida, eu era arrastado a suas apresentações de balé (algo de que nunca gostei muito até completar treze anos e me tornar capaz de apreciar a maravilhosa visão que é vinte garotas usando *collants*).

No outono de 2007, quando participei do programa *Dancing with the Stars*, entendi realmente a dificuldade de ser dançarino. Kati voava de Miami a Los Angeles toda semana para me ver.

— Não é assim tão fácil, hein? — ela me cutucava.

E tive de concordar. Mas entrei para vencer. Recusava-me a voltar para casa sem aquele troféu, o qual, agora, ocupa um lugar proeminente entre os meus troféus de automobilismo mais importantes.

Tudo era incrível. Eu tinha uma carreira extremamente bem-sucedida como piloto de Fórmula Indy e havia vencido duas vezes a prova automobilística mais importante do mundo, as 500 Milhas de Indianápolis. Morava numa casa linda, no sul da Flórida. Era um jovem próspero e planejava como poderia atingir meu maior objetivo profissional — o de vencer o campeonato, tendo chegado tão perto disso por diversas vezes, inclusive na temporada de 2008.

Então, em outubro de 2008, Kati e eu fomos indiciados por seis acusações de evasão fiscal. Minha vida desmoronou. A casa enorme, os carros de luxo, os troféus e o ambiente da Fórmula Indy tornaram-se símbolos do passado. Num único dia, fui das pistas de corrida para a cadeia. Num único dia, meu mundo mudou para sempre.

Alguns meses antes de ser indiciado, eu tinha começado a namorar Adriana, uma beldade colombiana de olhos e cabelos escuros. Tínhamos nos conhecido na área de recolhimento de bagagens do aeroporto de Cartagena. Estávamos no mesmo voo vindo de Miami e, no momento em que a vi, fui cativado. Ela não era apenas linda, mas também transmitia confiança e calma.

Adriana e eu começamos a namorar em janeiro de 2008 e fui indiciado em outubro do mesmo ano. Eu tinha certeza de que, quando lhe contasse sobre o caso, ela me deixaria. Em vez disso, continuou ao meu lado, sólida como uma rocha. É uma das mulheres mais fortes que já conheci. Ela também me desafia a ser uma pessoa melhor. Em um de nossos primeiros encontros, eu estava nervoso e acho que falava um pouco demais (o que não costumo fazer!). Ela me olhou e esperou que eu me calasse. Então, disse: "Você é senhor de seus pensamentos, mas é escravo daquilo que diz". Fiquei impressionado e ainda mais enamorado. Soube, naquele momento, que ela era diferente de qualquer mulher que eu tinha conhecido.

Hoje, Adriana é mãe de nossa filha. Tenho orgulho (e fico um pouco assustado) em dizer que Mikaella parece estar assumindo a mesma personalidade forte da mãe. Cara, tenho uma longa estrada pela frente!

Há outra filosofia pela qual pauto minha vida: *amanhã é outro dia*. Há diversas lições do automobilismo que podem ser transferidas para a vida cotidiana. Você tem de encarar uma corrida por vez. Só se pode vencer a corrida da qual se está participando, por isso é preciso viver um dia de cada vez. Isso quer dizer que cada desafio deve ser resolvido em seu próprio tempo. Vejo a vida como uma grande corrida. Nem o campeonato nem as provas individuais que o constituem são vencidos na primeira volta. Essa é uma das primeiras coisas que você aprende como piloto. Você tem de adequar sua velocidade e mantê-la, mesmo quando a situação fica meio assustadora. Às vezes, é necessário tirar o pé do acelerador para economizar combustível. Outras vezes, deve-se pisar fundo. Apesar de ser você quem está pilotando o carro, o automobilismo é um esforço de equipe — você não está sozinho, embora de vez em quando se sinta assim. É preciso manter o controle e sempre acreditar em si mesmo. E, lembre-se, se houver problemas — e haverá — é porque existe uma solução para eles.

Helio Castroneves

Parte 1

Senhoras e senhores, liguem seus motores

*Tudo na vida
tem começo, meio e fim.*

Provérbio brasileiro

DOMINGO, 24 DE MAIO DE 2009

É UMA TARDE QUENTE em Indianápolis. O hino nacional está sendo executado e quatrocentos mil torcedores têm a mão sobre o coração. As palavras finais ecoam no autódromo: "na terra dos livres e lar dos bravos..."

Estou em pé, com minha equipe, o carro posicionado na linha de largada do Indianapolis Motor Speedway. Minha irmã está no box com meus pais. O lema de meu pai reverbera em minha cabeça: *para ser um campeão, você tem de agir como um campeão.* Incho o peito e fico um pouco mais alto (se tiver sorte, na ponta dos pés posso chegar à imponente altura de 1,72 m).

Começam as apresentações dos pilotos.

— Largando na 33ª posição...

A voz do apresentador retumba e a adrenalina começa a pulsar nas minhas veias. O público começa a cantarolar. Conforme os nomes dos pilotos são anunciados, oscilo entre a atenção e a divagação.

Quatrocentas mil pessoas me rodeiam; o lugar transborda emoção.

— Largando na décima posição... Danica Patrick.

A multidão grita mais alto e eu volto a prestar atenção. Ouço algumas vaias. Isso me surpreende. Normalmente, Danica é a mais adorada. Olho ao redor da pista. Continuo tão impressionado com o tamanho desse lugar como na primeira vez em que pisei na "catedral" do automobilismo norte-americano.

Ouço o nome do meu amigo de infância ser anunciado:

— Largando na sexta posição... Tony Kanaan.

Lembrei-me de nós dois, ainda garotos em São Paulo, aprendendo a navegar as curvas e a conquistar garotas.

— Largando na segunda posição, Ryan Briscoe.

Olho para meu companheiro de equipe, em pé ao meu lado. Queria perguntar a ele se aquilo era real. Desejava me certificar de que não estava sonhando.

— E agora, o *pole position*: o bicampeão das 500 Milhaaaaas, Helio Castroneves.

Todo o autódromo grita tão alto quanto eu jamais ouvi antes. Mesmo com meus tampões de ouvido, o barulho é ensurdecedor. Viro-me para Ryan:

— Uau! — exclamei. — Que incrível!

— Impressionante, colega — respondeu ele.

— Pilotos, aos seus carros.

Entro no carro assobiando uma canção para me acalmar: *In every life we have trouble / But when you worry you make it double / Don't worry. Be happy.* [Todo mundo tem problemas / Mas se você se preocupar eles aumentam. / Não se preocupe. Seja feliz.]

Agarro o volante.

Concentração, repito para mim mesmo. *Concentração.*

O arcebispo faz a prece.

É só mais uma corrida. Igual a todas as outras.

A sirene soa.

Você não vai vencer na primeira volta. Acerte seu ritmo.

A banda começa a tocar *Back Home Again in Indiana* e milhares de balões erguem-se no céu.

Aguente firme. Mantenha o controle.

— Senhoras e senhores, liguem seus motores.

Para ser um campeão, você tem de agir como um campeão.

Deus tem um plano.

CAPÍTULO 1

Parado

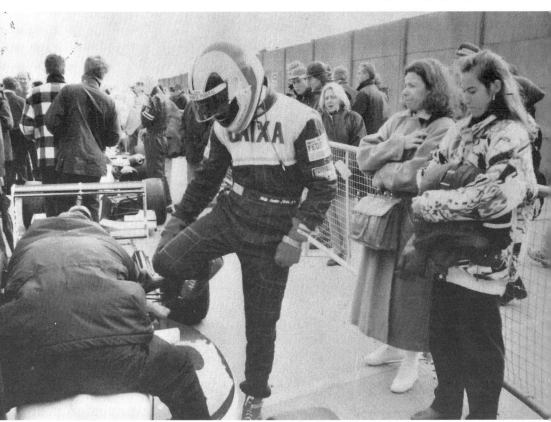

*Porque,
em uma fração de segundo,
já era.*

Ayrton Senna

URANTE TODA A MINHA vida, corri atrás de centésimos de segundo. É tudo o que sei fazer. Meu foco sempre foi: olhe adiante, guie mais rapidamente, apenas pilote. *Nunca me disseram,* pare, diminua a velocidade, volte. *Contudo, nos últimos seis meses, eu venho me preparando para esse julgamento e todos os dias os advogados me dizem para retroceder no tempo. Conte-nos a história de novo. Procure se lembrar dos detalhes. Pare. Diminua a velocidade. Volte. Volte.*

É uma agonia.

Não consigo dormir. Mal toco a comida. Deveria estar correndo, mas há meses não entro em um carro.

Com o passar dos dias, conforme os preparativos para o julgamento se arrastam, percebo lentamente quanto eu e minha família nos sacrificamos em nome da minha carreira de piloto — tempo, dinheiro, anos de dedicação e determinação. Percebo rapidamente que tudo isso pode ser tirado de mim, de nós, em um instante.

O pior de tudo é que esse maldito pesadelo passa em câmera lenta.

Estamos em 3 de março de 2009. Estou sentado em um tribunal de Miami, aguardando que alguma coisa aconteça. O secretário levanta-se:

— Todos em pé. O honorável juiz Donald L. Graham irá presidir a sessão.

Vestindo uma túnica negra, entra um homem alto, suntuoso, com cabelos cortados à militar e um olhar severo. Ele toma sua cadeira e nos diz:

— Sentem-se.

Todos nós sentamos. Sinto-me como se estivesse atuando em um filme. O homem foi perfeitamente escolhido para o papel de juiz. O tribunal é frio e um pouco escuro. Os advogados assumem um ar austero e sério. Os jurados estão quietos e atentos. A voz do secretário ecoa no tribunal, forte e clara:

— A corte irá agora ouvir o caso dos Estados Unidos da América versus Helio Castroneves.

Que droga.

Os Estados Unidos da América.

Contra mim.

O filme começa a se tornar realidade e eu me esforço para manter a concentração. Um promotor público levanta-se para fazer o discurso de abertura. Ele fala sobre mim e eu tento prestar atenção, mas me perco em suas palavras.

Não conheço muita coisa sobre procedimentos legais, mas sei de uma coisa: fui indiciado por evasão fiscal por conta de seis acusações. Minha irmã e o advogado que cuida dos meus negócios foram indiciados pelas mesmas seis acusações, e nós três fomos acusados de conspiração. Sei que não fiz nada errado, mas também sei que posso ser condenado a dez anos de prisão. Isso significaria o fim da minha carreira no automobilismo e minha deportação ao Brasil. E tudo o que quero é voltar às pistas para treinar para a próxima temporada.

Meu advogado, Roy Black, caminha na frente dos jurados:

— Para entender o que ocorreu neste caso, vocês devem compreender algo sobre Helio. Quando ele era menino, ficou claro, muito cedo, que era extremamente talentoso no automobilismo. Ele nasceu com um dom...

Olho para baixo. Não sei o que fazer com meus olhos e minhas mãos. Pego meu bloco de notas e fixo o olhar em uma página em branco.

Roy continua:

— Ele tinha os reflexos, a coordenação entre as mãos e os olhos, ele tinha a habilidade de fazer o que a maioria dos seres humanos apenas sonha fazer. Ficou claro que ele possuía coragem extrema, tão necessária à participação nesse esporte em que se pilota um carro a 320 quilômetros por hora, percorrendo, em um segundo, uma distância maior que um campo de futebol. Para tanto, é preciso reflexos, instintos, dotes que estão muito além daqueles que a maioria possui.

Olho para os jurados. Examino os olhos daquelas dez pessoas que decidirão o meu destino. O promotor público dissera-lhes que eu era um criminoso. *Vocês não me conhecem,* quero dizer a eles. *Não sou um criminoso. Sou uma boa pessoa. Amo este país exatamente como vocês. Este país me deu oportunidades e permitiu que eu realizasse meu sonho.*

Faço contato visual com um jurado e imediatamente desvio os olhos. Volto a fixar meu olhar no bloco de notas e começo a escrever orações.

Pai nosso que estais nos céus, santificado seja o vosso nome.

Ouço a voz do Roy. Ela soa como se estivesse a milhares de quilômetros de distância:

— Para desenvolver o talento de Helio, sua família abriu mão de quase tudo. Seu pai tinha um empreendimento e gastou praticamente todo o dinheiro de que dispunha para promover, administrar, supervisionar e dar assistência ao filho. Sua irmã, Kati, que fora bailarina e dançara profissionalmente, desistiu da carreira para trabalhar com o irmão. Vejam, esta é uma família muito unida, que fez tudo o que podia para ajudar Helio a realizar seu sonho. O sonho de Helio se tornou o sonho da família.

Mantenho a cabeça baixa e tento segurar as lágrimas. Não consigo olhar para Kati nem para meus pais, e as palavras ecoam em minha mente. "O sonho de Helio se tornou o sonho da família." *E agora,* escrevo no bloquinho, *ele se tornou o pesadelo da família.*

Como isso aconteceu? Como vim parar neste pesadelo? E como foi que arrastei minha família para ele? Não consigo responder a essas perguntas, mas posso me lembrar vividamente do momento em que o sonho nasceu.

***

É primavera no Brasil, ano de 1981. Tenho cinco anos de idade e estou escondido no porta-malas do carro do meu pai. Ouço vozes abafadas quando o carro passa pelos seguranças da pista. Meu pai é dono de uma equipe de Stock Car, Team Corpal. Ele me leva a todas as corridas, mas, para poder entrar nas pistas, é preciso ter no mínimo dezesseis anos. Estou acostumado a me esconder no porta-malas. Sinto o carro andar mais alguns metros e, então, parar. Ouço a porta do carro se abrindo e o som familiar dos passos do meu pai vindo até onde estou. Ele abre o porta-malas, põe-me no colo, mexe nos meus cabelos e, sem dizer palavra, eu o acompanho e me sento no carro com os outros caras — um engenheiro, dois mecânicos e o piloto Alfredo Guaraná Menezes. Alfredo, ou "tio Guaraná", como eu o chamo, foi um dos melhores pilotos do automobilismo brasileiro nos anos 1970. Ele é muito alto, magro e tem um cabelo comprido e ondulado. Sua voz é baixa, mas firme. Ele foi meu primeiro ídolo no automobilismo. Conta-me histórias sobre as corridas de Fórmula 1, quando corria contra campeões como Nelson Piquet e Emerson Fittipaldi. Ouço-o como se ele estivesse me revelando os maiores segredos da vida.

Quando cruzamos a pista para ir aos boxes, fico entre meu pai e tio Guaraná para que os fiscais de pista não me vejam. No box, meu pai me ergue no colo e me coloca entre duas pilhas de pneus.

— Grite se precisar de alguma coisa, Helinho — diz ele, como se alguém fosse me ouvir com o ronco dos motores.

Encolho-me no canto e observo os homens começarem a trabalhar. Aspiro o cheiro de gasolina e de óleo. Sou ninado pelo som dos motores e dos carros zunindo pela pista. Tudo o que tem a ver com esse esporte me encanta. Estou apaixonado.

Durante cinco anos, passei meus sábados escondido no porta-malas do carro do meu pai e encolhido no canto do box do Team Corpal. Quando voltávamos para casa, eu fazia perguntas a meu pai sobre a corrida, o carro e tio Guaraná. Descobri que tio Guaraná tinha sido convidado para correr na Fórmula 1, na Europa, com Piquet, mas que tinha preferido continuar no Brasil.

— Por quê? — perguntei.

Meu pai apenas encolheu os ombros.

Em 1986, papai decidiu que o Team Corpal não iria mais competir. Apesar disso, o pessoal da equipe não se separou. Em vez de irem às pistas oficiais nos finais de semana, eles se encontravam em uma pista abandonada em São Carlos, a cerca de 110 quilômetros da cidade em que cresci, Ribeirão Preto. E eu sempre ia com meu pai. Estava contente por ser incluído na turma e mais feliz ainda por não ter de me esconder no porta-malas. Todos os sábados, meus tios, meus avós e alguns dos empregados de meu pai iam conosco, em caravana. Estacionavam os carros ao lado da pista, armavam a churrasqueira e faziam um círculo de cadeiras de praia. Revezavam-se entre grelhar a carne e pilotar os karts.

Em meu 11º aniversário, ganhei do tio Guaraná meu primeiro kart. Passei horas correndo pelo circuito. Não havia qualquer refinamento em minha técnica. Era só acelerar, frear, acelerar, frear. Porém, adorei a sensação de estar no controle. Depois de um tempo, meus braços começaram a tremer por causa da vibração do volante, mas eu me recusei a parar. Quando voltamos para casa naquela noite, meu pai me disse:

— Não conte para sua mãe sobre o kart. Esse vai ser o nosso segredo.

Minha mãe desprezava o automobilismo. Ela não queria que eu tivesse qualquer ligação com esse esporte, quanto mais pilotar. Durante semanas não falamos nada sobre o kart. Até onde ela sabia, eu e meu pai íamos a São Carlos apenas para o churrasco.

Em um desses sábados, no final da tarde, lá estava eu na pista. Tinha pilotado a tarde inteira enquanto os outros comiam e assistiam. A cada volta, eu ganhava velocidade e confiança. Entrei muito rápido em uma curva e raspei no muro, o que fez o kart voar. Em um instante meu pai estava lá, perguntando:

— Você está bem?

Eu estava só de camiseta e shorts e sentia os joelhos e cotovelos esfolados. Meu pai me levantou e disse:

— Sim, você está bem.

Eu estava trêmulo e sentia todas as partes do meu corpo latejarem. No hospital, limparam minhas feridas. Então, pude ver claramente que havia perdido alguma pele e tive exata noção dos ferimentos.

— O que você vai dizer à mamãe? — perguntei ao meu pai.

— Não se preocupe. Deixe isso comigo.

Quando saímos do hospital, achei que iríamos para casa. Mas, em vez disso, meu pai me levou de volta para a pista.

— O que vamos fazer? — eu quis saber.

— Vamos pilotar.

Então, ele entrou no kart e me disse para sentar em seu colo.

Hesitei. Ele sorriu, garantindo que tudo estava bem. Os outros homens observavam e percebi que uma recusa feriria meu orgulho. Pulei no colo de papai e começamos a voar pelo circuito. Depois de algumas voltas, meu pai parou o carro e disse:

— Ok, agora você vai sozinho.

Dei as primeiras voltas vagarosamente, mas logo meus nervos cederam de novo à excitação e à adrenalina. Eu tinha acabado de aprender a primeira lição do automobilismo: nunca se renda ao medo.

Fizemos a viagem de 110 quilômetros de volta para casa e, embora eu tivesse vencido minha ansiedade na pista, temia enfrentar minha mãe. Não havia como esconder as escoriações e os curativos. Meu pai entrou em casa primeiro, alegre e confiante. Foi logo gritando:

— Olá, Sandra! Já chegamos!

Tentei seguir a dica:

— Oi mãe!

Minha voz, porém, não soou tão firme.

Ela saiu da cozinha e, logo que viu minhas ataduras, correu até mim:

— Ah, meu Deus, o que aconteceu?

Arregalei os olhos, como sempre faço quando estou para mentir:

— Não minta, Helinho. O que aconteceu?

— Ele estava pilotando um kart e se esfolou um pouquinho. Nada grave — respondeu meu pai, tomando a dianteira.

— Um kart! Ele estava pilotando um kart? Você está louco? Está tentando matar meu filho?

Minha mãe é uma mulherzinha firme. Linda, magra, elegante. Seu cabelo castanho dourado está sempre arrumado; suas roupas, sempre na moda. É ex-professora e, como tal, continua prática e pontual em suas ações. A doçura de minha mãe desarma qualquer um, mas ela também pode ficar teimosa e inflexível num piscar de olhos. Seus suaves olhos castanhos tornam-se fixos, ela franze o rosto e você sabe que ela está falando sério. E foi o que aconteceu. Ela colocou as mãos na cintura e encarou meu pai:

— Você vai matar meu filho.

Meu pai é a versão humana de um ursinho de pelúcia: baixo, um pouco rechonchudo, sempre sorrindo, de bom humor. Tem uns olhos azuis cintilantes que revelam seu otimismo inocente. Seu rosto é naturalmente sorridente, o que torna impossível ficar bravo com ele.

— Sandra, não foi nada grave. Ele está bem. Veja. Ele está bem — disse papai.

— Ele não está bem! Veja esses curativos!

— Os meninos se esfolam. Acontece.

— Vá se lavar — minha mãe disse para mim. — Está na hora do jantar.

Enquanto subia as escadas, ouvi a discussão continuar. As últimas palavras de mamãe, ditas enquanto ela se retirava para a cozinha, foram:

— Esta foi a primeira e a última vez que ele entrou num kart, ouviu?

Eu tive certeza de que meus dias de pilotagem estavam acabados, mas no final de semana seguinte meu pai me chamou:

— Helinho, você vem?

— Vou aonde?

— Para a pista. Estamos esperando por você.

Os homens estavam todos em pé, ao lado dos carros, com geladeiras de isopor e caixas de cerveja, como fazíamos aos sábados. Olhei para minha mãe. Ela estava de braços cruzados e com o rosto franzido, mas fez um pequeno sinal com a cabeça indicando que estava tudo bem. Eu não sabia o que meu pai dissera a ela, mas sabia que mamãe não desistiria assim tão facilmente.

Todos os sábados, os homens continuaram a me levar a São Carlos.

Minha mãe articulou um inútil contra-ataque. Matriculou-me na natação, no judô, no futebol, no voleibol, no tênis — qualquer coisa que pudesse me afastar das pistas. Eu experimentava cada esporte por alguns dias, talvez por uma semana — tempo suficiente para ela comprar o uniforme e todo o equipamento —, e então dizia que queria parar. Era tarde demais. Ela sabia. Eu sabia. Meu pai sabia. Ele tinha vencido. O automobilismo já havia entrado em meu sangue.

Todas as semanas, eu continuava a pilotar naquela pista. Mas comecei a me entediar de correr contra mim mesmo.

— Pai, há outros meninos que pilotam karts ou eu sou o único? — perguntei.

— Claro que tem! — ele riu.

Mas como é que eu iria saber? Morávamos em uma pequena cidade agrícola a 300 quilômetros de São Paulo e eu nunca tinha visto outro garoto pilotando um kart.

Uma noite, na primavera de 1987, papai entrou em meu quarto com alguns papéis.

— Veja o que eu trouxe para você — disse ele.

Ah, não!, pensei, *acho que fui mal nas provas da escola.* Quando ele me mostrou a papelada, percebi que era um formulário de inscrição.

— Inscrevi você no Campeonato Estadual de Kart — esclareceu.

Campeonato Estadual? Eu nunca tinha sequer visto outro garoto em um kart!

No fim de semana seguinte, eu, papai, mamãe e Kati fomos a São Paulo. Kati e mamãe não estavam nada contentes. Mamãe estava chateada porque tinha perdido a batalha. Kati, porque tinha perdido uma festa. Meu pai estava eletrizado. Eu estava apavorado.

Quando entramos no kartódromo, vi centenas de karts. Minhas pernas começaram a tremer. Olhei o chão e vi, em todo o circuito, as marcas negras deixadas pelos pneus.

— Essas manchas marcam as várias opções de rota no circuito — disse meu pai.

Eu não tinha nem ideia do que aquilo queria dizer. Acho que meu medo estava aparente, porque minha mãe se inclinou sobre mim e sussurrou:

— Você não precisa fazer isso, se não quiser. Podemos voltar para casa.

Olhei para meu pai e vi quanto ele estava entusiasmado.

— Não, não — respondi. — Eu quero!

Dirigi-me ao box com meu pai, enquanto mamãe e Kati foram para a arquibancada.

— Você está pronto? — papai perguntou.

Respondi com um aceno de cabeça. Estava nervoso e entusiasmado. Mais nervoso do que entusiasmado. Coloquei meu capacete, sentei no kart e saí dos boxes. Ali, cometi meu primeiro erro de principiante: em vez de seguir pela saída dos boxes, saí pela entrada. Imediatamente virei. Pilotei uma volta e então parei. O barulho dos karts me intimidava.

— Por que você parou? — gritou meu pai. — Continue! Continue!

Saí de novo, seguindo os outros karts, e comecei a pegar o jeito. A experiência que tive naquela pista de São Paulo era completamente diferente de pilotar sozinho em São Carlos. Levei um tempo para me acostumar com o barulho, com os outros karts e com aquela excitação toda. Mas no final fiquei à vontade, arrebatado. Eu havia sido picado pelo mosquitinho das corridas.

— Vamos voltar a esta pista? — perguntei a meu pai.

Papai começou a me levar para a pista de São Paulo final de semana sim, final de semana não. Ele me pegava na escola às quintas-feiras à tarde, seguíamos para a capital e ficávamos em um hotel. Minha mãe não gostava que eu perdesse tantas aulas. Insistia que, se eu não tirasse boas notas, pararia de correr. Meu pai conseguiu com os professores que eu fizesse todas as provas do colégio no começo da semana. E me esforcei ao máximo para ir bem — ou bem o suficiente para passar. Faria qualquer coisa para continuar correndo.

Em São Paulo, treinava com cerca de vinte outros pilotos da minha idade, entre eles Tony Kanaan, Felipe Giaffone, Bruno Junqueira, Rodrigo Casarini e Enrique Bernoldi. Eles me chamavam de Caipira, ou de Pé Vermelho, por causa de terra vermelha de Ribeirão Preto. Eu fazia de tudo para provar a eles que, mesmo sendo um Pé Vermelho, era um Pé Vermelho bom.

Ficamos amigos rapidamente, percorrendo os hotéis de São Paulo, indo a fliperamas e passando dias inteiros na pista. Nossos treinos começavam às dez horas e iam até as cinco ou seis da tarde. Ao meio-dia, parávamos para almoçar e, depois de comer, organizávamos partidas de futebol improvisadas. Jogávamos de macacão, cuja parte superior era amarrada na cintura. Nossos pais ficavam atrás das linhas laterais, dizendo uns aos outros que tinham certeza de que seus filhos seriam os próximos superpilotos. Nós, os garotos, não ligávamos para essas conversas. Ainda não tínhamos idade bastante para nos vermos como inimigos ou concorrentes. Éramos amigos. Estávamos nos divertindo. Por enquanto.

Minha família inteira assistiu à primeira corrida da temporada de 1987: mamãe, Kati, meus avós, tias, tios, primos e cachorros. Os homens estavam entusiasmados, gritando na arquibancada. As mulheres estavam nervosas, com seus terços na mão. Na sessão de qualificação, larguei com força e velocidade, mas então girei e acabei largando no fim do grupo. Quando encontrei minha mãe, ela me abraçou:

— Bom trabalho!

Ouvi minha avó sussurrar para ela:

— Graças a Deus. Enquanto ele estiver atrás, não vai se machucar!

Na corrida, terminei em 12° entre trinta corredores — nada mal, mas ainda estava longe de ser um bom resultado. Eu queria um troféu e só os seis primeiros ganhavam troféus. Na viagem de volta para casa, eu e meu pai conversamos sobre a corrida.

— Foi um começo muito bom — ele disse. — Na semana que vem, você correrá ainda melhor.

Ele estava certo. Na semana seguinte, qualifiquei-me para largar na primeira fila e terminei entre os dez primeiros. Mas não ganhei um troféu. Os homens ficaram ainda mais entusiasmados. As mulheres continuavam desconfiadas daquele esporte. Minha mãe repetia:

— Se você quiser parar de correr, me avise, tá? Se você não estiver gostando, você pode parar.

Mas nós dois sabíamos que aquilo não iria acontecer. Eu estava me divertindo demais. E era com isso que aqueles primeiros dias de corrida tinham a ver: diversão.

Eu gostava muito de ir a São Paulo, passar os finais de semana com meu pai na cidade. Adorava ter vinte novos amigos de todos os cantos do Brasil e, claro, adorava correr. Era como nos primeiros dias de qualquer esporte. Não havia pressão, nem expectativa, nem era preciso pensar demais. Quando você começa a jogar futebol, é só chutar e correr, chutar e correr. Depois, aprende a passar a bola, a antecipar a jogada, a analisar o campo. É a mesma coisa com o automobilismo. No começo, é acelerar e frear, acelerar e frear. Conforme o tempo passa, você aprende a diminuir a velocidade antes das curvas, a esperar pelo momento certo para ultrapassar, a usar os pedais com mais sagacidade. E, quando começa a aperfeiçoar algumas dessas técnicas, acaba aprendendo sobre a competição.

Durante uma das minhas primeiras sessões de qualificação, eu estava correndo na frente do grupo. Tinha estado na dianteira na maioria das corridas, mas, dessa vez, era meu amigo Casarini quem brigava logo atrás. Ao entrar em uma das últimas curvas, vi que ele colava atrás de mim. Então, deixei que ele passasse para que pudesse fazer uma boa largada.

— Ei, o que foi aquilo? — perguntou minha mãe quando a qualificação terminou. — Por que você deixou o Casarini passar?

— Ele é meu amigo. Eu queria que ele também se saísse bem.

— Isto não é um jogo. Isto é uma competição. Você tem que brigar para ganhar nas pistas — mamãe retrucou, sacudindo o terço na minha cara.

Olhei para ela sem dizer nada.

Imediatamente, tentou voltar atrás, falando com suavidade:

— Desculpe. Quer saber? Isto tem a ver com diversão. Desculpe. Desculpe.

Eu sabia, e ela também, que aquele momento trouxera uma virada. Tínhamos entrado em uma nova curva e, até o fim da temporada, fui aprendendo a navegá-la.

Mamãe e Kati foram a todas as corridas, e posso dizer que elas já não odiavam mais aquilo. Na verdade, começavam a gostar. E logo se tornaram tão competitivas quanto qualquer outro, especialmente Kati. Ela aprendeu todas as regras e regulamentos e, a cada corrida, levava os amigos para torcer por mim. Eles ficavam na arquibancada com meus avós, tias, tios e primos. Os fins de semana na pista tinham se tornado um programa de família.

Papai e eu começamos a ir com mais frequência a São Paulo durante a semana, para treinar. Conforme ia adquirindo mais técnica e experiência, eu melhorava meus resultados. Na metade do ano, ganhei meu primeiro troféu em uma corrida da qual participaram mais de cem karts. Eu mal podia esperar para voltar a Ribeirão Preto e mostrá-lo para meu avô e meus amigos. Estes apenas disseram:

— É só o quarto lugar.

— Eu sei. Não se preocupem, eu chego lá — respondi.

A reação do meu avô, porém, foi muito mais gratificante. Ele pegou o troféu, ergueu-o, olhou para mim e disse, muito sério e circunspecto:

— Helio, este é o primeiro de muitos.

Chovia forte no último fim de semana da temporada. Os karts derrapavam por toda a pista. Eu sentia as rodas escorregando debaixo de mim cada vez que freava antes de uma curva. Perguntei a mim mesmo o que aconteceria se eu freasse um pouco atrasado e usasse a margem da pista para diminuir a velocidade. Na curva seguinte, experimentei: fui a toda velocidade para a borda da pista e, ao mesmo tempo, virei o volante. Não derrapei, não diminuí a velocidade e, na saída da curva, notei que tinha aberto uma distância de três karts na frente dos outros pilotos. Acabei descobrindo que gostava de correr na chuva e passei o resto da tarde derrapando, curva atrás de curva, feliz com minha descoberta. Quando fui até o local onde ficavam os pais dos pilotos, senti que havia feito algo impressionante. Todos me cumprimentaram e papai não conseguiu esconder quanto estava orgulhoso:

— Isso foi incrível, Helinho. Muito incrível!

Percebi que tinha vencido outra importante etapa da minha carreira de piloto. Algumas noites depois, meus pais, Kati e eu estávamos à mesa jantando e, lá pelo meio da refeição, meu pai disse a minha mãe:

— Vendi o imóvel do Rio.

Minha mãe hesitou:

— Como assim, vendeu o imóvel? Por quê?

— Vou usar o dinheiro para fundar uma equipe de kart para o Helinho. E também para contratar um assessor de imprensa para ele.

— Você ficou louco? Isso não é nem um pouco inteligente.

— Sandra, ele tem um talento dado por Deus.

— Mas, como você sabe? — minha mãe queria garantias de que o dinheiro não seria usado em vão. — Como pode ter certeza?

— Eu simplesmente sei. Você percebe isso nos reflexos dele, no jeito como entra nas curvas. Ele não tem medo. Os outros caras também veem isso e comentam o tempo todo.

— E por que ele precisa de um assessor de imprensa? Ele só tem doze anos!

— Porque é assim que se faz, Sandra. Contratamos um assessor de imprensa e o nome do Helinho aparece nos jornais. Ele precisa de exposição para conseguir patrocínio. Isso é só o começo.

Por um momento, ninguém falou nada. Então meu pai disse algo que nunca esqueci:

— Ele tem o dom.

Aquelas foram as palavras que importaram para mim. Não foi a informação de que ele tinha vendido sua propriedade ou de que eu teria um assessor de imprensa. Não. O que importou foi que meu pai falou à Kati e à mamãe (e acho que a ele mesmo):

— Ele tem o dom. Vamos fazer dele o maior piloto de todos os tempos.

Eu tinha doze anos e isso foi tudo o que ouvi.

***

Levanto a cabeça: um homem de 35 anos obrigado a reviver seu passado num tribunal em Miami. Um homem de 35 anos que não tem controle sobre seu futuro.

Olho para Kati. Ela está balançando a cabeça. Seus cabelos castanhos cobrem-lhe o rosto, normalmente iluminado, feliz e sorridente, mas sei que nesse instante ela esconde o medo que não quer demonstrar.

Olho para meus pais. Ambos parecem ter envelhecido dez anos nos últimos meses. Vejo cabelos brancos e rugas onde antes não havia. Vejo marcas feitas pela dor e pelo pânico.

Como viemos parar aqui?

Olho para baixo e rabisco outra prece em meu bloco de anotações.

Ave Maria cheia de graça...

Conforme rezo, percebo algo, antes de qualquer veredito ser determinado. Uma percepção que transforma toda a minha perspectiva sobre a vida: há muito tempo, numa pista de corridas no Brasil, meu sonho tinha se tornado o sonho da minha família. Perdendo ou ganhando, eles acreditaram em mim a cada passo do caminho. Seu apoio e fé foram o impulso que me levou a vencer. Eu não posso decepcioná-los. Esta é uma corrida que não posso perder.

CAPÍTULO 2

Motivado

*Você sempre pode retroceder,
se estiver avançando.
Mas o contrário não é verdadeiro.*

Helio Castroneves, pai

NO BRASIL, O AUTOMOBILISMO perde apenas para o futebol como esporte nacional. Todo garoto sonha ser o próximo Pelé ou o próximo Ayrton Senna. E, muitas vezes, quando a ambição não é realizada, ela passa de pai para filho. Herdei meu sonho de papai, Helio Castro Neves, pai. Tornou-se nosso laço, nossa ligação. Seu apoio significou tudo. Sem o apoio paternal, tanto financeiro como emocional, a meta de se tornar um piloto de elite é quase impossível. Para entender minha história, ou a história de qualquer piloto de corrida, você tem de saber que o automobilismo é um esporte em que se paga para participar. No futebol, tudo o que você precisa é de uma bola e muito talento. No automobilismo, você precisa de talento e muito dinheiro.

Você tem de pagar o carro, os mecânicos, o engenheiro, taxas de treino, motores especiais, hotéis, transporte e assim vai. Custa centenas de milhares de dólares, às vezes milhões, para chegar ao nível onde finalmente alguém paga para você correr. Frequentemente, os pilotos não chegam ao nível profissional porque o dinheiro acaba antes de isso acontecer. Essa é uma história comum no Brasil. A família coloca todos os recursos de que dispõe na carreira automobilística de um garoto talentoso. Todo centavo, tempo e dedicação são gastos na esperança de fazer daquele garoto "o maior piloto de todos os tempos". Contudo, muitas vezes, a família acaba falida. Minha história não é diferente.

***

Eu estava com treze anos quando meu pai começou a me pegar na escola às quartas-feiras à tarde. Viajávamos 240 quilômetros até

São Paulo, onde eu ficava até o domingo, passando na pista todos os momentos do dia. Eu treinava às quintas e sextas, fazia as sessões de classificação no sábado e corria no domingo. Então, viajávamos de volta a Ribeirão Preto para que eu pudesse ir à escola na segunda e na terça. Mas isso não acontecia sem que minha mãe contestasse:

— Ele precisa ir para uma escola. Isto é ridículo!

— Ele vai para a escola, Sandra. De segunda a quarta ele vai.

— E quinta e sexta? Ele passa mais tempo na pista do que na sala de aula. O que vai acontecer quando ele parar de correr?

— Sandra, ele não vai parar de correr.

Papai continuava calmo, o que enfurecia ainda mais minha mãe.

— Como você sabe? Ele ainda é uma criança! Amanhã, ele pode resolver que não quer mais correr!

— Isso não vai acontecer.

Ela já não ouvia mais meu pai. E continuava com seus argumentos:

— E então? Qual vai ser o futuro dele? Um garoto sem escolaridade.

— O futuro dele é o automobilismo, Sandra.

— Como você sabe? Você precisa me dar um motivo, uma certeza.

— Eu simplesmente sei.

— Isso não basta! Você precisa me dar uma prova concreta!

— Eu tenho fé.

Meu pai conhecia a palavra que a fazia parar. Ela não responderia que não bastava ter apenas fé.

Eles se encararam em um empate silencioso.

Durante pelo menos um minuto, nenhum dos dois disse palavra. Então, minha mãe ergueu as mãos e saiu pela porta da frente. Todos sabíamos aonde ela ia. À igreja, falar com o padre, com Deus ou com alguém que ficasse do seu lado. Também sabíamos que aquela não seria a última briga.

Eu e papai entramos no carro, íamos a São Paulo. Durante a viagem, conversamos sobre estratégia e técnica. Falamos sobre as mais recentes corridas de Fórmula 1 e sobre nossos três pilotos favoritos — Nelson Piquet, Ayrton Senna e Emerson Fittipaldi, todos brasileiros. Aprendi coisas sobre meu pai nessas viagens. Soube que ele sempre sonhou em ser um piloto de automobilismo, mas sua família não tinha dinheiro para isso; soube que o pai dele morreu quando ele tinha dez anos e minha avó teve de dar duro para pagar as contas e que isso tornou meu pai obstinado em alcançar sucesso e nunca ficar pobre de novo.

Papai explicou porque havia se mudado para Ribeirão Preto em 1977 e fundado sua empresa, a Corpal Tubos e Conexões:

— Um ou dois anos depois que você nasceu, o álcool combustível mostrava-se bastante promissor no Brasil. O governo incentivava os fazendeiros a plantar cana-de-açúcar para fazer esse tipo de álcool. Eu sabia que todas as usinas de álcool precisariam de tubulação industrial, por isso nos mudamos para Ribeirão Preto e eu fundei a Corpal.

Pela janela, eu olhava as fazendas e plantações de cana enquanto meu pai falava.

— Ribeirão Preto se tornou o maior produtor de álcool e açúcar do mundo e, como a Corpal era a única revendedora de tubulações na região, a empresa teve muito sucesso.

Fiquei impressionado. Pela primeira vez, eu o via como um homem e não só como meu pai. Ele me contou sobre seu sonho de tornar a Corpal uma grande corporação. Iria transformá-la em uma marca; então, fundaria uma empresa de ração de gado, criaria uma rede de postos de gasolina e, claro, teria uma equipe de automobilismo.

Permanecemos em silêncio durante um longo trecho da estrada, enquanto eu observava pela janela quilômetros e quilômetros de plantações de cana. Eu pensava nas corridas, ansioso por voltar às pistas. Quando as fazendas deram lugar às luzes da cidade, voltei a viver.

Naquele ano, meu pai contratara três mecânicos para trabalhar comigo: Rubão, Mané e Mário Sérgio, que preparava o motor. Anos depois, Tato e Passoca entraram para a equipe. Quando chegamos à pista, eles já estavam trabalhando no kart. Eu me inclinei sobre o motor, como eles, e estudei cada peça que abriam. Mesmo naquele estágio inicial, eu já entendia que muito do desempenho em pista dependia do equipamento.

— No automobilismo, trinta por cento é responsabilidade do piloto e setenta por cento é do carro — dizia-me Rubão. — Um piloto médio com um carro incrível sempre vence um piloto incrível com um carro porcaria.

Era uma equação que eu compreendia bem: eu deveria saber tudo sobre o kart. Quanto mais eu soubesse, melhor poderia relatar ao Rubão e ao Mané o que poderia ser feito para tornar o kart mais veloz. Quanto melhor eu pudesse comunicar, mais eficientemente eles poderiam trabalhar.

Dessa forma, o fato não era que eu não ia à escola de quinta a sexta — apenas estava em um tipo diferente de escola. Minha sala de aula era a pista de automobilismo de São Paulo, e meus professores eram Rubão, Mário, Mané e meu pai. Eu estudava os motores dos karts, a característica da pista, a pressão dos pneus e aprendia a contornar curvas em ângulos variados. Comecei a falar a língua dos autódromos e do automobilismo tão bem quanto meu pai. Entendi como cada parte do carro funcionava e compreendi porque elas eram importantes.

Também entendi que dinheiro conta.

— Se você quer ser o melhor, tem de comprar o melhor — papai me dizia.

E o melhor, claro, nunca é barato. E não só com relação ao kart. Há também o macacão, o capacete, as luvas. Cada treino, cada batida, cada substituição de motor e cada pequena falha mecânica custam mais dinheiro. Acrescente a isso gastos de viagem, salários dos mecânicos, custos com gasolina e, então, as despesas começam a ficar bem altas. Mas eu não precisava me preocupar com isso. Meu pai queria gastar aquele dinheiro, ele era um homem com uma missão. E eu estava feliz por apenas pilotar: era um garoto vivendo um sonho.

Aquela foi a temporada em que comecei a me destacar. Terminava no grupo principal em todas as corridas e minha coleção de troféus aumentava. A cada vitória, meu pai ficava ainda mais entusiasmado e com maior certeza de que fazia um investimento seguro.

Ele exibia orgulhosamente os troféus na cristaleira da sala de jantar, retirando, sempre que fosse preciso, as boas peças de porcelana para dar lugar às taças das vitórias. Começamos a treinar em São Paulo com mais frequência, e papai contratou outro mecânico, além de me comprar um kart melhor. Pintamos o logotipo da Corpal nas laterais do meu kart e comecei a ganhar reputação no circuito brasileiro. Ouvia os outros pilotos me chamarem:

— Ei, Corpal!

Adorava ser reconhecido. E percebia que meu pai também.

Eu e papai nos tornamos grandes amigos, tanto dentro como fora das pistas. Passávamos horas no carro, viajando de cidade a cidade. Compartilhávamos histórias e segredos. Não contávamos a mamãe quando eu me machucava, nem quanto custava minha manutenção como piloto (e também a da equipe)ou as vezes em que eu precisava sair da escola ainda mais cedo do que o necessário. Não que mentíssemos. É que ela nunca perguntava. Tinha desistido de brigar. Na verdade, ela e Kati iam às corridas nos fins de semana. Mamãe pegava o rosário e rezava. Tudo o mais ela deixava por conta de papai.

Como qualquer outro esporte, o automobilismo pode se tornar a base de um forte relacionamento entre pai e filho. Todas as semanas, de quarta-feira a domingo, havia tantos pais quanto jovens pilotos na pista. Cada pai tinha um estilo diferente de treinar e de criar seu filho. Alguns gritavam; outros eram observadores silenciosos. Alguns eram barulhentos; outros, tranquilos. Meu pai parecia ser a combinação perfeita de todos os estilos. Era tanto o técnico como o líder de torcida. Em vez de gritar comigo quando eu fazia uma manobra errada, conversávamos a respeito.

— Você não tem de vencer na primeira volta — lembrava-me ele. — Espere pelo momento certo. Ele virá. Tenha paciência.

Era firme e franco, mas sempre positivo. Por conta disso, eu confiava nele e sempre lhe pedia conselho e incentivo. Durante as corridas, eu o procurava à margem da pista, e ele sempre estava lá. Sou impaciente por natureza e sempre quis ficar na frente desde a primeira volta; meu pai continuamente tentava corrigir esse meu vício. Ele sempre colocava seu indicador na têmpora, num sinal que significa: *Mantenha o foco. Use a cabeça. Você não precisa vencer na primeira volta.*

Na hora da corrida, ninguém é mais competitivo do que meu pai. Mas, em todas as outras ocasiões, não há outro tão afável e jovial. Eu sabia que ele queria que eu vencesse. Sabia, também, que queria garantir que eu me divertisse. Ele era amigo de todos: mecânicos, fiscais de pista, outros pais, técnicos e pilotos. Eu aprendia com seu exemplo.

— Nas pistas, vocês são rivais. Mas fora delas, vocês podem ser amigos — ele costumava me dizer.

Uma tarde, eu o vi conversando com Tony Kanaan, um piloto de uma série acima da minha. Nenhum dos dois estava rindo, nem mesmo sorrindo, e isso chamou minha atenção (porque meu pai está sempre sorridente). Presumi que se tratava de uma conversa séria.

— Sobre o que você estava falando com Tony? — perguntei a papai naquela noite.

— O pai dele faleceu na semana passada. Eu estava tentando consolá-lo. Contei sobre a morte de meu pai.

— Oh! — exclamei.

Então, fiquei quieto. Tentei imaginar como me sentiria se perdesse meu pai. No entanto, era um assunto estranho e assustador demais para que eu pudesse compreender, especialmente aos treze anos, ainda garoto. No dia seguinte, meu pai me chamou e me apresentou a Tony. Ele era só um ano mais velho que eu, mas parecia ter dezoito anos. Ele já mostrava barba, enquanto eu ainda tinha braços finos e pele de bebê. Tony era urbano, nascido em Salvador, mas criado em São Paulo. Eu era nitidamente um garoto do interior, nascido em São Paulo, mas criado no campo. Apesar das diferenças, Tony e eu nos tornamos amigos quase instantaneamente. Meu pai convidava Tony, sua mãe e sua irmã para passar o fim de semana em nossa casa no Carnaval. Em alguns finais de semana, eu dormia na casa dele e escapávamos para ir aos fliperamas. Ele conhecia os caminhos da cidade e tinha a manha das ruas, coisa que eu não tinha e estava ansioso para aprender.

Acho que não foi coincidência que aquele tenha sido o ano em que comecei a prestar atenção nas garotas. Em um feriado que passei na casa do Tony, ele me levou a uma das festas paulistanas. Ficou imediatamente claro que ele sabia conversar com as meninas e eu não. Em uma dessas festas, vi uma garota do outro lado da sala e cutuquei Tony com o cotovelo.

— Gostei daquela menina — eu disse.

Tony olhou para ela:

— É. Eu também.

— Dá um tempo. Você mora aqui. Está perto dessas garotas o tempo todo. Esta é minha primeira paulistana.

— Tudo bem, tudo bem. Vai fundo.

— Legal. Mas preciso de ajuda. O que devo fazer?

Ele revirou os olhos e falou:

— Você só tem de ir lá e falar com ela!

Depois de uma hora, eu ainda não havia arrumado coragem para falar com a garota. Saímos da festa sem que eu tivesse conseguido arrumar uma chance de conversar com ela. Naquela noite, quando eu e Tony estávamos no quarto dele, ele me deu dicas sobre como abordar aquela menina. Primeiro, ele escreveu uma carta de amor e me disse para entregar a ela.

— Vá até ela e lhe dê a carta — disse ele.

— Isso não vai funcionar!

— Confie em mim.

No dia seguinte, entreguei a carta, conforme Tony havia me instruído. Horas depois, ela ligou para a casa do Tony, querendo falar comigo. Ele me entregou o telefone.

— Droga! O que eu falo? — foi minha reação.

— Pergunte o que ela quer.

Infelizmente, ele não se deu conta de que eu precisava de mais instruções.

Peguei o telefone e, com uma voz nem um pouco suave, perguntei:

— O que você quer?

— Assim não! — sussurrou meu amigo, dando uma palmada na própria testa. — Seja gentil.

— Como assim? — sussurrei de volta.

— Pergunte se ela quer sair. Mas, antes, pergunte como ela está.

— Ah! Seria melhor se você tivesse dito isso antes de me passar o telefone — retruquei enquanto colocava o telefone de volta na orelha. Então, continuei com a garota: — E aí, como você está?

— Humm...

Posso dizer que não fui longe. O motor quebrou antes de eu sair dos boxes.

Na manhã seguinte, voltei para a pista, para onde sabia o que fazer.

Estávamos em 1988 e, semanas depois, em Jaú, interior de São Paulo, era dia de corrida. Meus pais e minha irmã tinham vindo de Ribeirão Preto. Kati trouxe cinco de suas amigas, e todas as meninas usavam camisetas com meu nome. De repente, fiquei cheio de novos amigos. Os outros pilotos perguntaram:

— Quem são as garotas?

— Minha irmã e as amigas dela.

Os caras queriam que eu as apresentasse a eles. Quando a corrida começou, ouvi as meninas gritando: "He-li-o! He-li-o!" Eu queria matá-las. Kati era a mais barulhenta de todas, e, apesar de eu ter fingido que aquilo me irritava, fiquei feliz por ouvir a voz dela. Quando cheguei à linha de largada, o barulho dos karts abafou todos os outros sons. Finalmente, eu estava à vontade. O fiscal de pista deu a bandeirada verde e eu larguei.

Já na primeira volta, vi meu pai com os dois indicadores nas têmporas. *Mantenha o foco. Use a cabeça. Você não precisa vencer na primeira volta.* Costumo ser impaciente, querendo ficar na frente durante toda a corrida; mas, naquela vez, fiquei no meio do grupo e esperei as últimas voltas para passar. Quando claramente apareceu uma abertura, eu a aproveitei, saindo por fora, acelerando tudo, e passei os três carros que estavam na minha frente. Assumi a liderança e precisava mantê-la por mais duas voltas. Vi meu pai apontando para as têmporas, vi Kati e suas amigas gritando e pulando, e vi mamãe rezando, claro. Comecei a última volta. Havia dois caras na minha cola, mas eu sabia que, se mantivesse minha concentração, não havia como perder. Quando cruzei a linha de chegada em primeiro lugar, percebi que aquela tinha sido a primeira vez que realmente segui os conselhos do meu pai. *Mantenha o foco. Use a cabeça.*

Você não precisa vencer na primeira volta. Segui esse conselho pelo resto da temporada. Venci algumas corridas importantes e acabei em segundo lugar no Campeonato Brasileiro de Kart. Eu tinha experimentado um pedaço do bolo, e agora o queria por inteiro. Estabeleci para mim mesmo a missão de, no ano seguinte, ficar no alto do pódio.

A partir de então, comecei a ir a São Paulo às quartas de manhã, indo à escola apenas às segundas e terças. Quase sempre meu pai assumia o papel de motorista particular, mas não se importava em me deixar na cidade para ficar com os mecânicos, ou na casa do Tony. Quando isso acontecia, ele voltava para Ribeirão Preto, para trabalhar no restante da semana. Às vezes, algum mecânico me levava de carro de volta para casa; do contrário, eu pegava um ônibus.

Minha mãe passou a me levar para São Paulo cada vez mais. Eu sabia que ela ficava nervosa com o fato de eu perder tantas aulas. Ela continuava a dizer:

— Helio, se você não tirar notas boas, eu não deixo você correr mais.

Eu sabia que ela não estava brincando e, por isso, fazia todo o possível para manter a nota média: estudava no caminho para São Paulo e, às segundas e terças, ficava na escola até mais tarde, fazendo todas as provas da semana. Desde que eu passasse de ano, mamãe não reclamava muito. Pelo visto, ela já se sentia mais confortável com o automobilismo, talvez por já haver evidência de meu talento. Havia prateleiras de troféus, prêmios e artigos sobre mim nos jornais de São Paulo. Para falar a verdade, acho que mamãe estava começando a gostar tanto daquilo quanto meu pai. Eu sabia que Kati também gostava. Elas não perdiam uma única corrida. Em geral, mamãe ficava quieta, mas minha irmã estava sempre torcendo e gritando. Ela aprendeu as regras e as estratégias, e, muitas vezes, eu a vi explicando coisas para minha mãe e minhas avós. Kati costumava assistir às corridas de Fórmula 1 comigo e me fazia perguntas.

— Por que ele não passa agora? — ela questionou.

— Não se vence a corrida na primeira volta, Kati. Você tem de esperar surgir a oportunidade certa — eu me pegava repetindo as palavras de papai.

Uma tarde, no final de maio, estávamos assistindo às 500 Milhas de Indianápolis, uma corrida da série CART americana.

— Qual a diferença entre a Fórmula 1 e a série CART? — quis saber Kati.

— Os carros são um pouco diferentes. Na Fórmula 1, os carros são mais leves e não existem circuitos ovais como este.

Apontei para a TV. A cobertura das 500 Milhas mostrava a enorme pista oval. Eu não estava acostumado a ver pistas ovais — não fazemos corridas em ovais no Brasil e a maioria das provas que eu assistia pela TV era de Fórmula 1. Na América do Sul e na Europa, a Fórmula Indy não é tão popular quanto a Fórmula 1. A Fórmula 1 é nossa Meca, nossa segunda religião. Em certos horários, sempre há uma corrida de Fórmula 1 sendo transmitida pela TV. Naquele dia estávamos assistindo à prova de Indianápolis porque Emerson Fittipaldi estava correndo, e ele é uma lenda brasileira.

Papai entrou na sala, sentou-se no sofá conosco e nos explicou como Emerson dominara os grandes prêmios de Fórmula 1 nos anos 1970.

— Não havia ninguém como ele — contou-nos.

Eu já conhecia a história. De fato, eu sabia tudo sobre Emerson. Lembro que desde pequeno via o nome e o rosto dele em pôsteres e capas de revista. Papai também explicou melhor a diferença entre a Fórmula 1 e a Indy:

— Os carros parecem iguais, mas os da Indy têm turbopropulsão; por isso, são mais possantes que os da Fórmula 1. Na Indy, são mais rápidos nas retas, mas os carros de Fórmula 1 são mais leves e velozes, por isso conseguem contornar todas as curvas dos circuitos.

— As ovais são mais fáceis? — perguntei.

— Alguns dizem que sim; outros, que não. Eu não saberia responder. Nunca pilotei numa pista oval.

A corrida começou, e todos nos concentramos em Emerson, que pilotava o carro vermelho e branco da equipe Patrick Racing, com o logo da Marlboro do lado. Eu percebi que a câmera focalizava muitas vezes um homem grisalho que vestia uma jaqueta branca.

— Quem é este? — perguntei a papai.

— Roger Penske. Foi um grande piloto nos anos 1960. Agora é dono da equipe Penske. Emerson está correndo com um carro construído pelo grupo dele. É a melhor escuderia da Indy.

Durante toda a corrida, que durou três horas, mamãe entrou e saiu da sala, fingindo não estar interessada. Nas voltas finais, ela finalmente sentou-se conosco. Emerson estava num duelo feroz com o piloto norte-americano Al Unser Jr. Os dois voavam pela pista a 350 quilômetros por hora. O locutor narrava na mesma velocidade:

— Eles estão lado a lado! Emerson força Al Unser por dentro! Parece uma corrida de *drags*, lado a lado! Será que Emerson vai conseguir passar?

Estávamos todos em pé, gritando em frente à TV: papai, Kati e até a mamãe. Então, Emerson e Unser encostaram as rodas e Unser bateu no muro.

— Unser bateu! — gritou o locutor. — Emerson continua em direção à bandeira branca!

Não sabíamos se tinha sido uma manobra legal ou não, então esperamos o locutor anunciar o vencedor. Um momento depois ele gritou:

— Em mais de vinte anos, o brasileiro Emerson Fittipaldi é o primeiro estrangeiro a vencer as 500 Milhas de Indianápolis!

Continuamos em pé, celebrando, enquanto Emerson dava a volta da vitória.

Sentamos de novo no sofá para assistir à cobertura pós-corrida. Mamãe ficou um minuto ou dois até sair para fazer o jantar. Kati e papai ficaram mais uns dez minutos, vendo o vencedor comemorar. O fiscal de pista colocou uma coroa de louros ao redor do pescoço de Emerson e lhe deu uma embalagem de leite.

— Por que estão dando leite a ele? — perguntei.

— É alguma tradição. Esta é uma importante corrida norte-americana. Há muitas tradições.

Kati e papai logo saíram da sala, mas eu fiquei lá por pelo menos uma hora mais, esperando a entrevista exclusiva com Emerson. Quando ele surgiu, pareceu-me mais velho do que eu esperava. A pele de seu rosto era curtida e repleta de estrias que nunca apareciam nos pôsteres. Seu cabelo ainda era comprido, à moda dos anos

1970, mas começava a ficar grisalho. E ele também era mais solene do que eu imaginava.

— Estou muito emocionado — disse ele. — Esta foi a melhor vitória da minha carreira. Sonhava com isto desde que era garotinho.

Aquilo me chocou. Eu ainda não estava convencido de que uma corrida da Fórmula Indy fosse mais importante do que qualquer Grande Prêmio europeu de Fórmula 1.

Emerson e o repórter continuaram a falar sobre o passado do piloto na Fórmula 1 e o "retorno" dele às pistas, agora pela CART norte-americana.

— Estou com 44 anos, mas me sinto como se estivesse com 22 — comentou o campeão. — Comecei a ficar mais atento à minha dieta. Consumo principalmente carboidratos complexos: cevada, trigo, grãos integrais. Não como carne vermelha, apenas um pouco de ave ou peixe.

— Parece dieta de corredor de maratona.

— Sim. Na verdade, pilotar um carro de corrida é uma atividade muito mais física do que a maioria das pessoas pensa.

Eu tomava notas mentais sobre os hábitos e a dieta do Emerson. Beba muita água, coma principalmente carboidratos e aumente o consumo desses nutrientes quatro dias, ou mais, antes da corrida. Entrei na cozinha e anunciei:

— Mãe, não vou mais comer carne vermelha.

— Como assim? Por que não?

— É por causa do meu treinamento. Preciso de carboidratos complexos.

— Carboidratos complexos?

— Sim.

— E o que você vai comer para obter proteína?

— Um pouco de peixe ou de frango.

— O que há de errado com esse garoto? — eu a ouvi murmurar para si mesma enquanto servia o jantar de domingo: bife com feijão e arroz.

Enquanto jantávamos, minha mãe me observava encher o prato de arroz e feijão. Eu sabia que ela estava se perguntando se devia combater a ideia de não comer carne vermelha, mas mamãe não disse nada. Na noite seguinte, a refeição foi frango. E, todas as noites depois disso, ela sempre fazia um prato de frango ou de peixe especialmente para mim.

Lá pelo final da temporada de 1989, minha mãe já tinha se convertido completamente ao automobilismo. Eu havia vencido cinco ou seis corridas importantes e, quando chegou o Campeonato Brasileiro, ela parecia ser a mais entusiasmada de todos.

Meu nome aparecera nos jornais de todo o país na semana anterior: "Helio Castro Neves — Favorito do Campeonato Brasileiro", dizia uma manchete. Fomos de carro a Tarumã, no sul do Brasil, para a corrida que valia o campeonato. Havia três sessões de qualificação para determinar de onde largaríamos. Venci a primeira sessão. Então, um piloto local venceu a segunda e a terceira rodadas. O piloto de Tarumã era incrivelmente veloz, e eu sabia que ele seria meu maior desafio.

Larguei em terceiro, e o piloto local, em primeiro. Durante toda a corrida, fiquei na cola dele, que era incrivelmente veloz. Tão veloz que comecei a desconfiar de seu carro. Fiquei pensando se aquele carro estava em conformidade com o regulamento. Eu corria havia três anos e nunca tinha visto um cara tão audaz. Fazia tudo para ultrapassá-lo. Percebi que ele era muito forte nas retas. Por isso, decidi tentar a ultrapassagem em uma curva. Entrei na curva com muita velocidade e acabei saindo um pouco da pista, o que me deixou em uma situação perigosa. Aquela tinha sido minha última tentativa, e não funcionou. No final, o piloto de Tarumã venceu o campeonato, e eu fiquei em segundo lugar.

Logo que terminamos a corrida, os karts passaram pela inspeção-padrão.

— Tenho certeza de que há algo estranho com esse kart — disse a meu pai.

Os fiscais de pista possuem uma ferramenta com a qual medem a abertura do carburador para se certificarem de que tem as medidas especificadas no regulamento. Quanto maior a abertura, mais ar entra no carburador, o que torna o kart mais veloz. O buraco tem de ser de acordo com o estabelecido nas regras. Se a ferramenta passa pelo buraco, é porque ele é grande demais e o piloto é desclassificado. Eu suspeitava que o buraco do carburador do kart do piloto de Tarumã era maior do que o indicado como limite. Fiquei observando enquanto os fiscais inspecionavam o equipamento dele. Tinha certeza de que a ferramenta iria passar pela abertura e fiquei surpreso quando ela não passou. Então, vi o fiscal se ajoelhando e olhando pelo buraco.

— Vejo luz nas laterais — disse ele a um outro fiscal. Dois outros fiscais se ajoelharam para inspecionar e perceberam que a abertura era oval.

Eram quase três horas da tarde e eles ainda não podiam declarar quem era o vencedor, pois tinham de investigar melhor a situação.

Eu disse a meus pais que voltassem a Ribeirão Preto; eu ficaria em Tarumã, esperando pelo resultado. Às nove da noite, os juízes finalmente me declararam vencedor — eu, campeão brasileiro. Eu subi no pódio sob a luz do luar, e eles me entregaram o troféu.

Quando cheguei a Ribeirão Preto na manhã seguinte, a imprensa local me esperava para conversar comigo. Meu assessor de imprensa, Américo, tinha colocado minha fotografia em um jornal nacional, com um artigo de página inteira. Todos em minha cidade me cumprimentavam ao me encontrar. A sensação de ser campeão entrou em minha corrente sanguínea. Comecei a acreditar no que meu pai já acreditava: eu podia realmente chegar ao nível mais alto do automobilismo. Já não se tratava mais de um esporte; agora era uma busca.

No período entre as temporadas, de outubro de 1989 a março de 1990, comecei a fazer exercícios físicos pela primeira vez. Minha mãe achava que eu, com catorze anos, ainda era muito novo para fazer halterofilismo: "seus músculos ficarão atrofiados", dizia ela. Eu não fazia ideia do que mamãe estava falando, mas isso me assustou o bastante para me manter afastado dos pesos por mais um tempo. Em vez disso, comecei a jogar tênis, fazendo aulas no clube local. Pedi ao instrutor que jogasse a bola de forma que eu tivesse de correr muito, ao que ele me olhou como se eu fosse maluco. Eu não estava lá muito interessado em aprender a técnica. Só queria suar e aumentar minha resistência um pouco. Depois das aulas, eu corria os seis quilômetros entre o clube e minha casa.

Algumas semanas depois de ter começado a jogar tênis, meu instrutor me inscreveu em um torneio no clube. Joguei com um garoto cinco anos mais novo do que eu e perdi feio. Meu espírito competitivo se manifestou, mas não adiantou nada, pois eu não tinha habilidade. Era evidente que eu não tinha perdido aquele que era meu verdadeiro chamado. Todos os dias depois da escola, eu ia até uma pista de terra abandonada e corria. Minha mãe achava que eu estava louco. Meu pai me apoiava e me estimulava, mas nunca me disse que eu deveria correr ou malhar. Isso nasceu da minha própria determinação. Sentia que tinha controle sobre meu corpo, e isso era uma sensação ótima. Quando a temporada começou, em março, eu achava que estava pronto.

***

Naquela temporada, eu tinha um caminhão para transportar meu kart, além de outro reserva, quatro motores e dois jogos extras de pneus. Num sábado, eu e meu pai fomos treinar em uma pista em Campinas, com dois dos meus mecânicos. Quando chegamos à pista, ela estava fechada.

— Por quê? — papai perguntou ao gerente da pista.

— Porque está havendo uma corrida de 80 quilômetros para karts, numa cidade perto daqui — disse-nos o gerente.

— Que cidade é essa?

— Limeira. Fica a cerca de 75 quilômetros daqui.

— Você quer ir? — meu pai me perguntou.

— Claro!

Todos nós pulamos no caminhão de novo e fomos a Limeira. Quando chegamos, os fiscais da corrida nos disseram:

— Desculpe, mas são dois pilotos por equipe. É uma corrida de 160 quilômetros.

Papai colocou a mão em meu ombro:

— Você quer fazer isso sozinho?

— Sim.

— Tudo bem, queremos participar mesmo assim — papai disse ao fiscal da prova.

— São 160 quilômetros. Ele não vai conseguir correr sozinho.

— É contra as regras? Ou é só porque vocês acham que ele não consegue?

Os fiscais da prova se voltaram uns aos outros e formaram um círculo para discutir a situação. Eu os ouvi perguntando, vozes abafadas:

— Isso é contra as regras?

— Acho que não, mas acho que ele não vai conseguir completar a corrida.

— Devemos deixar?

Eles desfizeram o círculo, e o chefe dos fiscais falou conosco:

— Tudo bem, ele pode participar, mas vocês terão de pagar a taxa de inscrição de dois pilotos.

— Ótimo — disse meu pai.

— Se eu vencer, ganho dois troféus? — eu quis saber.

— Claro, filho — respondeu o fiscal. — Se você vencer, ganha dois troféus.

Percebi que ele achava que eu não iria nem acabar a corrida, quanto mais vencer. Eu fiquei determinado a provar que ele estava errado.

Antes de a prova começar, fiz uma aposta com meu pai, pois já estava se tornando uma tradição fazermos apostas antes das corridas.

— Se eu vencer — disse a ele —, volto guiando no caminho até Ribeirão Preto.

Estávamos a 150 quilômetros de casa e eu não tinha carteira de motorista. Ele sorriu e estendeu a mão para selarmos a aposta.

— Feito! — respondeu.

Percebi que ele confiava que eu não só terminaria a corrida, mas também que venceria.

A corrida começou e eu larguei na frente. Da lateral da pista, meu pai fazia sinais para mim: seus indicadores estavam o tempo todo nas têmporas. Quando chegava o momento da troca dos pilotos, eu saltava do primeiro kart para o reserva. Saía voando dos boxes, enquanto meus mecânicos reabasteciam e preparavam meu primeiro kart. Na hora da nova troca, saltava do kart reserva para o primeiro; e assim prosseguia.

Lá pela metade da corrida, meus braços começaram a ficar cansados e o ronco dos motores parecia enlouquecedor. Os karts dos anos 1980 ainda eram primitivos. Não tinham silenciadores nos motores e não corriam tão bem quanto os modelos mais modernos. Se você girasse na pista, era preciso que alguém empurrasse o kart para pegar de novo. Mas eu estava na frente e nem pensava em desistir. Faltava mais ou menos uma hora para terminar e eu havia colocado quatro voltas na frente de todos. Quando faltava meia hora para terminar, já estava cinco voltas na frente dos demais. Ao receber a bandeirada final, marcava seis voltas na frente do segundo colocado. Todo mundo estava espantado, exceto meu pai e os mecânicos. Eles me deram tapinhas na cabeça e elogiaram:

— Bom trabalho!

O chefe dos fiscais veio me cumprimentar. Eu sabia que tinha provado meu talento, não aos outros, mas a mim mesmo.

No final das contas, não voltei para casa guiando. Em vez disso, dormi no banco de passageiro, ainda ouvindo o ronco dos karts e com dois troféus entre meus pés.

***

Em 1990, em vez de correr o Campeonato Brasileiro, resolvi participar do Campeonato Mundial, na Itália. Eu queria sair do Brasil e sentir um pouco o automobilismo europeu; e o Campeonato Mundial é a competição mais importante do kart. Eu, Kati e meus pais fomos a Lonato, na província de Brescia, onde chegamos quinze dias antes da corrida. Papai havia alugado equipamentos de kart e contratado uma equipe de mecânicos. Passamos os primeiros dias lidando com os equipamentos, fui aprendendo a diferença entre os karts brasileiros e os europeus. Os últimos eram mais sofisticados e mais possantes que os karts brasileiros que eu estava acostumado a pilotar. Não falávamos nem italiano, nem inglês, mas nos entendíamos por meio de termos do automobilismo. Os mecânicos me explicaram que aqueles karts eram mais possantes que os que eu pilotava e, por isso, eu tinha de aprender a frear com mais força. Passei uma semana aprendendo a frear uma fração de segundo antes da curva e, depois, acelerar no final dela.

Uma semana antes da corrida, fomos ao local de inscrição para pegar minha documentação.

— Helio Castro Neves — disse meu pai ao atendente na mesa de inscrição.

O homem manuseou os papéis e, então, balançou a cabeça:

— Sinto muito, mas não tenho seus documentos.

— Helio Alves de Castro Neves? — insistiu papai, agora tentando o nome inteiro.

— Não temos nenhum documento para Castro Neves — respondeu o atendente, mais uma vez balançando a cabeça.

— Desculpe. O quê? Kati, o que ele está dizendo?

— Ele diz que não tem a documentação.

— Isso é impossível. Nós mandamos há meses, pela CBA [Confederação Brasileira de Automobilismo].

O homem remexeu nos papéis de novo:

— Sinto muito, senhor, mas não está mesmo aqui.

O único jeito de descobrir o que tinha acontecido era telefonar para o presidente da CBA. Quando meu pai achou um telefone público, eu e Kati o observamos falar com o presidente. Eu podia ver que as coisas não iam bem por causa do jeito que papai gesticulava e porque falava cada vez mais alto. Mamãe ficou ao lado e, como sempre, com seu terço nas mãos.

Papai cobriu o bocal do telefone e nos contou que o presidente lhe dissera ter havido um erro no escritório e que os documentos de inscrição nunca haviam sido enviados.

Meu pai voltou a falar:

— Por que você não me disse? — perguntou. — Nós viemos até aqui, e eu aluguei toda a aparelhagem.

O presidente da CBA se desculpou, mas disse que não podia fazer nada. Ele também havia acabado de saber o que estava acontecendo. Eu nunca tinha visto papai tão frustrado. Ele desligou o telefone, deu um longo suspiro e se encaminhou à mesa de inscrição:

— Deve haver algo que possamos fazer — disse papai, num tom de quem quer falar com o encarregado principal.

— A única possibilidade é o senhor falar com o próprio Ernest Buser, o presidente da Comissão Internacional de Kart.

— Muito bem, ótimo. Onde está ele?

— Na Suíça. Amanhã é sábado, ele não irá trabalhar, estará em casa. Buser é alemão. Algum de vocês fala alemão?

Todos paramos por um momento. Então, Kati respondeu que sim. Na verdade, ela falava só um pouquinho de alemão. Mas também conhecia um pouco de francês e de inglês. Ela me disse que daria um jeito.

Papai partiu para a ação:

— Ok, precisamos de um mapa. Onde podemos encontrar um?

De repente surgiu um mapa da Europa e todos na sala se acotovelaram ao nosso redor para explicar como chegar à casa de Ernest Buser. Ouvíamos frases em nove línguas diferentes. As pessoas apontavam para baixo e para cima, da esquerda à direita no mapa. Jan Magnussen, um piloto dinamarquês, apresentou-se e disse que podia ajudar. Reconheci seu nome, pois ele era o campeão mundial. Jan nos mostrou o caminho que tinha menos desvios. Ele correu o dedo por uma estrada de Lonato a Milão, depois por uma autoestrada de Milão até os Alpes. Por meio de gestos e caretas, finalmente entendemos como chegar à cidade de Ernest Buser.

Eu, Kati e meus pais partimos rumo à Suíça às quatro horas da manhã. Não sei como encontramos o caminho até a casa de Buser. Foi um milagre. Ele morava em uma chácara afastada, nos arredores de Zurique. Papai, Kati e eu tocamos a campainha da casa dele às 8h30 da manhã; minha mãe achou que seria de maior utilidade se ficasse no carro, rezando. O sr. Buser atendeu à porta ainda de pijama, com cara de quem não estava entendendo nada. Dependíamos de Kati para explicar nossa situação. Ela começou a esclarecer o motivo de estarmos lá, ou pelo menos tentou. Em uma só frase, ela usou quatro línguas diferentes. Com um gesto, ele nos convidou a entrar e a sentar à mesa da sala de jantar. Ele e Kati começaram a conversar, mas eu não entendia quase nada do que diziam. Só abaixei a cabeça e comecei a rezar enquanto eles tagarelavam através de uma confusa mistura de línguas. Finalmente, Kati disse a mim e a meu pai:

— Bem, não há nada que ele possa fazer no momento. Todas as 150 vagas estão preenchidas. Mas, se alguém se acidentar ou desistir, ele disse que fará de tudo para que você entre.

Não havia nada mais a fazer a não ser agradecer a Buser e nos juntarmos à mamãe nas orações. Voltamos à Itália, e comecei a treinar com a esperança de que surgisse uma vaga. Fiquei amigo de um piloto colombiano, Juan Pablo Montoya. E meu pai ficou amigo do pai dele. Como nossas línguas são bastante parecidas, podíamos nos comunicar. Juan Pablo era um maluco. Numa ocasião, durante os treinos, a pista ficou obstruída e vários carros tiveram de parar repentinamente. Então, um dos karts voou por sobre os outros. Fiquei parado observando e não me surpreendi ao ver Juan Pablo saindo do "kart voador". Menos de uma hora depois, a mesma cena se repetiu.

— Cara — disse a ele —, você tem de ir com calma.

Era a primeira vez que eu via alguém pilotar daquele jeito, e fiquei fascinado. Também comecei a me enturmar com outros pilotos, de países como Itália, França, Alemanha e Suécia. Éramos capazes de nos comunicar usando a linguagem comum do automobilismo. Meus olhos se abriam para um mundo novo, para além do Brasil.

Dois dias antes da corrida, recebemos um telefonema de Buser:

— Um dos pilotos quebrou o braço e não vai poder correr. O garoto está dentro.

Fiquei em 16º entre um total de 150 pilotos. Orgulhei-me do resultado, já que não era nem para eu ter corrido. Um piloto francês, Jeremy Dufour, venceu o campeonato.

No ano seguinte, o Campeonato Mundial de Kart aconteceu na França. Resolvi participar novamente, mas, dessa vez, fizemos tudo certo e acompanhamos os procedimentos diversas vezes. Na sexta-feira anterior à viagem, fui para a escola. Estávamos na metade do ano letivo, e aquela era a primeira vez que eu ia à escola numa sexta-feira. Ainda fazia as provas às segundas e terças e treinava no resto da semana. Meus professores me deixavam levar o trabalho para casa e, desde que eu tirasse notas boas, todo mundo concordava com o esquema.

Naquela sexta-feira, quando eu estava na sala de estudos, um monitor me perguntou:

— Você é novo por aqui?

— Não — respondi.

— Nunca vi você aqui antes.

— É que normalmente eu treino às sextas-feiras.

— Todas as sextas? Tem certeza de que isso é uma boa ideia? Você devia estar na escola, estudando e se preparando para o futuro.

— Ele vai participar do Campeonato Mundial na semana que vem, na França — disse um dos meus amigos ao monitor.

— Ah, então você é bom?

Encolhi os ombros.

— Ele correu o Campeonato Mundial no ano passado — prosseguiu meu amigo.

— Ah! Se você é bom o bastante, então deve continuar! Depois você nos conta como foi.

— Ok — respondi, e continuei a olhar o relógio, esperando o sinal tocar e meu pai me buscar para irmos ao aeroporto.

Antes de embarcar, papai telefonou novamente para se certificar de que tudo estava resolvido. Daquela vez, só fomos eu e meu pai. Kati estava levando seu balé muito a sério e tinha começado a excursionar pelo país com a companhia nacional. Papai estimulava mamãe a acompanhá-la, provavelmente para que ela não visse quanto dinheiro ele gastava com os karts. Na França, tudo relativo à inscrição foi muito mais tranquilo do que no Campeonato Mundial anterior. Contudo, tive um pouco mais de problema para me adaptar aos karts europeus mais sofisticados.

— Estes carros são muito mais possantes — disse a papai. — Sei que tenho de frear atrasado, mas não consigo fazer direito.

Dia a dia, eu ia ficando cada vez mais frustrado, e meu pai repetia sem parar:

— Mantenha a cabeça no lugar.

Mas eu não ouvi, e deixei que a frustração me dominasse. Não fui muito bem na corrida e, em vez de me censurar, ele tentou me acalmar, dizendo:

— Você se deixou levar por seus próprios pensamentos. Duvidou de si mesmo e, quando isso acontece, não tem jeito de se dar bem.

Quando voltamos ao Brasil, lembrei-me daquelas palavras e comecei a repeti-las todas as vezes antes de largar. Acabei vencendo quase todas as corridas por conta daquele lembrete e acreditei que isso tinha a ver com as palavras de papai.

***

No final da temporada de 1991, aos dezesseis anos, eu estava pronto para dar o próximo passo. Eu havia sido promovido para a série A e tivera um ano bem-sucedido. Uma noite, ouvi meus pais discutindo e, sem que eles dessem por minha presença, descobri que papai já tinha gastado mais de US$ 400 mil com minhas corridas de kart. Isso deixou minha mãe nervosa; mas tanto eu como meu pai sabíamos que aquilo era só o começo.

Ninguém sonha em ser apenas o melhor da série A brasileira de kart. Por isso, fui para a Fórmula Chevrolet, uma série nova de monopostos, desenvolvida para pilotos que saíam da experiência do kart. Para me preparar para o novo desafio e para os carros mais pesados, resolvi que era hora de começar a praticar halterofilismo. Pedi ajuda a um treinador paulistano, Silviano Domingues. Ele já tinha sido preparador físico de pilotos com até treze anos. Sua formação era atletismo, mas ele me disse que o treinamento para o automobilismo era a mesma coisa. Silviano desenvolveu um programa para mim e o escreveu em uma folha de papel. Eu tinha de fazer sozinho os exercícios prescritos, na academia local, e, nos fins de semana, eu dava um retorno a ele. Minha família era matriculada no centro de recreação da cidade, onde havia uma piscina, quadras de basquete e de tênis e campos de futebol. Também havia uma pequena academia com equipamentos, no porão do complexo esportivo. Era escura e cheirava a bolor. Os pesos eram antigos e pouco usados — halterofilismo não era uma atividade muito popular. Entretanto, eu ia para o ginásio todos os dias e fazia minha série de exercícios: agachamento com pesos, supino, abdominais, flexões de pernas e braços, exercícios com barra. Depois ia à pista de atletismo abandonada e corria.

Depois de algumas semanas, percebi que tinha melhor controle sobre o carro e que minha resistência havia melhorado. Numa das ocasiões em São Paulo, fazendo exercícios com Silviano, ele me falou:

— Você deve se concentrar em seu pescoço e em seus ombros. Essas são as regiões mais importantes para um piloto. E também temos de começar a trabalhar sua resistência.

Ele me deu um monitor de frequência cardíaca e pediu que o usasse na próxima prova automobilística:

— Mantenha a frequência em torno de um por vinte durante a maior parte do tempo e, nos picos, fique em torno de um por cinquenta, um por sessenta.

Na primeira volta, minha frequência cardíaca foi 222. Fiquei tão distraído nas voltas seguintes que arranquei o monitor e jurei que nunca mais o usaria de novo.

Eu e papai logo descobrimos que na Fórmula Chevrolet o dinheiro realmente fala. A Arisco, uma das principais equipes, estava interessada em mim. Meu amigo Tony Kanaan acabara de assinar com eles e eu estava entusiasmado com a possibilidade de sermos companheiros de equipe. Contudo, para pilotar pela Arisco, o time pediu US$ 200 mil.

— Sem chance — respondeu meu pai. — Com esse dinheiro, posso montar minha própria equipe.

Eu pedi para ele reconsiderar:

— Pai, você tem certeza disso? Vamos com essa equipe. É a melhor da Fórmula Chevrolet.

Mas papai já tinha decidido. E com ele não há argumentos que o façam mudar de ideia. Contratou os mesmos mecânicos que trabalharam com ele na equipe de Stock Car e alguns mecânicos da minha equipe de kart. Compramos um carro Fórmula Chevrolet — e meu pai começou a gastar ainda mais dinheiro. Os carros dessa competição são muito mais sofisticados do que os karts: os motores são significativamente maiores, o chassi tem aerofólios para controlar o equilíbrio do carro e as rodas ficam fora do corpo principal, também conhecido como *open-wheel cars* [carros com rodas abertas]. Além disso, as pistas da Fórmula Chevrolet são maiores e mais complexas. É possível, ou melhor, é bem comum, que um bom piloto de kart não se saia muito bem na Fórmula Chevrolet. Eu tive dificuldade para fazer a transição. Estava com medo de não ser capaz de cumprir a próxima etapa.

Em minha primeira corrida, ocupei a pista toda. Não conseguia manter o carro em linha reta. Achei que seria meu fim. Por sorte, Alfredo Guaraná Menezes, o tio Guaraná, assistiu à corrida pela TV. Ninguém sabia de Alfredo nos últimos cinco anos, mas de repente ele estava ao telefone pedindo para falar comigo.

— Ei, Helinho — disse ele — Você estava muito mal na corrida.

— Eu sei — respondi amuado. — Não é a mesma coisa que os karts.

— Eu posso ajudar. Deixe-me falar com seu pai.

Papai e Alfredo eram amigos havia anos, mas fazia algum tempo que não se falavam. Papai ficou feliz ao ouvi-lo. Ambos concordaram que Alfredo deveria juntar-se à equipe como meu engenheiro. Agora, eu era um garoto de dezesseis anos com um time completo de mecânicos e um engenheiro para me apoiar. Depois que Alfredo entrou para a equipe, consegui fazer a transição quase que imediatamente. Ele conhecia todas as pistas e todas as manhas.

— Helinho — ensinava ele —, conheço este fiscal de pista. Ele sempre, sempre dá a bandeirada de largada em três-um-mil. Logo que ele levantar o braço, você conta: um-um-mil, dois-um-mil, três--um-mil, e daí você pisa.

— Mas, Alfredo...

— Sem "mas". Três-um-mil, e você larga. Não espere pela bandeira verde. Apenas pise.

Assim, em três-um-mil, sem olhar para o fiscal, pisei com tudo no acelerador. A bandeirada verde foi dada e eu larguei na frente.

Fiquei inchado de orgulho, mas então percebi que não tinha perguntado a Alfredo o que fazer depois da largada. Acelerei, mas rapidamente perdi a liderança e acabei no meio do grupo. Porém, Alfredo ganhou minha confiança. A partir daquele instante, eu ouvia tudo o que ele dizia. Às vezes, eu o desafiava com certas estratégias, mas no final seguia suas instruções.

Com a ajuda dele, fiquei em segundo lugar no Campeonato Brasileiro. Fiquei atrás apenas da equipe dominante, Texaco, mas na frente da Arisco, a equipe que pedira tanto dinheiro para me contratar. Papai tinha gastado mais de US$ 250 mil, mais do que a Arisco havia pedido para ele investir. E, claro, a busca pelo topo não tinha acabado. Na verdade, estava apenas começando.

***

Depois da Fórmula Chevrolet, o próximo passo foi a Fórmula 3 Sul-americana. Os carros da Fórmula 3 são ainda mais sofisticados do que os da Fórmula Chevrolet e, claro, gasta-se mais dinheiro. Em 1993, o Augusto Cesario, dono de uma das maiores equipes de Fórmula 3, procurou por mim e por meu pai. Ele me convidou para fazer um teste. Fiquei entusiasmado, pois aquela equipe tinha vencido o Campeonato Brasileiro de 1992.

— Tudo bem — disse papai. — Vamos ver do que se trata.

Durante o teste, quebrei o recorde da equipe. Eles ficaram impressionados e me convidaram para pilotar para a Cesario Fórmula. No entanto, também pediram US$ 250 mil.

— De jeito nenhum — meu pai repetiu. — Com esse dinheiro, monto minha própria equipe.

— De novo não, pai! — repliquei. — Você está louco! Eles têm os melhores carros. Têm computadores! Têm todos os equipamentos de alta tecnologia que não podemos bancar.

Mas àquela altura eu já sabia que, quando papai tomava uma decisão, não tinha como argumentar com ele. Logo descobri que ele não estava apenas tentando proteger minha carreira. Ele também estava ficando sem dinheiro. Vendeu duas outras propriedades e contratou outro mecânico, João, que tinha trabalhado para o campeão brasileiro no ano anterior. Então, fomos atrás de um carro de Fórmula 3. Não tínhamos dinheiro para comprar um novo, por isso procuramos um bom modelo usado. Na Fórmula 3, a regra era que o chassi (o corpo do carro) deveria ter no máximo três anos. Em 1993, o melhor chassi disponível era um modelo 1990. A maioria dos pilotos tinha chassi desse ano, mas não conseguimos nenhum no mercado de usados. Um amigo de um amigo apareceu com um carro velho e gasto, modelo 1988. Estava em péssimas condições, mas era nossa única opção. Faltando uma semana para a primeira corrida, compramos o carro e mandamos construir um motor novo para ele. Quando aparecemos com o carro, João olhou para ele por um tempo. Em seguida, fitou papai e perguntou:

— Você está brincando, não é?.

— Foi o melhor que conseguimos. Vai ter de servir — respondeu papai.

Na primeira corrida, vimos que todas as outras equipes tinham computadores e equipamentos sofisticados, enquanto nós tínhamos nosso carro velho, todo pintado de preto para que os defeitos não aparecessem. Em vez do logotipo de um patrocinador, pintamos um grande ponto de interrogação branco nas laterais.

Nos carros *open-wheel*, a suspensão fica nas laterais e o motor suporta toda a estrutura. Para conseguir seu melhor desempenho, um carro desse tipo deve ser duro, sem flexibilidade. Os carros mais novos tinham chassi de fibra de carbono, mas o nosso era de estrutura de alumínio, com rebites fixando o motor ao chassi. Havia rebites no meio do automóvel, unindo o motor ao corpo.

Antes da corrida, tivemos problemas com o carro. Ele estava frouxo e instável. Independentemente de quanto me esforçara, não consegui me classificar numa posição melhor do que 12º, entre 25 pilotos. Fiquei frustrado, pois sabia que, se tivesse um carro melhor, eu estaria entre os primeiros.

— Concentre-se — papai advertiu. — Precisamos trabalhar com o que temos. Não se concentre naquilo que você não consegue controlar.

Tentei seguir seu conselho e parti para o treino que antecedia a prova. Depois de duas voltas, o carro literalmente desmontou. Quando fiz uma curva para iniciar a segunda volta, os rebites se soltaram e o carro começou a se partir em dois. Parei na entrada dos boxes.

— O que vamos fazer agora? — perguntei.

Meus mecânicos trabalharam rapidamente para montar o carro. Não o fizeram da maneira ideal, mas da única forma de que dispúnhamos. Enquanto trabalhavam, fiquei andando ao lado do carro, tentando dissipar minha frustração. Quando olhei para o céu, notei uma enorme nuvem no horizonte.

— Com licença — eu disse, chamando um torcedor local —, o que você acha daquela nuvem ali? Será que vai chover?

— Bem, há nove chances contra uma de que essa nuvem indique que vai chover forte. Acho que vai cair em meia hora.

Aquilo foi uma boa notícia para mim: quando chove, não há vantagem para os carros rígidos. A pista fica escorregadia e algumas partes ficam até parecendo gelo. A estratégia muda completamente para que o carro não rode nem aquaplane. Você tem de entrar nas curvas com uma velocidade muito menor, e isso altera toda a corrida. Um carro flexível tem vantagem nessas condições. Corri de volta para o pessoal da minha equipe e disse:

— Vai chover. Perguntei para uma pessoa daqui e ela me disse que deve cair em meia hora. Vamos preparar o carro para a chuva.

Era uma aposta. Se não chovesse, teríamos problemas. Mas todos nós debatemos o assunto e resolvemos que não tínhamos nada a perder. Os mecânicos trabalharam para ajustar o carro e todos nós torcemos para que a nuvem negra viesse para cima de nós.

Pouco antes de a corrida começar, começou a chover aos cântaros. Nós não tínhamos rádio. Em vez disso, meu pai e o resto da equipe sinalizariam segurando longos pedaços de bambu à margem da pista.

A corrida começou com uma *standing start,* isto é, todos os pilotos ficaram alinhados esperando a luz vermelha dar lugar à verde. Quando a luz mudou, pisei no acelerador. Imediatamente, o carro enguiçou. Acenei com os braços para os fiscais de pista paralisarem a corrida. Eles interceptaram os outros pilotos e meu técnico correu até mim:

— O que aconteceu?

— O carro morreu.

— Tudo bem. Tente de novo.

Tentei a segunda vez e o carro morreu novamente. Mais uma vez, acenei, erguendo os braços. Meu técnico e o chefe dos fiscais da corrida vieram até meu carro. O fiscal avisou:

— Amigo, se você fizer isso de novo, vou ter de fazer você largar dos boxes.

— Tio, o que faço? — perguntei. — Estou sem embreagem.

— Logo que a luz ficar verde, engate a primeira sem pisar na embreagem.

Nós nos alinhamos uma vez mais e, quando a luz mudou para verde, fiz conforme havia sido instruído. Imediatamente, comecei a passar os outros pilotos e fui do 12º para o quinto lugar na primeira volta. Como tudo no meu carro era desatualizado, eu não dispunha de telemetria para me inteirar acerca dos dados mecânicos. Ainda mais importante: eu não tinha rádio para me comunicar com minha equipe. Nas competições de kart, eu podia ver papai e meus mecânicos fazendo sinais a menos de 1 metro da pista. Mas agora havia uns 20 metros entre os boxes e a pista. A única maneira de minha equipe se comunicar era empunhando uma longa vara de bambu com um sinal de mais ou de menos, cujo significado era "acelere" ou "diminua". Além de todas as mudanças às quais eu tinha de me adaptar e da tentativa de enxergar através da chuva sem um visor, tive de aprender a usar minha visão periférica para procurar pelas bandeiras no canto da pista.

Na décima volta, eu estava em segundo lugar quando vi um mastro de bambu com o sinal de menos. *Por que eles estão dizendo para diminuir?* Tirei o pé do acelerador um pouco, mas mesmo depois de cinco voltas o sinal de menos continuava lá. Acabei caindo para a quarta posição. Então, quando faltavam três voltas, eles mudaram o sinal de menos para mais e eu segui a instrução, recuperando o segundo lugar. Nas duas últimas voltas, lutei pelo primeiro. Um piloto veterano na Fórmula 3 me fechou no final e acabei em segundo lugar.

Acho que fiquei mais feliz do que o vencedor. Minha equipe e papai também ficaram exultantes com o resultado. Ninguém esperava que eu fosse tão bem. Muitos torcedores vieram me cumprimentar e senti que minha primeira corrida tinha deixado uma boa impressão.

— Tivemos sorte hoje — papai comentou. — Mas não vai chover em todas as corridas. Temos de arrumar este carro. Agora, não podemos fazer papel de bobos.

Ele mandou meu carro para um cara que construía aviões. Esse homem deixou o carro mais forte e colocou aerofólios para melhorar a aerodinâmica.

A corrida seguinte ocorreu em Interlagos, São Paulo. Todos os meus amigos estavam lá e eu queria mostrar a eles do que era capaz. Comecei a corrida na terceira posição e, depois de algumas voltas, passei dois carros em uma curva. Eu estava na frente, mas a embreagem começou a ficar alta e senti que alguma coisa estava errada. Em uma curva, enquanto eu reduzia, o pedal do freio desceu inteiro até o assoalho do carro. Eu não sabia o que estava acontecendo. Rodei, mas consegui manter o carro em linha reta. No entanto, perdi duas posições, e isso me irritou. Fiz uma ultrapassagem, porém, não consegui alcançar o líder. Terminei em segundo lugar e minha equipe ficou satisfeita.

— Bom trabalho! — meu pai elogiou.

— Não foi, não. Esta corrida era minha! — respondi.

Expliquei o que tinha acontecido e tivemos de ajustar o carro mais um pouco. Por toda a temporada, continuamos a mexer no carro, tentando deixá-lo perfeito. Era um processo de tentativa e erro, por vezes compensador e, por outras, frustrante. Eu sabia que seria mais fácil se tivéssemos mais dinheiro, mas meu pai já tinha gastado US$ 250 mil com a equipe e com o "velho carro malhado". Eu fazia de tudo para que o dinheiro de papai não fosse desperdiçado. Todos os momentos livres eu passava na pista ou me exercitando na academia.

Naquela época, tive meu primeiro namoro sério. Depois de um tempo, minha namorada começou a tentar controlar o que eu fazia.

— Você está sempre na pista — disse ela. — Você nunca tem tempo para mim.

Eu não sabia bem como responder. Para mim, o automobilismo vinha antes de tudo. Como poderia dizer isso a ela de um jeito que não a magoasse?

— Você tem de escolher — continuou. — As pistas ou eu.

Claramente, aquela não era uma garota para mim. Eu não evitei o assunto. Em vez disso, disse à moça:

— Sinto muito, mas escolho as pistas.

Foi a primeira vez que escolhi o automobilismo em lugar de uma garota e sabia que aquela não seria a última. Meu treinador alertou:

— As meninas e as festas sempre estarão lá. Mas, se você perder uma corrida, não poderá voltar atrás.

Com essas palavras em mente, continuei a me dedicar às pistas, em lugar de ir a festas e clubes ou sair para beber com os amigos. Meu vício eram as pistas. Eu deixava que tudo desabasse ao meu redor, desde que pudesse apenas pilotar.

Apenas pilotar.

***

Lá pela oitava prova da temporada, eu era o único brasileiro com chances de vencer o campeonato. Depois de uma incrível vitória para a equipe Corpal, um dono de escuderia chamado Amir Nasr, da Nasr Racing, procurou-me. A Nasr Racing era uma das melhores equipes, com muitos patrocinadores, alta tecnologia e muita experiência. Amir me disse:

— Queremos contratar você. Nós lhe daremos um carro melhor e cuidaremos de tudo o mais. Você precisa apenas pilotar.

Ainda havia três corridas até o final da temporada. Se eu vencesse as três, conquistaria o campeonato.

Virei para meu pai e falei:

— Toda vez que discordamos, você me prova que estou errado. Diga-me o que fazer.

— É hora de ir, filho.

***

Fiz um acordo com a Nasr Racing: eu pilotaria para eles se encontrassem um piloto para terminar a temporada com a Corpal. Em vez de receber um pagamento, queria garantir que alguém contratasse a equipe de papai, pois desejava que todo o pessoal continuasse no campeonato.

Era a primeira vez que pilotava para uma equipe que não era de meu pai. E pela primeira vez tinha de aprender a lidar com todas as traquitanas tecnológicas do carro. Antes, eu não tinha rádio, mas agora tinha, além dele, computador e uma antena. A antena ficava bem no meio do para-brisa e isso me atrapalhava um pouco. Demorou um certo tempo para eu me acostumar com tudo, mas percebi que pilotava com a metade da dificuldade e com velocidade duas vezes maior. Era como se antes eu estivesse correndo na areia e, agora, no asfalto.

Venci as duas corridas seguintes, o que significava que o título seria disputado na última prova. A briga era entre mim e um piloto argentino, Fernando Croceri. Se Croceri chegasse em segundo lugar, ele venceria o campeonato por um ponto. Na última volta, eu liderava. Todos os pilotos da segunda à quinta posição eram argentinos. Croceri estava em sexto lugar. Parecia que o campeonato era meu. Cruzei a linha de chegada e ouvi minha equipe berrando no rádio:

— Você venceu! Você é o campeão!

Contudo, no momento seguinte, os quatro pilotos atrás de mim pararam seus carros e deixaram Croceri passar. Ele acabou em segundo lugar, o que, com a pontuação obtida, implicava que o primeiro lugar no campeonato era dele.

Eu não tinha visto o que ocorrera, mas quando parei o carro vi minha equipe brigando. Meu pai me tirou do banco do carro e fomos até a garagem.

— O que está acontecendo? — perguntei. — Vencemos! Por que todo mundo está brigando? Sou o campeão!

— Você é o campeão para nós — respondeu ele.

— O que você quer dizer com "para nós"?

Ele me explicou o que acontecera e, pela primeira vez, não subi no pódio (não foi minha ideia... foi de papai).

Croceri recebeu o título de campeão de Fórmula 3 e eu fiquei em segundo lugar na classificação geral. Estávamos todos muito chateados e decepcionados. Papai já havia gastado muito dinheiro, tempo e esforço. Eu tinha me concentrado e trabalhado duro. Kati era a mais brava de todos. Ela foi até os argentinos e começou a berrar.

— Ah, é? — disse ela. — Vocês todos correrão na Argentina pelo resto de suas vidas, mas meu irmão vai ser o melhor piloto do mundo. Vocês verão.

Então, graças a Deus, um guarda-costas a tirou de lá. Se eu não estivesse tão chateado, teria achado a situação bem cômica: minha irmã, pequena como era, brigando com um grupo enorme de pilotos, sacudindo os punhos na cara deles.

Depois da corrida, decidimos que eu estava pronto para deixar o circuito sul-americano e dar o próximo passo, a Fórmula 3 britânica. Antes de a temporada de 1995 começar, fui com papai à Inglaterra para fazer um teste de dois dias. Dei-me bem no primeiro dia e, no segundo, terminei uma corrida em terceiro lugar. Várias escuderias se interessaram por mim. Assinei com a melhor equipe de Fórmula 3, a Paul Stewart Racing, que pertence ao filho do lendário piloto de Fórmula 1 Jackie Stewart. Finalmente, consegui um patrocinador, a Caixa, banco brasileiro. A Caixa já tinha patrocinado a Nasr Racing. Meu pai fez um acordo com o pessoal do banco: assinaria um empréstimo de US$ 500 mil com eles, que pagariam o empréstimo no final do ano, como parte do patrocínio. Achei que, finalmente, papai não teria de gastar nada.

Mudei-me para a Inglaterra em março de 1995. Mamãe ficou comigo durante três meses, ensinando-me a cozinhar, lavar minhas roupas, fazer compras, arrumar minha cama (coisas que sempre alguém fizera por mim). Nenhum de nós dois falávamos inglês, nem entendíamos a cultura britânica. Levamos dez minutos apenas para perguntar ao zelador do prédio em que morávamos onde havia uma loja de utilidades domésticas. Eu queria um liquidificador, para poder fazer vitaminas de banana, e minha mãe queria fazer um estoque de produtos de limpeza. Insisti com mamãe para que não usássemos o dicionário português-inglês. Achei que seria melhor aprender falando em vez de ficar o tempo todo caçando palavras no dicionário, mas isso acabou se revelando uma tarefa difícil. Quando o zelador finalmente conseguiu entender o que estávamos pedindo, ele desenhou um mapa em uma embalagem de papel e nos deu. Não sabíamos o que fazer com aquilo. Em nosso país, se alguém perguntar a um brasileiro onde fica a loja de utilidades domésticas, ele leva o sujeito até a loja, ajuda-o a achar o corredor onde estão os produtos que deseja, auxilia na comunicação com o caixa, e depois leva o cara de volta ao lugar onde estava. Um mapa numa embalagem de papel? O que era aquilo?

Saímos andando pelas ruas. Depois de meia hora, mamãe falou:

— Acho que passamos por esse prédio umas quatro vezes.

Finalmente entendemos o mapa e achamos o caminho para a loja. Fui até o primeiro caixa e, então, percebi que não sabia qual era a palavra para "liquidificador". Comecei a girar os dedos, tentando imitar as lâminas, esperando que o caixa entendesse.

— Ah, certo. Já sei o que você quer — disse o caixa, indo em seguida para o fundo da loja e voltando com um ventilador de mesa.

— Não, não — corrigi.

Tentei de novo, dessa vez girando os dedos e imitando o som de um zumbido.

— Ah, entendi.

Ele voltou para o fundo da loja e voltou com um ventilador de teto.

— Não — alertei, sacudindo a cabeça.

Então fiz a representação completa. Descasquei uma banana imaginária, coloquei-a em um liquidificador imaginário e despejei leite imaginário. Em seguida apertei o botão, girei meus dedos e imitei o som do zumbido. Depois de alguns momentos, tirei o liquidificador de cima da mesa, servi minha vitamina imaginária em um copo e, jogando a cabeça para trás, tomei um grande gole imaginário.

— Ah! — exclamou. — Um liquidificador!

Depois chegou a vez da minha mãe. Ela queria uma vassoura, esfregão, balde, panos de prato e detergentes. Começou a fazer uma limpeza imaginária, até que conseguimos os produtos. Rimos por todo o caminho de volta ao apartamento.

— Na próxima vez, você terá de me deixar levar o dicionário — disse ela.

— Por quê? Assim é mais divertido!

Na manhã seguinte, olhamos pela janela e vimos neve pela primeira vez. Corremos para fora, fizemos um boneco e uma guerra de bolas de neve, exatamente como víramos nos filmes. Mas, como não tínhamos luvas, em pouco tempo nossas mãos estavam quase congeladas. Não conhecíamos a palavra em inglês para "luvas", nem onde comprá-las, e esse foi o fim das nossas brincadeiras na neve, ao menos temporariamente.

Conforme as semanas passavam, o clima frio e úmido começou a afetar minha mãe. Era perceptível que ela sentia saudades de casa. Um dia, ainda na pista, liguei para o apartamento para dizer que logo estaria em casa. Notei que ela tentava segurar as lágrimas, então lhe disse que fosse para casa, garantindo que ficaria bem. Eu também sentia saudades de casa, mas pelo menos tinha as pistas. Antes de ela ir embora, ensinou-me a fazer frango e arroz, mas eu ainda apanhava para fazer feijão. Além de fazer exercícios físicos, como corridas todas as manhãs, eu continuava sem comer carne vermelha e seguia uma dieta ainda mais rígida, evitando refrigerante e álcool, alimentando-me de frango e de carboidratos saudáveis (apesar de não abrir mão dos meus biscoitos). Por conta das restrições da dieta e da minha falta de habilidade culinária, minhas opções de jantar limitavam-se a frango e pouca coisa mais. Para variar, eu acrescentava um ovo e algum ketchup. Era uma bagunça, mas para mim era comida de luxo.

Uma noite, enquanto eu comia meu frango com arroz e assistia à TV na tentativa de pegar algumas palavras em inglês, o telefone tocou. Fiquei surpreso ao ouvir uma voz familiar:

— Helio!

— Tony?

Era meu velho amigo das pistas, Tony Kanaan.

— Como você descobriu meu telefone? — perguntei.

Tony estava correndo na Itália e um amigo de um amigo tinha lhe dado meu número na Inglaterra. Conversamos um tempo sobre corridas e sobre a dificuldade de estar longe de casa. Disse a ele como era inacreditavelmente difícil aprender a língua inglesa. Sentia-me ótimo por poder falar com alguém que me entendia.

— Como faço para telefonar para você? — indaguei.

Ele me deu o número da zeladora do prédio em que morava e me disse para ligar para ela, pois ela o avisaria. Foi quando ele me ensinou minha primeira frase em italiano: *Vorrei parlare con Tony* [Gostaria de falar com o Tony].

Passei a telefonar para o Tony semanalmente. Nessas ocasiões, trocávamos histórias e piadas. Eu me sentia um pouco menos solitário por saber que não estava sozinho naquele estranho continente europeu. Enquanto isso, também começava a aprender inglês, ainda que vagarosamente, primeiro os termos do automobilismo e depois palavras do dia a dia (quase sempre em situações constrangedoras e de forma estabanada).

Juan Pablo Montoya, que eu havia conhecido no Campeonato Mundial de 1991, estava correndo em uma série abaixo da minha. Quando o encontrei casualmente, fiquei surpreso e feliz ao ver um rosto familiar. Esse mundo não é mesmo pequeno? Nos fins de semana, saíamos juntos; tentávamos conhecer a vida noturna britânica e decifrar as mulheres daquela nação (o que mostrou ser exponencialmente mais difícil do que frequentar uma loja de utilidades domésticas britânica). Ambos estávamos solitários, mas felizes por ter um amigo que entendia nossa situação.

Meu pai ia à Inglaterra para todas as corridas. Chegava na quinta-feira anterior à prova, a tempo para ver as sessões de qualificação, e voltava na segunda-feira seguinte. Fiz uma temporada muito boa e acabei em terceiro lugar. No entanto, na metade da temporada, papai descobriu que seus empregados estavam roubando a Corpal e que a empresa estava para fechar. Pior ainda: a Caixa, o banco que havia prometido me patrocinar, voltara atrás. Agora meu pai devia US$ 500 mil a um banco que prometia executar a hipoteca sobre todas as suas propriedades. Eu tinha vinte anos, meu pai apostara toda a sua empresa, gastara mais de US$ 2 milhões comigo e eu ainda não tinha ganhado um centavo. As coisas estavam indo realmente mal.

Eu tinha uma vaga noção dos problemas financeiros da minha família, embora não soubesse de sua extensão. Tomei conhecimento dos problemas da empresa quando estava na Inglaterra, mas não sabia dos enormes empréstimos que haviam sido feitos para pagar minha equipe. Quando voltei ao Brasil, vi que os carros tinham sido tomados, mas papai administrava a situação. Como ainda morávamos na mesma casa, eu não achava que as coisas iam tão mal. Não prestei muita atenção naquilo. De fato, ninguém queria que eu prestasse atenção. Meu trabalho era pilotar um carro de corrida. Quando meu pai vendeu aquela primeira propriedade no Rio para me contratar um assessor de imprensa e montar a equipe de kart, foi apenas um dos muitos sacrifícios que minha família fez para que eu pudesse buscar meu sonho. Contudo, depois daquela conversa durante o jantar em 1987, não ouvi muito mais a respeito disso. Meu foco e minha única responsabilidade era: *Olhe à frente, acelere, pilote.*

CAPÍTULO 3

Testando

*Não importa
quantas vezes você é derrubado,
mas sim quantas vezes se levanta.*

Vince Lombardi

EU ESTAVA SENTADO NA sala da casa de meus pais, em Ribeirão Preto. Era início de novembro de 1995 e eu tinha acabado de voltar de Londres. Estava feliz por ter retornado ao calor do Brasil e pretendia ficar aqui, descansando da longa e fria temporada de Fórmula 3. Através de seus contatos na universidade, Kati conseguiu um patrocínio de US$ 10 mil com a Philip Morris para mim. Como resultado, um executivo dessa empresa me telefonou perguntando se eu queria participar de um teste na Indy Lights.

— Indy Lights? — perguntei. — O que é isso?

Ele me explicou que era uma série americana, um degrau abaixo da Fórmula Indy. Uma equipe, a Tasman Motorsport, estava procurando dois pilotos: um brasileiro e um latino-americano.

— Onde é o teste? — eu quis saber.

— Em Phoenix, Arizona — respondeu ele.

— E qual é o carro?

— É um carro de Fórmula Indy, um pouco maior do que os carros de Fórmula 1 com que vocês estão acostumados. Outra coisa: o teste será em uma pista oval.

A minha meta, na época, era a Fórmula 1, não a Indy. Eu nunca tinha pilotado um carro de Fórmula Indy nem tinha corrido em uma pista oval. Achava que o teste não era para mim. Fora dos Estados Unidos, a Fórmula 1 é a prova de automobilismo mais popular. No Brasil, não importa a hora do dia, você liga a televisão e encontra algum programa sobre Fórmula 1. Quando eu era adolescente, a Fórmula Indy não era nem de longe tão popular quanto hoje. Só recentemente foi que ela se tornou mais conhecida, pois um número significativo de pilotos brasileiros, entre eles Fittipaldi e Nelson Piquet, começou a correr na Indy quando suas carreiras na Fórmula 1 terminaram. Porém, eu só tinha olhos para a Fórmula 1. Planejava voltar à Inglaterra e continuar a construir meu caminho até aquele alvo. Eu já tinha começado a me acostumar ao jeito britânico. Conhecia o sistema. Conhecia as estradas. De algum modo, entendia a língua. Eu não sabia se conseguiria fazer aquilo tudo novamente nos Estados Unidos.

— Há nove pilotos indo para lá — disse meu patrocinador —, cinco deles são brasileiros.

Bem, então talvez eu devesse ir. Não sou do tipo que recusa uma competição. Não tinha certeza se queria correr na Indy Lights, mas certamente queria vencer aqueles outros nove pilotos. Além disso, seria uma boa experiência pilotar um carro Fórmula Indy em uma pista oval. Eu não tinha nada a perder. Por isso, aceitei fazer o teste.

Mais tarde naquele mesmo dia, fui à pista de kart correr com meus amigos por diversão. Estava entusiasmado por voltar a pilotar um kart, pois meu contrato com Jackie Stewart me proibia de pilotar esses veículos. Competimos durante horas. O banco pressionava minhas costelas, que doíam cada vez mais; mas eu estava me divertindo tanto que ignorei a dor. Logo que saí do kart, senti uma forte dor nas costas. Cada vez que eu inspirava, sentia uma dor intensa (isso me fez entender porque o contrato proibia a pilotagem de karts). *Tudo bem*, disse a mim mesmo. *Em duas semanas estarei bem.* Não contei a ninguém além de Tony Kanaan, que também participaria do teste.

As duas semanas se passaram, mas minhas costelas doíam ainda mais do que antes. Entrei no avião com a intenção de fazer o que esperavam de mim e pilotar.

Chegamos em Phoenix e, logo que saí do avião, apaixonei-me pelo lugar. O calor e o sol me confortaram. Era a primeira vez que visitava os Estados Unidos, e o que eu via não era o que tinha imaginado. No caminho do aeroporto até a pista, vi passar pela janela restaurantes fast-food e shopping centers. Senti que tudo o que desejava estava ao alcance das minhas mãos.

Minha atitude mudou. Tive certeza de que poderia viver nos Estados Unidos. Quando cheguei à pista em Phoenix, olhei ao redor e absorvi o calor e a luz do sol. Virei para Tony e disse:

— Ei, cara, não conte a ninguém sobre minhas costelas.

Ficamos na margem da pista, observando os outros pilotos. Alguns norte-americanos estavam conosco. Eu não conseguia entender uma palavra do inglês que eles falavam. Parecia que emendavam todas as palavras. Kevin Schwantz, campeão de motociclismo, começou a falar comigo. Ele é californiano e usava a gíria dos surfistas, que me confundia inteiro. Conversamos durante uns dez minutos e, durante todo o tempo, eu só balancei a cabeça e sorri. Depois que ele saiu, virei para Tony e disse:

— Não sei que língua aprendi na Inglaterra, mas, se esse cara estava falando inglês, essa língua é que não foi.

Eu seria o último a fazer o teste. Enquanto esperava minha vez, fiquei observando os outros pilotos e tentei esquecer a dor aguda. Entrei no carro e disse a mim mesmo que me concentrasse. Era minha primeira vez em uma pista oval e logo percebi que não era tão fácil quanto parecia. Ao fazer as curvas em alta velocidade, sentia o pescoço e as costas serem forçados. Depois de dez voltas, marquei o melhor tempo de todos, mas tive de parar. Não conseguia respirar. Cada vez que fazia uma curva, parecia que uma faca me espetava as costelas. Steve Horne, o dono da Tasman Motorsport, veio até meu carro.

— Há algo errado? — perguntou.

— Estou sem ar — respondi.

Depois de recuperar o fôlego, contei-lhe sobre minhas costelas.

— Por que você veio fazer o teste? — quis saber.

— Eu queria experimentar. Achei que estaria bem.

— OK — disse ele. — São quatro dias de teste. Faça uma pausa e volte no último dia para tentar de novo.

Steve é um homem com um talento inacreditável para o automobilismo. No instante em que nos conhecemos, senti que ele era um cara legal e que acreditava em mim.

Fiz amizade com outro piloto brasileiro, Oswaldo Negri. Tínhamos muitas coisas em comum e ficamos amigos imediatamente. Trocamos figurinhas sobre nossas experiências nas pistas na Inglaterra. Ele contou histórias ótimas e eu lhe disse que deveria escrever um livro. Quando ele percebeu que eu estava tendo problemas, falou:

— Eu vou dar uma força a você. Vamos a um massagista.

— Puxa! Que cara legal! — pensei.

Normalmente, quando se participa de um teste, não se faz amizade com os outros concorrentes, quanto mais ajudá-los. Oswaldo e eu seguimos pelas ruas do centro da cidade, pedindo informações durante o trajeto. Ele falava inglês um pouco melhor do que eu, pois correra na Fórmula 3 por vários anos. Phoenix era diferente de todas as cidades brasileiras e eu estava impressionado por ter de procurar um lugar bem no meio do deserto.

Quando encontramos o massagista, eu estava muito inseguro acerca do meu inglês e desesperado pelo auxílio daquele profissional, por isso não indiquei quanto minhas costelas doíam. Imaginei que ele saberia o que fazer. Deitei-me na maca e rezei para que conseguisse me ajudar. Ele começou a massagear minhas costas com os punhos e pareceu que ele as estava rasgando. *Aguente firme*, eu disse a mim mesmo, *isto é bom para suas costelas*. Mas não demorou muito para que eu não suportasse mais a dor.

— Pare — eu disse. — Chega.

Fiz gestos indicando que minhas costelas doíam muito. Ele se aproximou mais uma vez e tocou suavemente a lateral das minhas costas.

— Ah! — exclamou. — Suas costelas estão quebradas.

— O que posso fazer? — perguntei.

— Só repouso. As costelas se curam sozinhas.

Fiquei em repouso nos dois dias seguintes, mas parecia que o massagista tinha piorado a situação ainda mais. No último dia, fui à pista determinado a completar o teste. Àquela altura, todos os pilotos estavam fazendo tempos incríveis. Entrei no carro e, depois de apenas três voltas, tive de parar de novo. Steve Horne veio até o carro.

— Saia — ele disse.

— Não, eu estou bem. Consigo fazer o teste.

— Saia.

O tom da voz dele é o mesmo que meu pai usa quando está bravo comigo. *Puxa*, pensei, *fiz alguma coisa errada.*

Tive a frustrante sensação de que estragara a oportunidade. Saí do carro e Steve pôs a mão em meu ombro:

— Não se preocupe com este teste. Vá para casa e descanse. Telefone para mim no Natal.

Não acreditei naquela compreensão toda. *Ele realmente vai me dar uma segunda chance?* Voltei para casa e descansei nos dois meses seguintes. Quando a dor passou, por volta de meados de dezembro, telefonei para Steve:

— Estou me sentindo muito melhor.

— É bom saber — respondeu ele, porém, não deu qualquer indicação de que eu devia fazer outro teste.

Depois que desligamos, achei que nunca mais ouviria falar dele outra vez. Naquela mesma época, descobri que papai não tinha dinheiro para me sustentar na Fórmula 3 no ano seguinte.

— Não se preocupe — consolou-me. — Darei um jeito.

Mas eu não queria que ele desse um jeito. Queria ser capaz de caminhar com meus próprios pés.

Uma semana depois, eu e papai viajávamos por uma estrada vicinal do interior do Brasil quando recebemos um telefonema no celular de meu pai. O celular já não era tão confiável e, como estávamos no meio do nada, a ligação ficou ainda pior, caindo com mais frequência. Andamos mais algumas centenas de metros e tentamos novamente. Outros cem metros, e procuramos o sinal uma vez mais. Finalmente conseguimos a conexão e a voz do outro lado da linha apresentou-se:

— Sou o presidente da filial Philip Morris South America e gostaria de me encontrar com Helio na primeira oportunidade.

Meu pai virou o carro e foi direto para a sede da empresa, em São Paulo. Procuramos não ficar entusiasmados demais, mas sentimos que aquele poderia ser um lance de sorte.

Duas horas depois, meu pai e eu estávamos sentados em uma mesa de reuniões com os executivos da Philip Morris.

— Temos um problema — disse o presidente. — Você não foi aprovado para a Indy Lights porque não completou o teste. As duas vagas estão preenchidas.

Meu coração afundou no peito.

— Tony Kanaan conquistou a vaga destinada a um brasileiro — contou-nos. — Contudo, Steve Horne quer fazer um terceiro carro para você. Nós patrocinaremos a metade do valor e vocês têm de entrar com a outra metade, que corresponde a US$ 500 mil.

Olhei para papai. *Será que ele queria e podia topar?* Ele se levantou, estendeu a mão ao presidente e disse:

— Negócio fechado.

Despedimo-nos de todos e voltamos a Ribeirão Preto. Papai ficou quieto ao longo de todo aquele caminho pelo qual passáramos centenas de vezes antes. Eu apenas observei o sol se pôr atrás das plantações de cana-de-açúcar, como fazia quando era criança.

***

Olhei através da janela do Red Roof Inn, em Dublin, Ohio: uma autoestrada de quatro pistas, um céu cinza, chuva misturada com neve caindo nas árvores desfolhadas. *Yes! Consegui!*

Era fevereiro de 1996 e a temporada da Indy Lights estava para começar. Conseguimos um patrocinador, Hudson Oil, que entrou com a outra metade do dinheiro necessário para meu patrocínio. Fiquei feliz porque meu pai não precisou arcar com aquele custo. Também estava entusiasmado porque um novo capítulo se iniciava em minha carreira. Mamãe e Kati me ajudaram a encontrar um lugar para morar. Todos os dias, eu levantava às sete horas e ia fazer terapia para minhas costelas. Depois, saíamos à procura de um apartamento, o que mostrou ser uma tarefa difícil, pois nós mal entendíamos o inglês norte-americano, e entendíamos menos ainda sobre o efeito do vento em Chicago. Nunca senti tanto frio em toda a minha vida. Toda vez que saíamos do carro para procurar outro lugar, o vento parecia cortar nossas orelhas. Corríamos, rindo, até o restaurante Wendy's para nos aquecermos com chocolate quente — achávamos que era o melhor que já tínhamos experimentado. Aquilo era como um porto seguro para nós. Finalmente, encontramos um pequeno apartamento de um dormitório em Dublin. Logo que mamãe e Kati concluíram a tarefa de me ajudar a me instalar, elas voltaram para o calor do Brasil.

Agora, eu estava por conta própria, determinado a explorar aquele território estrangeiro. Ligava para meus pais com frequência. Mamãe queria saber se eu estava me alimentando bem e se eu ia à igreja.

— Sim, estou comendo bem. Sim, estou indo à igreja.

Papai queria saber como íam as corridas.

— Tudo bem. Estou aprendendo a pilotar em ovais. Não é tão fácil quanto parece.

Eles me mandaram US$ 1,5 mil para comprar um carro. Fiquei agradecido, pois sabia que estavam apertados. Fui a uma loja de carros usados e consegui comprar um Toyota Cressida 1978. O vendedor ficou me falando alguma coisa sobre as placas, mas eu não compreendia o que ele queria dizer. Ele ficava apontando e me perguntando se eu tinha entendido. Balancei a cabeça, respondendo que sim e dizendo:

— Ok. Sim, ok.

Não importava o que me dissesse, eu só repetia:

— Ok. Sim, ok.

Depois fui entender que ele estava dizendo para eu trocar as placas e registrar o carro em meu nome, algo que nunca fiz.

Tony e eu éramos camaradas brasileiros em Dublin, Ohio. Eu era grato por estarmos juntos, isso tornava as coisas mais divertidas. Mas tenho de admitir que Tony estava pegando o jeito norte-americano bem antes de mim. Ele entendia as pistas ovais enquanto eu ainda tinha um pouco de problema para contornar as curvas. Tony tinha um pouco mais de patrocinadores do que eu, e eles lhe deram passagens aéreas gratuitas para viajar pelos Estados Unidos. Quando ele não estava na cidade, eu passava a maior parte do meu tempo livre no apartamento. Comecei a me perguntar se era àquilo que eu realmente pertencia. Será que eu devia voltar à luta por uma vaga na Fórmula 1?

Em uma das primeiras corridas, ganhei um pouco de dinheiro. Quando falei com papai, pelo telefone, ele me disse:

— Viu só, você pegou bem rápido o jeito da pista oval. Logo, logo, correr nessas pistas será uma coisa automática.

Mas não foi fácil e, na maioria das corridas, eu continuava a correr atrás. Enquanto isso, o dinheiro do prêmio queimava no meu bolso. Não era muito, mas eu podia comprar uma bicicleta. Comecei a ir de bicicleta do apartamento à pista de corrida. Para tanto, eu pegava uma autoestrada, a Highway 275, o único caminho que eu conhecia para ir ao autódromo. Certo dia, um dos meus mecânicos me viu de bicicleta na autoestrada. Quando cheguei, ele me chamou:

— Ei, cara, você é doido? Você não pode andar de bicicleta na 275!

— Por que não?

— Porque é proibido!

Sério? No Brasil é normal. A gente até caminha ao longo das estradas. Cara, eu nunca vou entender este lugar.

Eu me sentia congelado. Minhas costelas ainda doíam muito e eu não falava aquela língua como devia. Ainda descubro que nem de bicicleta estava andando direito? O único aspecto da minha vida que continuava estável era a prática do automobilismo, mas isso também era diferente nos Estados Unidos. Eu não conseguia pegar o jeito dos circuitos norte-americanos. Naquela época, na América do Sul e na Europa, não existiam pistas ovais, havia quase exclusivamente os chamados circuitos mistos permanentes, os autódromos. Para mim, o nível do aprendizado era demasiadamente elevado. As pistas ovais exigem uma concentração incrível. Você tem de aprender a ler o carro, a ouvir o que ele tem a dizer. É extremamente importante sentir-se confortável no carro, mas toda vez que eu colocava o cinto de segurança minhas costelas doíam. Enquanto tentava aprender a fazer as curvas, bati várias vezes contra a grade de proteção, o que agravou ainda mais o estado das minhas costelas. Eu não conseguia me concentrar e, depois de tantos anos, achei que aquele poderia ser o fim da estrada. Comecei a me deixar levar por meus pensamentos. *Minha equipe deve achar que não pertenço a este lugar*, disse a mim mesmo. Eles devem estar se perguntando: *Quem é este cara? Ele pode ser rápido, mas não tem nenhum controle.*

Minha confiança evaporou.

Liguei para os meus pais. Quando minha mãe atendeu ao telefone, eu disse sem rodeios:

— Acho que deu. Quero voltar para casa. Vou trabalhar na empresa do papai.

— Você está falando sério?

— Estou. Fiz o melhor que pude, mas acho que cheguei ao fim da linha.

Se alguém me apoiaria na decisão de desistir, essa pessoa seria minha mãe. Muitas vezes, ela me pediu para desistir, para ir à faculdade, fazer alguma coisa segura. Eu achei que ela ficaria feliz com o fato de eu, finalmente, seguir seu conselho.

— Não — respondeu ela. — Absolutamente, não. Você vai ficar aí e vai persistir. Você já chegou muito longe.

— Mas, mãe...

— Espere um minuto — disse ela.

Quando voltou ao telefone, pude ouvir o barulho de páginas sendo viradas. Então, ela leu:

— *Bem-aventurado o homem que suporta a provação; porque, depois de aprovado, receberá a coroa da vida, que o Senhor prometeu aos que o amam (Tiago 1:12).*

Abri minha Bíblia no mesmo verso e deixei-a sobre minha mesa de cabeceira.

— Obrigado, mamãe — eu disse a ela.

Mas minhas dúvidas continuavam.

Na manhã seguinte, Steve Horne me puxou de lado depois do treino. Desde aquele primeiro teste em Phoenix, Steve sempre teve fé em mim e me tratava como um filho. Eu temia desapontá-lo.

— Você tem talento — ele falou. — Isso é claro.

— Obrigado, mas...

— Mas tem alguma coisa errada com sua cabeça. Vou ajudar você a mudar isso. Há uma clínica em Daytona Beach, Flórida. Chama-se Human Performance International (HPI). Ela vai mudar sua mentalidade. Juro.

Steve pagou a passagem aérea e a clínica. No dia em que cheguei, encontrei o fundador do lugar, Jacques Dallaire. Ele parecia um professor de física. Quando se apresentou, percebi que era amável e extremamente inteligente.

— Não se preocupe — tranquilizou-me. — Vamos ajudá-lo. Já trabalhei com muitos pilotos.

Ele me deu um "Questionário de Otimismo", com trezentas perguntas. *Puxa!*, pensei, *onde estou? Quem é este cara? Não quero responder a este questionário!*

Eu não entendia a maioria das questões e perguntava às pessoas ao meu redor:

— O que esta aqui quer dizer?

A moça da recepção leu para mim:

— Se seu avião caísse, você usaria o paraquedas?

— Sim, claro — respondi. *Todos usariam, não é?*

Levei um bom tempo preenchendo o questionário. Depois, tive de esperar os resultados. Fiquei sentado, tamborilando meus dedos impacientemente até que Jacques voltou com o diagnóstico.

— Suas respostas indicam que você é muito negativo — disse ele.

Muito negativo? Não apenas negativo. Muito *negativo.*

— E a pergunta sobre o paraquedas? — eu quis saber. — Como me saí?

— O que você quer dizer com "Como me saí?"?

— Não respondi corretamente? Um otimista não usaria o paraquedas?

— Não. O otimista teria confiança de que sobreviveria à queda.

Eu nunca teria considerado aquela resposta e isso me fez parar para pensar.

— Antes de começarmos o treinamento — Jacques continuou —, quero que escreva uma carta a você mesmo sobre o que quer conseguir aqui. Quero essa carta amanhã.

— Você quer a carta em inglês?

— Preferencialmente, sim.

— Humm...

Eu sabia que não seria fácil, especialmente se tivesse de escrever em inglês. Naquela noite, sentei-me na mesa do meu quarto do

Holiday Inn de Daytona Beach e escrevi uma conversa com Deus. Ei-la, exatamente como a escrevi:

10 de junho de 1996

Deus,

Estou muito triste, gostaria que esta situação mudasse. Estou feliz com o teste e com a HPI. Dan e Jack são muito simpáticos, e parece que irão me mostrar como trabalhar de novo com a mesma força que eu tinha em 1992, 1993 e 1994! Só quero descobrir por que esta maré de azar veio para mim e porque estou preocupado com todo mundo. Preciso aprender a ser "frio como gelo" e a me manter calmo em situações difíceis! Às vezes, parece que minha força está acabando, e perco o controle.

Quero ser campeão. Sei que tenho talento, instinto e preparação para ser um bom piloto. Então, preciso vencer para poder voltar àquele mundo de antes.

No ano passado, por exemplo, venci apenas uma corrida, mas terminei o campeonato muito bem. Por isso, sei que posso brilhar, só não sei como! Por favor, mostre-me um bom caminho ou um sinal para que eu possa seguir e parar de cometer tantos erros. Lembro-me de 1992, quando tive problemas de adaptação na categoria e, apesar disso, terminei o campeonato em segundo lugar. Em 1993, comecei o campeonato em 12º e acabei em segundo lugar correndo com chuva. Lembro-me de quando venci uma corrida mesmo com o nariz do carro quebrado. Recordo-me de quando passei para um carro melhor e, mesmo com enjoo, sentindo-me mal ou em qualquer outra situação, era só sentar no carro e pronto. Eu era sempre o mais rápido, parecendo um Super--Homem que nunca seria derrotado. Eu gostaria que essa situação voltasse!

Preocupo-me muito com meus companheiros de equipe. Por isso, quero esquecê-los e pilotar por mim mesmo. Quero voltar à Fórmula 1. É isso o que sinto. Mas, independentemente de eu ficar aqui na Indy ou ir para a F1, quero dar meu melhor para vencer!

Obrigado pelo apoio da minha família. Eu quero apenas lhes dar coisas boas. Às vezes fico com medo de perder um patrocinador; então, trabalho duro para que isso não aconteça. Muito obrigado por eu ainda estar aqui e desculpe--me se eu às vezes disse coisas ruins, principalmente nas situações difíceis.

Amém!!

Helio Castroneves

No dia seguinte, entreguei a carta a Jacques e fiquei observando seu rosto enquanto ele lia. Percebi que ele tinha gostado.

— Isto está muito bom! — disse, depois que terminou de ler. — E não se preocupe. Vou ajudá-lo. O que você escreveu aqui indica que está pronto para a mudança e este é o primeiro passo importante.

Começamos o programa imediatamente depois do café da manhã. Logo ficou claro que eu estava em boa forma física, apesar de minhas costelas ainda doerem um pouco. Mentalmente, eu estava horrível. Estava distraído e desencorajado. É claro que isso afetava meu desempenho. O automobilismo é uma atividade cinquenta por cento física e cinquenta por cento mental. Eu sabia que não começaria a vencer enquanto não me livrasse dos pensamentos negativos que impregnavam minha mente.

Jacques me deu um elástico para colocar ao redor do pulso:

— Toda vez que você tiver um pensamento negativo, quero que você puxe o elástico com força e solte-o. Mas tem de doer.

Ele me mostrou como fazer, e doeu demais. Achei que o cara era louco. Mas fiquei com o elástico no pulso por muito tempo e me surpreendi ao descobrir que aquilo realmente funcionava.

Quando voltei a Chicago, no final de julho, sentia-me concentrado e confiante, exatamente como no começo da minha carreira. Ainda estava com o elástico ao redor do pulso, mas o usava muito menos. Tinha conseguido substituir os pensamentos negativos pelos positivos. Ainda havia três corridas até o final da temporada e eu estava ansioso para voltar às pistas e provar meu valor.

A corrida seguinte foi em Quebec, em 4 de agosto, numa pista nova, Trois-Rivières. Fomos para lá uma semana antes da prova a fim de treinar no novo circuito. Em todas as baterias de treinos, Tony e eu nos revezamos na liderança. Eu não estava nem mais pensando nas minhas costelas. Pensava apenas em vencer. Durante as sessões de qualificação, bloqueei todas as dúvidas e pensamentos negativos e fiquei lembrando que tudo o que importava eram as próximas quatro voltas. Não havia espaço para descuidos. Cada fração de segundo contava. Depois, não haveria tempo para corrigir o erro.

Logo que comecei a primeira volta, percebi que tinha de fato retornado. Um interruptor tinha sido desligado em minha cabeça. Fiz a volta mais rápida e conquistei a *pole position*. Sabia disso antes que me dissessem. Aquela primeira *pole position* marcou uma virada em minha carreira. Depois de tantas dúvidas e problemas, lembrei que adorava aquele esporte. Mais que isso, lembrei que era bom nele. Tinha recuperado meu foco e minha autoconfiança. Sabia que ninguém podia me derrotar.

Quando estava na linha de largada, esperando a bandeira verde ser baixada, disse a mim mesmo: *É isto o que vai acontecer: você vai largar na frente, vai continuar na frente e vai ganhar esta corrida.* As palavras reverberaram no meu capacete. Olhei enquanto a bandeira verde era erguida. Agarrei o volante. *Você vai vencer esta corrida.* Quando o sinal de largada foi dado, arranquei na frente.

Mantive a dianteira na primeira volta e vi Tony pelo retrovisor, mas fiquei frio. Quando cruzei a linha, não tirei o capacete porque eu estava chorando e não conseguia parar. Falei com Deus, agradecendo por ter aquele sentimento de volta.

Steve Horne correu até meu carro. Era o mais entusiasmado de todos.

— Viu? — perguntou. — Eu sabia que você era capaz!

Eu estava certo de que muitos donos de equipe teriam desistido de mim muito tempo antes, mas não Steve. Sou incrivelmente grato pelo fato de ele nunca ter deixado de acreditar em mim. Descobri que eu não só tinha vencido a corrida como também registrara a volta mais rápida. Sentia-me como se tivesse ressuscitado. Mas o melhor de tudo era que eu estava me divertindo de novo. Era muito fácil esquecer que aquele tinha sido o principal motivo de eu começar a praticar esse esporte. Era pela diversão! É claro que eu sempre quis vencer, mas se não fosse divertido, qual era o sentido daquilo? E não foi coincidência nenhuma o fato de meu desempenho ter piorado quando parei de me divertir.

Telefonei para meus pais, como sempre faço depois das corridas. Pela primeira vez naquela temporada, eu podia lhes dar uma boa notícia, em vez de decepção. Depois liguei para Jacques para agradecer uma vez mais pela ajuda.

— Você tinha razão — falei. — É incrível o que a mente é capaz de fazer. Quando minha mente mudou, minha habilidade mudou. Nunca poderei agradecer o que você fez.

— Helio, tudo o que fiz foi lhe dar as ferramentas — respondeu ele. — Você devia agradecer a você mesmo.

Depois de Trois-Rivières, achei meu caminho de novo. No entanto, havia apenas duas corridas antes de acabar a temporada. Comecei a me preocupar que a soma dos meus pontos não fosse suficiente para me assegurar uma vaga no ano seguinte.

A última corrida foi em Monterey, Califórnia. Tony venceu e eu cheguei em segundo. No *ranking* final da temporada, Tony ficou em segundo lugar e eu, em sétimo. Quando veio me parabenizar, Steve disse:

— Ouça, como Tony ficou em segundo lugar, ele terá o patrocínio integral no ano que vem. Mas quero que você continue a correr conosco. Você mostrou seu verdadeiro potencial. Provou que é capaz de subir depois de ter chegado ao fim do poço. Farei o mesmo acordo deste ano. Nós lhe damos metade do patrocínio e você entra com a outra metade.

— Obrigado por seu apoio constante — agradeci. — Quero mesmo continuar correndo pela Tasman na próxima temporada. Vou dar um jeito nisso.

Telefonei para meu patrocinador de 1996, Hudson Oil, e felizmente eles concordaram em me patrocinar novamente em 1997. Tudo parecia estar indo bem. Eu tinha minha temporada assegurada, meu patrocínio estava acertado e eu podia passar os meses seguintes relaxando no calor do Brasil. Deixei meu apartamento em Dublin e embarquei em um voo para São Paulo.

Papai me pegou no aeroporto e fizemos a velha e familiar viagem entre São Paulo e Ribeirão Preto.

— O que é esse elástico em seu pulso? — ele quis saber quando saíamos da cidade.

— Eu puxo e largo com força cada vez que tenho um pensamento negativo. Hoje em dia, raramente preciso fazer isso.

— Por quanto tempo você vai usá-lo?

— Acho que pelo tempo que for necessário. Tem me ajudado muito.

— O que foi que eu sempre disse a você? — perguntou, colocando os dedos nas têmporas, exatamente quando fazia desde que eu corria de kart. — Mantenha a cabeça no lugar. Confie em si mesmo. Você é tão bom quanto acredita ser.

Eu compreendi de um jeito diferente aquelas palavras tão repetidas.

Mantenha a cabeça no lugar. Confie em sua capacidade. No automobilismo, se você duvidar de si mesmo, está acabado.

Às vezes, é preciso passar por um período de incerteza para então começar a acreditar em si mesmo novamente. E, às vezes, é preciso voltar para casa. Olhei pela janela, feliz de estar em território conhecido.

Em vez de descansar, fui correr na minha velha pista, satisfeito por sentir o clima úmido e o calor envolvente do Brasil. A cada passo, dizia a mim mesmo: *Mantenha a cabeça no lugar. Confie em você. Você é tão bom quanto acredita ser.*

CAPÍTULO 4

Diminuindo

Quanto mais você se esforça, mais difícil é desistir.
Vince Lombardi

ERA JANEIRO DE 1997 e o início da temporada se aproximava. Eu estava ansioso para voltar a correr, embora não estivesse ansioso para passar o mês de fevereiro em Ohio. Sabia que muitos pilotos brasileiros moravam em Miami, apesar de suas equipes estarem baseadas no norte do país. Perguntei à minha escuderia, Tasman Motorsport, e ao meu patrocinador, Hudson Oil, se eu podia fazer a mesma coisa. Ambos concordaram. O presidente da Hudson até me ofereceu a casa de férias dele, em Miami, por uma semana, enquanto eu procurava um lugar para ficar. Em fevereiro de 1997, peguei meu liquidificador e rumei para a Flórida, pronto para recomeçar.

A casa do presidente era uma bela mansão mediterrânea. Eu tinha 22 anos e estava vivendo em uma terra de sol e de palmeiras. Não acreditava em minha sorte. Estava contente e confiante. Tinha certeza de que aquele seria o meu ano. Uma semana depois, eu estava sentado na sala, assistindo à TV, quando o presidente da Hudson ligou.

— Olá — eu disse, pronto para lhe agradecer por me oferecer sua casa.

— Helio, sinto muito, mas a Hudson não poderá mais patrocinar você.

— Como assim? Nós tínhamos um acordo. O que eu vou fazer agora?

Apesar da pergunta, eu sabia que questionava em vão. A temporada não havia começado. Não tínhamos assinado o contrato. Minha sorte chegara ao fim.

Em uma semana, parecia que meu mundo tinha desabado. Meu patrocinador caiu e levou tudo junto. Eu não tinha dinheiro para comprar comida nem para pagar o aluguel. Tive de recorrer a meu pai outra vez. Meu pai ainda estava com problemas financeiros, embora eu não soubesse quanto a situação era grave. Eu me perguntava se ele teria dinheiro para tanto. Quando liguei pedindo ajuda, meus pais responderam da mesma maneira como sempre fizeram:

— Tudo bem, não se preocupe. Apenas pilote. Daremos um jeito com relação ao dinheiro.

Mas papai estava quase falido e ainda devia US$ 500 mil para a Caixa, o banco no qual pegara um empréstimo em 1995, quando eu corria na Fórmula 3. A Caixa havia prometido que, como minha patrocinadora, absorveria a dívida, mas não fez isso. Como resultado, papai acabou ficando com um débito enorme. Ele vendeu sua última propriedade, o apartamento onde Kati estava morando, em São Paulo, mas isso mal cobriu um décimo da dívida. Kati foi morar com uma amiga. Assim, pôde terminar a faculdade. Toda semana, ela viajava de São Paulo para Ribeirão Preto e voltava, tentando ajudar meu pai a salvar a empresa. A Corpal estava quase fechando as portas e o banco hipotecou a casa de Ribeirão Preto.

Ao mesmo tempo, minha irmã continuava a procurar um patrocinador para mim. Ela telefonou para inúmeras empresas do Brasil. Kati mostrava meu portfólio para o primeiro que se dispusesse a ouvi--la. Seus amigos me disseram:

— Helio, você não acredita. Aonde quer que Kati vá, ela leva seu portfólio debaixo dos braços. Ela só fala uma coisa: "Meu irmão, meu irmão, meu irmão. Ele vai ser o maior piloto de automobilismo de todos os tempos. Vocês verão".

Mas eu estava em Miami e tive de telefonar para meus pais para pedir algum dinheiro para comprar comida. Como isso foi acontecer? Há apenas alguns anos estávamos por cima. Agora estávamos para perder tudo. Pensei que aquilo estava acontecendo por minha causa, por conta do dinheiro que foi investido em minha carreira; e eu nem sabia se iria correr a próxima temporada. Achei que estava deixando todo mundo desapontado.

Tinha de sair daquela casa na semana seguinte. Mas para onde iria? Não tinha dinheiro e nem sabia se poderia correr na próxima temporada. Minha equipe não manteria o trato se eu não tivesse um patrocinador. Eu tinha feito amizade com o jardineiro da casa, Adilson Rodrigues, e contei-lhe meu problema. Adilson é do Rio e na semana em que passei naquela casa ficamos amigos. Ele mandou fazer uma chave sobressalente para que eu pudesse continuar lá. Em vez de procurar um apartamento, achei que devia apenas esperar até saber o que aconteceria. Não tinha outra opção. Sabia que não podia pedir o dinheiro do aluguel para meu pai.

Adilson foi meu primeiro amigo em Miami. Ele é um cara muito legal e me mostrou a cidade. É engraçado e divertido, mas também é o trabalhador mais dedicado que eu já conheci. Contou que queria abrir sua própria empresa de paisagismo e disse que faria tudo para conseguir isso. Levantava às quatro da manhã e continuava trabalhando noite adentro.

— Você está sempre trabalhando — eu lhe disse.

— Você também — respondeu. — Sou apenas um imigrante típico trabalhando para realizar o sonho americano. Exatamente como você.

Uma tarde, enquanto ajudava o Adilson a instalar uma torneira em sua nova casa, eu me sentía chateado porque ainda não sabia o que fazer na próxima temporada. Não tinha conseguido nenhum outro patrocinador e aquilo me deixava nervoso. Ainda mantinha o elástico ao redor do pulso e comecei a usá-lo.

— Helio, sei como se sente — disse-me Adilson. — Somos garotos imigrantes. Estamos longe de casa, longe das nossas famílias. Tudo é mais difícil para nós, mas não podemos aceitar o fracasso. Você não pode simplesmente desistir do seu sonho. Você precisa achar outro jeito. Sempre há outro jeito.

Passei o resto do dia pensando naquelas palavras. Eu as revirei na cabeça diversas vezes, tentando encontrar um "outro jeito". Então, a ideia veio.

Liguei para Steve Horne e propus um acordo.

— Ouça — disse a ele —, vencerei cinco corridas e você ficará com o dinheiro do prêmio até que eu possa pagar o que devo. Piloto de graça, desde que possa pilotar. E sei que posso vencer cinco corridas.

— Também sei que você consegue — respondeu Steve. — Trato feito.

Conquistei a *pole position* na primeira corrida, em Homestead, Flórida, mas não ganhei. Na segunda corrida, conquistei a *pole* de novo e dessa vez venci. Fiz meu primeiro pagamento para a equipe. Eu não ficava com nenhuma parte do dinheiro ganho nas provas. Por isso, em meados de abril, eu ainda estava morando como um invasor na casa de Miami.

Foi aí que aconteceu um pequeno milagre.

Eu estava no sofá, assistindo à TV, quando o telefone tocou. Eu tinha dado o número a algumas poucas pessoas para alguma emergência e fiquei sem saber se devia ou não atender. Poderia ser o presidente da Hudson. Peguei o telefone e disse hesitante:

— Alô?

— Alô, Helio. Aqui é o Emerson.

— Emerson? Que Emerson?

— Emerson Fittipaldi.

O quê? O cara a quem sempre idolatrei está do outro lado da linha?

— Alô — continuei, tentando parecer casual. — Você pode esperar um minuto?

Era como se o Michael Jordan estivesse ligando para um jogador de basquete do colegial. Levantei-me do sofá e tentei me acalmar. Fiquei em pé no meio do tapete oriental, limpei a garganta, endireitei as costas e assumi uma postura que eu julgava ser apropriada para falar com um homem como Emerson Fittipaldi. Ergui o telefone até a orelha.

— Alô, Emerson.

— Helio, tenho acompanhado sua carreira. Estou muito impressionado com você. Você é muito talentoso e eu gostaria de representá-lo.

Fiquei em silêncio.

— Você não terá de se preocupar em achar um patrocinador. Eu tomarei conta de tudo para você. Você só tem de pilotar.

Tirei o telefone do ouvido e fiquei olhando para o aparelho. Aquilo não podia ser real.

— Helio — ele repetiu —, você gostaria que eu o representasse? Você está interessado?

— Sim — balbuciei. — Sim, claro.

Depois que desligamos, eu telefonei imediatamente para minha família.

— Vocês não acreditam no que acabou de acontecer

Mal pude contar. Repeti a conversa toda. Eles não cabiam em si de felicidade. Para mim, era como se estivesse sonhando acordado. Para todos nós, era o maior milagre possível de se imaginar, a resposta às nossas preces.

Meu pai não precisava mais gastar dinheiro, Kati não tinha mais de procurar patrocinadores e a família podia agora se concentrar em erguer a empresa de meu pai novamente. Aquele era o momento pelo qual todos nós trabalháramos desde que eu tinha onze anos. Finalmente, podíamos respirar aliviados.

Assinei com Emerson em junho. Ele me pediu para encontrá-lo no Capital Grille de Miami, uma *steakhouse,* a versão anglo-saxã da churrascaria.

— Pensei que você não comesse carne vermelha — comentei.

— Não. Eu como carne vermelha. Você come?

— Ah, não, mas não se preocupe comigo. Vou achar alguma coisa.

Deixei de contar a ele que não comia carne vermelha há oito anos, por causa de sua entrevista depois que ganhara a Indy em 1989. Na mesa estavam, além de Emerson e eu, seu filho e dois executivos de suas empresas. Todos pediram grandes e suculentos filés. Acho que eu fui o único em todo o restaurante a pedir frango. Emerson gesticulava conforme contava suas histórias e notei em sua mão direita o anel concedido aos vencedores da Indy. Achei Emerson divertido. Era alguém que realmente tinha bom papo. Gostei dele imediatamente. Algumas pessoas tinham me avisado para ser cuidadoso, pois ele tinha fama de ser um pouco esquentado e calculista. Contudo, não vi nenhuma evidência disso. Ele disse que elevaria meu nível e que eu nunca mais teria de me preocupar com o lado financeiro do negócio. Era tudo o que eu queria. Um sonho se realizava.

Emerson me gerenciou pelo final da temporada, tomando-me sob sua proteção. Eu estava pilotando muito bem e marquei pontos em quase todas as corridas. Ele me levava a festas e eu me sentia como se tivesse chegado ao alto escalão. Meu representante conhecia todo mundo no automobilismo e seu nome abria todas as portas. Fiquei impressionado e também intrigado com sua fama.

Depois da última corrida, em 27 de setembro, voltei ao Brasil para ficar com minha família. Pela primeira vez, não precisei passar as primeiras semanas do período entre as temporadas à procura de patrocinadores. Emerson estava cuidando daquilo. Mas o mês de novembro passou sem notícias de patrocínio. Contudo, eu ainda não me preocupava. Afinal de contas, o grande Emerson Fittipaldi era meu empresário. O que podia dar errado? Chegou o Natal e ainda nada de patrocinador.

— Não se preocupe — dizia Emerson. — Está tudo sob controle.

— Não estou preocupado — respondi.

Depois do Natal, Kati e eu fomos ao Rio, passar o Ano-Novo com alguns amigos. No dia 2 de janeiro, recebi um telefonema do gerente do escritório de Emerson.

— Marcamos um teste para você na Bettenhausen Racing. Só você irá fazer o teste — disse ele.

Assim que desliguei, contei a Kati e aos nossos amigos; todos começaram a gritar e a comemorar. Fizemos um brinde:

— A 1998, o ano em que tudo vai se encaixar em seu devido lugar.

Voltamos a São Paulo no dia seguinte e peguei um avião até Miami para fazer o teste. Como resultado, assinei com a Bettenhausen. Emerson garantiu que conseguiria um patrocínio de US$ 1 milhão para a equipe. Ao mesmo tempo, o patrocinador principal da Bettenhausen, Alumax, entraria com os outros US$ 6 milhões. Alguns meses depois de assinar o contrato, Emerson ligou para Kati e disse que estava tendo problemas para conseguir patrocinadores.

— Achei que seria mais fácil — ele comentou. — Você pode me ajudar?

Kati concordou, orgulhosa porque Emerson queria sua ajuda. Ela e meu pai conseguiram um patrocínio de US$ 1 milhão com a Consul. Emerson também obteve mais US$ 1 milhão da Ericsson Telefonia Celular. As coisas pareciam ir bem. Tínhamos superado as exigências de patrocínio daquela temporada.

Minha primeira corrida na Fórmula Indy foi em Homestead, Miami, em 1998. Eu estava treinando antes da corrida quando um dos amortecedores quebrou. Voei contra o muro a 193 g (193 vezes o peso do meu corpo). Quando saí do carro, minha cabeça estava pulsando, mas a única coisa que me assustava era não poder participar da competição. Sabia que os fiscais da prova não permitiriam minha participação se suspeitassem que eu tinha sofrido uma concussão. Perguntei ao meu médico:

— O que eles vão me perguntar para saber se eu não tenho uma concussão?

— Normalmente, eles perguntam seu nome, questionam se está tudo bem e interrogam onde você está.

Fiquei treinando: *Meu nome é Helio Castroneves. Estou bem. Estou em Homestead. Meu nome é Helio Castroneves. Estou bem. Estou em Homestead.* Enfiei isso em minha cabeça machucada. Quando me fizeram as perguntas-padrão, respondi como um robô:

— Meu nome é Helio Castroneves...

Funcionou e eles me liberaram para correr.

Em todas as corridas depois daquela, resolvi que iria decorar as respostas das perguntas para diagnosticar concussão. Meu nome é Helio Castroneves. Estou bem. Estou em Detroit. Estou em Vancouver. Estou em Long Beach.

Estava sendo um ano bom, aquele de 1998. Emerson cuidou de tudo e me treinou, compartilhando sua experiência e me dando dicas de todas as pistas. Minha família não precisava se preocupar comigo. Podiam ficar no Brasil e se concentrar na empresa de papai. E, pela primeira vez em minha vida adulta, eu podia pagar o aluguel.

***

Em meados de 1998, por conta de questões financeiras, as coisas mudaram. A Alumax, o principal patrocinador da Bettenhausen, foi comprada por outra empresa. Como resultado dessa transação, eles encerraram seu relacionamento com a escuderia. Ainda tínhamos metade da temporada para encontrar uma equipe com quem correr no ano seguinte. Entretanto, mesmo sabendo do problema, Emerson não tomou nenhuma providência imediata.

— Não se preocupe — disse-me ele. — Está tudo sob controle.

Recebemos um telefonema da Chip Ganassi Team, uma das melhores equipes da Indy. O piloto deles, Alex Zanardi, estava indo para a Fórmula 1, por isso tinham uma vaga e vinham testando pilotos para preenchê-la. O melhor de tudo: não era necessário patrocínio. A Chip Ganassi Team iria cobrir tudo. Era perfeito! Emerson disse não. A escuderia Ganassi usava um motor Honda e ele insistia que ficássemos com um motor Mercedes.

— Emerson — eu argumentei. — Não me interessa o tipo de motor que temos, desde que tenhamos uma vaga e que não precisemos de patrocinador. E esta é uma *boa* vaga.

— Não. Temos de continuar com o motor Mercedes. É o melhor motor.

Naquele ano, porém, eu havia participado de 22 provas e, entre qualificações, testes e corridas, meu motor quebrou 35 vezes.

— Talvez seja hora de tentar outro motor — falei.

— Não — insistiu Emerson. — Uma equipe que usa motor Mercedes irá aparecer.

Juan Pablo Montoya, meu velho amigo dos tempos de kart, ficou com a vaga. Eu me senti mal. Não tinha uma equipe para o ano seguinte e não concordava com nenhuma das decisões de Emerson. Mas ele era meu representante e eu precisava confiar nele. A única coisa que eu tinha a fazer era esperar outra oportunidade.

Poucas semanas depois, a escuderia de Bobby Rahal me abordou. Era uma das melhores equipes da CART, e eu estava certo de que Emerson me deixaria fazer um teste com eles, mas, de novo, ele disse "não" em função do motor. Fiquei incrivelmente frustrado, mas tentei manter a boca fechada e me concentrar em pilotar.

Em seguida, tive uma terceira oportunidade. J. J. Lehto, um piloto da Team Hogan, foi despedido por um motivo qualquer e isso abriu uma última porta. Fui conversar com Carl Hogan e, imediatamente, simpatizamos um com o outro. Hogan concordou em assinar comigo se conseguíssemos levantar pelo menos US$ 3 milhões.

— Sem problemas — disse Emerson. — Vou garantir US$ 1 milhão antes de a temporada começar e pagamos os outros US$ 2 milhões durante o campeonato.

Fiquei aliviado. Tudo tinha se encaixado. Emerson cuidaria dos negócios e eu me concentraria em correr. Então ele informou:

— Helio, se eu for levantar US$ 1 milhão, preciso que você me dê uma garantia. Assinarei este contrato com a Hogan desde que você assine uma extensão de nosso contrato por cinco anos.

Fiquei dividido. Àquela altura, meu pai me dizia que Emerson não estava fazendo o trabalho dele. Além disso, Emerson recebia a comissão de vinte por cento dos patrocinadores que Kati havia conseguido, sem repassar nada para ela. Meu pai tentou me mostrar que Emerson estava tirando vantagem de mim. Tivemos muitas discussões acaloradas por conta disso. Disse a meu pai que ele estava errado. Insisti que ele não sabia o que estava acontecendo e que Emerson fazia tudo o que podia. Eu era jovem, talvez um tanto ingênuo, e Emerson era meu ídolo de infância. Não quis acreditar no que meu pai falava. Assinei rapidamente os documentos e não contei a papai, pois sabia que ele não iria gostar daquilo.

No meio da temporada, meu chefe, Carl Hogan, me telefonou:

— Se o Emerson não der o dinheiro, não poderemos ficar com você.

Fiquei confuso:

— Como assim? Ele ainda não pagou?

— Não.

Hogan me explicou que Emerson não honrara o patrocínio de US$ 3 milhões e que, por conta disso, a equipe era forçada a segurar meu salário. Tentei falar com Emerson, mas não consegui encontrá-lo. Fiquei frustrado e desiludido. Ele tinha estado ausente durante a maior parte do ano, aparecendo apenas para uma ou duas corridas. Agora eu não conseguia nem que atendesse ao telefone. Ele estava promovendo uma corrida no Rio e comecei a achar que sua primeira prioridade era conseguir patrocínio para aquele evento e não para mim. Será que meu pai estivera certo o tempo todo?

Quando finalmente consegui falar com Emerson, perguntei o que estava acontecendo.

— Não se preocupe — disse ele. — Está tudo sob controle. Temos muitos patrocinadores.

— Ok — assenti, querendo acreditar nele.

Continuei concentrado em correr e esperei que ele cuidasse do dinheiro. Emerson continuou não aparecendo às minhas corridas. Viajei sozinho durante a maior parte da temporada, usando minhas economias do campeonato anterior para pagar as viagens. Eu não estava recebendo salário, pois Emerson ainda não tinha encontrado patrocinadores. Estava ficando sem dinheiro e, então, comecei a usar a verba do aluguel para viajar até os locais de corrida.

Um dia, Hogan me chamou ao escritório dele.

— Ouça, sei o que está acontecendo aqui — começou. — Emerson ainda não apareceu com o patrocínio, mas você está fazendo um trabalho incrível. Vou pagar seu salário do meu próprio bolso.

Carl estava frustrado, porque, ao me pagar, Emerson ainda receberia a comissão de vinte por cento. Meu chefe estaria pagando a um cara que lhe devia US$ 3 milhões e pude ver que isso o deixava furioso. No entanto, se não me pagasse, eu não teria dinheiro nem para viajar até o local das corridas. Ele estava de mãos atadas, mas, boa pessoa que era, queria me ajudar.

A essa altura, eu não via Emerson havia meses. Quando falávamos ao telefone, ele sempre vinha com a mesma ladainha:

— Não se preocupe. Está tudo sob controle.

Eu comprava minhas próprias passagens e elaborava minha programação. Aquilo me ocupava demais. Disse a Kati que não conseguia gerenciar tudo sozinho. Precisava de ajuda.

— Mas o que o Emerson está fazendo? — perguntou ela. — Esse não é o trabalho dele? Sem fazer nada, ele está cobrando vinte por cento sobre o que você ganha. Ele está usando você.

— Você pode me ajudar? — pedi a Kati.

Não queria mais defender Emerson, pois achava que minha irmã tinha razão. Ela veio morar comigo e começou a tomar conta de todas as coisas que Emerson negligenciava.

Minha família começou a me pressionar:

— Isto não está certo! Ele não está fazendo o trabalho dele.

Precisei contar-lhes que não podia despedi-lo porque tinha assinado uma extensão do contrato. Meu pai ficou irado:

— Como você pôde fazer isso? Nós estamos apoiando você desde o começo. Investi todo meu dinheiro e todo meu tempo em você. Como você pôde me afrontar desse jeito?

Eu não sabia o que dizer. Reconhecia que ele estava certo e nunca me senti tão mal.

Tive diversas ofertas das melhores equipes durante o ano todo. Fiquei pensando como minha temporada teria sido se eu tivesse aceitado a proposta da Chip Ganassi Team — Juan Pablo Montoya liderava a série e não pude deixar de pensar que eu podia estar naquela posição, naquele carro. E não teria de me preocupar com o aspecto financeiro.

Apesar de minha equipe não ter fundos suficientes, estávamos correndo bem. Contudo, toda vez que eu assumia a liderança, meu motor falhava. Será que isso era um sinal? Emerson continuava a me dizer para não me preocupar, que tudo daria certo, mas eu tinha sérias dúvidas. Comecei a perceber que, apesar de Emerson ser um grande piloto, ele não era um bom empresário.

A última corrida da temporada foi em Fontana, Califórnia, em 31 de outubro. De novo, Emerson não apareceu. Kati estava lá e, embora estivessem bravos comigo por eu ter assinado a extensão do contrato com Emerson, meus pais tinham vindo do Brasil. Na noite anterior à corrida, Carl Hogan me chamou ao seu escritório, juntamente com o gerente da equipe. Ele me disse para sentar e explicou que estava fechando a escuderia.

— Helio — esclareceu Hogan —, durante toda a temporada, Emerson me pagou com promessas. Não posso pagar minhas contas com promessas. Acho que você tem um talento incrível e tem um futuro brilhante, mas Emerson não o levará mais adiante. Tenho minhas contas para pagar e não posso prejudicar minha empresa, a empresa da família. Não estou feliz com isso, mas esse é o motivo de eu fechar a escuderia.

Pensei nas palavras de Hogan. *Não posso prejudicar minha empresa, a empresa da família.* De repente, percebi que era exatamente isso que meu pai tinha feito por mim.

Continuei tentando ligar para o Emerson, mas ele não atendia. Finalmente, consegui falar com ele.

— Onde você está? — perguntei. — Estamos com um problemão. A equipe de Hogan não competirá no ano que vem. E eu não tenho nenhuma vaga...

— Não se preocupe — repetiu. — Tenho um patrocinador que vai nos dar US$ 20 milhões para montarmos uma equipe brasileira no ano que vem!

— Não me diga para não me preocupar! — gritei em resposta. — Você não conseguiu arrumar US$ 3 milhões e agora diz que tem US$ 20 milhões. Não sou estúpido!

Ele não disse nada.

Pela primeira vez, falei o que pensava:

— Estou novamente sem vaga. Você não fez o que devia! E nem está aqui para a última corrida!

— Sim, mas eu mandei meu genro. Ele está aí para ajudar você.

— Seu genro não consegue me ajudar! Preciso do meu empresário aqui! O que devo fazer agora?

Ele não disse nada. Percebi, pelo som ao fundo, que ele estava em seu barco, e isso me deixou ainda mais bravo. Tentei me acalmar.

— Você não apareceu nas corridas — continuei. — Você não conseguiu os patrocinadores, você deixou o Carl enfurecido, você recusou duas ofertas que me permitiriam ter uma vaga para a próxima temporada. E agora estou sem equipe. Isto não está funcionando. Tenho de acabar com este negócio. Não preciso que você me represente mais.

— Ok, então tudo bem — ele não pareceu ter ficado aborrecido.

Quando desliguei, eu me sentia desesperado e desiludido. Percebi que estava por conta própria e esperava que minha família perdoasse meus erros.

Saí para jantar com Kati e meus pais e lhes contei o que tinha acontecido. Pedi desculpas por ter assinado a extensão do contrato e por ter desperdiçado o dinheiro da família e desculpei-me do meu fracasso.

— Dispensei o Emerson — contei —, mas acho que é tarde demais. Acho que este é o fim da estrada.

— Não — retrucou papai. — Nós não cruzamos todo o oceano a nado para morrer a 15 metros da praia.

Kati estava determinada:

— Vamos a todas as equipes. Vamos bater em todas as portas. Encontraremos uma vaga para você.

— Vamos pensar em algo — assegurou minha mãe. — Estamos aqui para fazer tudo o que pudermos por você.

E assim, abandonado por meu herói de infância, caí uma vez mais nos braços da minha família. Tínhamos 24 horas para conseguir uma vaga. Do contrário, meu visto de trabalho para os Estados Unidos expiraria e teríamos de voltar ao Brasil.

CAPÍTULO 5

Chamado ao box

*Ninguém sabe
o que vai acontecer daqui a um minuto.
Mesmo assim, seguimos em frente.
Porque acreditamos. Porque temos fé.*

Paulo Coelho

O caminho da vitória

108

ACORDEI NA MANHÃ DE 31 de outubro de 1999 desesperado e deprimido — um fracassado de 24 anos de idade. É a típica história do piloto brasileiro: uma família falida, um sonho adiado, um pai enfraquecido, uma mãe que passa o tempo todo com o rosário na mão. E também havia a Kati: uma irmã que abriu mão de suas ambições para ajudar o irmão a conquistar as dele.

O que eu poderia fazer? Não tinha estudo, nem economias, nenhum conhecimento que tivesse valor de mercado. Não sabia direito como arrumar um motor, trocar um pneu ou verificar o óleo. Era um piloto que não podia nem mesmo ser mecânico. Tudo o que sabia fazer era segurar o volante e pilotar. Desde meus onze anos, tudo o que não fosse automobilismo havia sido colocado em segundo plano.

Com o passar dos anos, e conforme o dinheiro da família se esgotava, segurar o volante passou do sonho de um garoto ao sonho de uma família. Cresceu e, de um sonho da família, passou a ser um empreendimento dos Castroneves. E, então, tornou-se a única esperança da família. Se houvesse um plano alternativo, teria sido trabalhar na empresa de papai, mas isso também não era mais possível. O futuro da minha família estava sobre meus ombros, e eu não conseguia mais carregar aquele fardo.

Queria gritar a eles: *Eu não pedi para fazer isso! Não pedi para ter um assessor de imprensa aos doze anos. Não pedi para Kati sair da companhia de balé, vender seu apartamento e ir dormir nos sofás de seus amigos. Não pedi a meu pai para vender todas as suas propriedades, pe-*

gar empréstimos e contrair uma dívida tão alta. Não pedi que ninguém confiasse tanto em mim! Mas é claro que não disse nada disso, porque, na verdade, uma parte de mim se perguntava se eu não havia mesmo pedido todas aquelas coisas. *Será que fiz tudo isso?*

***

Estávamos juntos, quatro desesperados, no autódromo de Fontana, Califórnia, numa ensolarada manhã de outubro.

Eu podia sentir o pânico dos meus pais. Papai estava em silêncio solene. Mamãe mexia os olhos, os pés, o corpo todo. Não correspondiam ao lema familiar: *Concentre-se, vá em frente, apenas pilote.* As únicas palavras que eu ouvia eram as da minha mãe, rezando baixinho o terço, apertando as contas entre os dedos.

Kati estava ao meu lado. Ela agarrou minha mão e a apertou.

— Não se preocupe, Helio — tranquilizou-me. — Concentre-se na corrida. Vai dar tudo certo. Alguma coisa vai acontecer.

Ela sorriu, e eu pude ver que ela estava confiante em que tudo daria certo, embora eu não soubesse como.

Antes da corrida, Kati foi de equipe em equipe, batendo na porta dos trailers, pedindo para falar com o pessoal. Fui com ela ver Bobby Rahal, um dos donos de escuderia cujo convite para que eu pilotasse em sua equipe Emerson recusara durante a temporada.

— Sinto muito — disse ele —, mas já encontramos um novo piloto.

Eu estava em pânico. Pela primeira vez comecei realmente a me preocupar com a administração daquilo tudo. O pouco inglês que eu sabia tinha me abandonado. Não entendia nada do que diziam. Kati me explicou que todas as equipes já tinham suas vagas para pilotos preenchidas, mas ainda havia uma possibilidade, a Walker Racing.

A Walker Racing oferecia um raio de esperança. Seu piloto, Gil de Ferran, estava indo para a Penske, e sua vaga estava disponível. Kati e eu fomos falar com Derrick Walker, o dono da equipe, e com o advogado dele, Alan Miller. Era a primeira vez que eu me encontrava com Miller, apesar de ter ouvido falar muito a seu respeito. Era um ex-jogador de futebol americano profissional que se tornara um dos melhores advogados esportivos. Ele havia representado a maioria dos melhores pilotos e percebi que estava tentando me ajudar de todas as formas que podia. Contudo, não podia me representar porque já estava representando a Walker Racing.

— Você precisa arranjar um advogado — ele me informou. — Você tem de se proteger.

Fiquei me perguntando se eu não deveria ter tido um advogado o tempo todo.

Derrick Walker explicou a situação para mim e para Kati:

— Temos uma vaga, mas vocês terão de entrar com o dinheiro do patrocínio.

E aquilo não era tudo: Carl Hogan era dono do meu passe, que deveríamos comprar por US$ 1 milhão. Também tínhamos de pagar a dívida de US$ 3 milhões de Emerson com a equipe Hogan. Todos estavam tentando apresentar soluções, não só para meus problemas, mas também para os de Carl Hogan. Ninguém queria ver a escuderia dele fechar. No entanto, logo ficou claro que não havia nada a ser feito. Era uma situação impossível. Nossa esperança morreu tão rapidamente quanto tinha se acendido. Aquele era o fim da linha — um triste capítulo final para uma saga longa e frustrante.

Fui para a pista para uma última corrida, as 500 Milhas de Marlboro. Eu tinha as últimas quinhentas milhas e as derradeiras 250 voltas de minha carreira. Quinhentas milhas e metade desse número em voltas antes que minha vida mudasse para sempre. Entrei no carro, agarrei o volante e respirei fundo. Senti-me como sempre me sinto quando seguro o volante: sob controle. Apesar de tudo o que tinha acontecido nas 24 horas anteriores e das incertezas que eu tinha diante de mim, no meu carro, naquele momento, eu estava calmo.

Larguei em 17º e rapidamente alcancei o quarto lugar. Bloqueei toda a confusão e me concentrei no que estava imediatamente à frente. Então, apenas dez voltas depois do início da corrida, enquanto eu forçava para ganhar posições, vi um carro perder o controle diante de mim. Ele foi arremessado contra o muro a 380 quilômetros por hora. Passei voando pelo local do acidente sem saber direito o que tinha acontecido.

No box, meus pais e Kati estavam chocados, paralisados. Eles tinham visto em detalhes o terrível acidente. Greg Moore, uma das mais brilhantes promessas do automobilismo, girou, saiu da pista, capotou e atingiu o muro de concreto a 380 quilômetros por hora. O carro capotou diversas vezes, partindo-se, até parar no gramado interno, deixando todos impressionados e estupefatos. O medo se apoderou dos espectadores. A corrida tinha acabado de começar e aquele maldito lembrete acerca do perigo e da morte tinha penetrado no autódromo.

Mas nenhum dos pilotos sabia disso. A corrida continuou. Vi que havia um tumulto perto do local onde o carro havia capotado, mas não me permiti olhar. Fui treinado a não olhar nunca, nunca deixar que um fio de medo ou de distração entrasse em minha mente.

Cerca de cem voltas depois do início da corrida, meu carro teve uma pane mecânica e tive de parar. Quando cheguei ao box, o pessoal da equipe me disse que Greg havia sido levado de helicóptero a um centro médico ali perto, mas tinha falecido por conta das fortes lesões na cabeça. A corrida ainda não tinha terminado, mas as bandeiras no autódromo já estavam a meio mastro. *Meu Deus*, pensei, *as coisas só estão piorando.*

Fui até o trailer para trocar de roupa. Quando fiquei só, uma sensação de luto pela morte do meu colega e pelo final da minha carreira se apossou de mim.

Depois da corrida, não houve comemoração para o vitorioso. Em vez disso, improvisou-se um serviço fúnebre. As pessoas perambulavam pelo autódromo, chocadas demais para falar alguma coisa. Greg Moore tinha só 24 anos de idade e havia acabado de assinar um contrato de alguns anos com a Penske, a melhor equipe da categoria. Esperava-se que ele viesse a se tornar um dos maiores pilotos que o automobilismo já viu, provavelmente o futuro da Fórmula Indy. Todos apostavam que ele seria um grande astro do esporte. Acima de tudo, ele era um cara extraordinário, capaz de ser o rival mais feroz nas pistas e o companheiro mais sociável fora delas. Era um dos pilotos preferidos dos torcedores e era amigo de todos. Foi uma perda enorme e muito triste.

Encontrei meus pais e minha irmã. Ninguém conseguia falar. Minha mãe não parava de chorar. Todos pensávamos aquilo que nunca era dito: poderia ter sido eu. O serviço fúnebre terminou e a pista começou a esvaziar. Voltei para meu trailer. Não sabia o que fazer. O medo se apoderou de mim. Percebi que agora perderia meu visto de trabalho para os Estados Unidos. Teria de voltar ao Brasil com minha família, sem dinheiro e sem esperança. Meus sentimentos estavam confusos. Embora não tivesse contrato para correr a temporada seguinte, estava vivo e em segurança. Sentei no chão do trailer e segurei a cabeça com as duas mãos. Então, ouvi uma batida na porta. Respondi que entrassem. A porta se abriu e Dan Luginbuhl, vice-presidente da Penske Corporation, estava na minha frente.

— Roger Penske gostaria de ver você no box — disse ele. — Você pode estar lá em quinze minutos?

— Sim.

Esperei passar longos quinze minutos até ir ao box. Não havia ninguém lá. Começava a anoitecer e eu assistia sozinho ao pôr do sol no céu da Califórnia. Alguns minutos depois, um carro branco surgiu no horizonte. Eram Roger Penske e seu filho, Greg Penske, presidente da Penske Motorsports. O carro parou na minha frente; Roger esticou sua mão, apresentando-se:

— Olá, Helio. Por favor, entre.

Sentei no banco de trás e o carro arrancou. Falamos algumas coisas sem importância. Eu estava cansado da luta e não sabia direito o que dizer naquela situação. As bandeiras ao longo da pista ainda tremulavam a meio pau. O luto ainda era palpável. Mas lá estava eu: no banco traseiro do carro de Roger Penske, com o mais bem-sucedido dono da equipe mais bem-sucedida da Fórmula Indy. Passamos pela cena do acidente.

— Que pena — disse Roger.

Todos concordamos, acenando com a cabeça.

— Temos de fazer alguma coisa. Temos de deixar este esporte mais seguro.

Durante alguns momentos, ninguém disse nada. Quando chegamos à saída do autódromo, Roger virou-se para me encarar:

— Helio, você pode estar no Hotel Doubletree às 19h45, na suíte presidencial? Precisamos conversar.

— Sim — respondi acenando a cabeça ao mesmo tempo.

Desci do carro e fui encontrar minha família. Estávamos em um hotel em frente ao Doubletree, bastava atravessar a rodovia. Eu lhes disse que iria encontrar Roger Penske às 19h45. Nenhum de nós se atreveu a alimentar expectativas.

— Kati, você precisa vir comigo.

Eu não falava inglês bem o bastante e Kati falava um pouco melhor, mas não muito. Juntos, pensei, nós dois poderíamos entender e nos fazer entender. Às 19h30, eu e Kati atravessamos a rodovia a pé. Nossos pais ficaram no hotel, esperando.

Quando entramos na suíte presidencial, vimos Roger e Greg Penske na mesa de reuniões, junto com outros homens. Fomos apresentados aos advogados de Roger; depois, a Tim Cindric, o presidente da Penske Racing, e, finalmente, a Gil de Ferran, um conhecido piloto brasileiro que, junto com Greg Moore, tinha acabado de assinar um contrato com a equipe.

No começo, pensaram que Kati era minha namorada, mas explicamos que ela era minha irmã e que estava lá para me ajudar com o inglês. Sentamos à mesa. Gil levantou-se e seguiu para a porta. Quando passou por mim, sussurrou em português:

— Apenas siga a orientação dele.

Depois que ele saiu, Roger começou a falar:

— Este é um momento muito difícil. Estamos terrivelmente chocados com o que aconteceu hoje à tarde. Mas a vida continua. O automobilismo continua. Nosso maior patrocinador, a Marlboro, exige que nós tenhamos um piloto até quinta-feira. E não só um piloto, mas um grande piloto. Queremos saber se você está interessado.

— Sim — respondi instintivamente.

Então, fiquei em silêncio.

— Quem é seu advogado? — perguntou ele. — Quem é seu empresário?

— Não tenho nem um, nem outro.

— Ok. Nós lhe daremos tempo para achar um advogado e então, prosseguiremos. Mas precisamos de uma resposta até o final da semana.

Eu estava feliz e entusiasmado, claro, mas também era assaltado por sentimentos conflitantes. Não conseguia pensar direito. Certamente não queria substituir ninguém naquelas circunstâncias, mas também não queria voltar ao Brasil. As tantas emoções que senti em um único dia eram demasiado intensas. Sem vaga para pilotar na temporada seguinte, abandonado por meu ídolo de infância, testemunha da morte de um colega e, agora, convidado a pilotar pela maior equipe da categoria.

Resolvemos ficar na Califórnia aquela noite e ir à Flórida no dia seguinte para procurar um advogado. Telefonamos para o único advogado que conhecíamos, meu amigo Mark Seiden, que tinha me ajudado a me livrar de uma multa por excesso de velocidade.

— Precisamos de você para nos ajudar a encontrar um advogado — eu disse a ele.

— Que tal Alan Miller? Ele é o maior advogado do automobilismo.

Mas Alan também era advogado de Greg Moore. Não sabíamos se haveria conflito de interesses. Telefonei para ele naquela tarde e, depois que expliquei a situação, ele concordou em me representar. A primeira coisa que me pediu para fazer foi mandar uma carta formal ao Emerson, encerrando nosso relacionamento comercial. Ele explicou que, como Emerson não havia cumprido suas obrigações, o contrato perdera a validade e estava anulado.

Então, começamos a conversar com a Penske. Quando chegou a hora de estipular um salário, Roger me perguntou:

— Quanto você acha que vale?

— Não sei — respondi. — Não tenho ideia. Alan mencionou que eu deveria receber US$ 2 milhões.

— Certo, então são US$ 2 milhões.

Eu não podia acreditar. Eu teria pilotado pela Penske de graça!

Na quinta-feira, estava programado para irmos a Detroit encontrar Alan e Roger. Kati e eu pedimos a Mark para nos acompanhar.

— Você precisa vir conosco — dissemos a ele. — Precisamos que você leia os contratos. Nosso inglês não é bom o suficiente.

Ele concordou. Chegamos a Detroit na quinta-feira à noite. Mark pegou um pacote de contratos com cerca de 15 centímetros de espessura e nós três ficamos em um quarto de hotel analisando a papelada.

Alan tinha negociado o contrato de Greg Moore com a Penske durante meses. Os documentos eram muito complexos, pois Alan queria cobrir Greg de todas as formas — seguro-saúde, seguro de vida, um plano de aposentadoria. Eles usaram os mesmos contratos comigo, apenas substituindo o nome de Greg Moore pelo meu. Pela primeira vez em minha carreira de piloto, eu teria um seguro-saúde! Mas, para mim, aquela não era a melhor parte do contrato. O que mais me interessava era o número de anos pelos quais a Penske estava me contratando.

— O que diz o contrato? — eu e Kati perguntávamos sem parar. — Diz aí que são três anos?

Mark examinou os documentos.

— Sim. Três anos. Você tem vaga garantida para pilotar por três anos.

— Meu Deus, três anos! Três anos!

Para mim, "três anos" eram as palavras mais importantes do contrato. Eu teria assinado de graça, desde que pudesse correr três temporadas seguidas.

Ficamos pulando na cama, gritando "três anos!", até que Mark disse:

— Pessoal, não vou conseguir ler isto se vocês não ficarem quietos.

— Vamos acabar de ler de manhã — respondemos. — Está muito tarde. Viajamos o dia inteiro. Vamos dormir. Amanhã acordamos cedo e acabamos de ler os contratos.

Encontraríamos Roger no dia seguinte, às dez horas da manhã, no Dearborn Inn; teríamos tempo para acabar a leitura dos documentos.

Só que nossos despertadores não tocaram e acordamos às 10h45. Saímos do hotel correndo como loucos e, claro, Mark não teve tempo de ler o resto dos contratos. Mas não tinha importância. Ele leu as partes mais relevantes: *Penske Racing; três anos; US$ 2 milhões por ano.*

***

Kati, Mark Seiden e eu passamos apressadamente pelo *lobby*. Roger Penske estava esperando na sala de reuniões com seu advogado, Larry Bluth; meu advogado, Alan Miller; e o vice-presidente da Penske Corporation, Dan Luginbuhl. Começamos a apertar a mão de todos.

— Desculpe o atraso — comecei. — Mas quero dizer que estamos muito entusiasmados.

— Também estamos — respondeu Roger.

Quando terminaram os apertos de mão, Roger logo disse:

— Então, podemos assinar?

— Sim, estou preparado.

Sentamos à mesa da sala de reuniões. Páginas e páginas de contratos começaram a passar em minha frente, viradas por dedos que apontavam as linhas onde eu tinha de assinar. "Assine aqui, ali e lá". Vira, vira, vira. "Agora assine aqui, aqui e ali". Isso levou cerca de uma hora.

Depois de termos assinado todos os contratos e formulários, Luginbuhl disse que entraria em contato para me dar os números de telefone e as informações das quais eu precisaria.

— Obrigado — agradeci.

Kati, Mark e eu saímos para o ar frio de outono. Olhamos um para o outro. E agora? Alan Miller tinha nos convidado para ir conhecer seu filho que acabara de nascer.

Voltamos para Miami naquela noite. Adilson Rodrigues tinha me deixado algumas mensagens. Um ano antes, eu tinha recomendado que Emerson o contratasse como paisagista. Agora, Emerson estava ligando insistentemente para ele, querendo saber onde eu estava. "Cara, Emerson está pirando", dizia a mensagem de Adilson. "Ele fica me perguntando onde você está. Ele vai me matar!"

Liguei de volta para Adilson.

— Não se preocupe — tranquilizei-o. — Vou falar com Emerson.

— Só para você saber: ele está muito bravo. Tome cuidado.

— Pode deixar. Obrigado.

Poucos dias depois, tive minha primeira reunião formal com Alan Miller. Ele começou a me explicar como o pagamento seria feito.

— Todos os pagamentos serão feitos para a sua empresa, a Seven Promotions — informou.

— Espere um pouco — interrompi. — A Seven Promotions não é minha.

— Como assim? Quem é o dono da empresa?

— Não sei.

Alan pareceu ficar nervoso. Ele usou o mesmo modelo de contrato que havia feito para Greg Moore, apenas substituindo o nome de Greg pelo meu. A secretária dele também substituiu o nome da empresa de Greg, a Greg Moore Enterprises, pelo da Seven Promotions. O problema era que Greg era dono da Greg Moore Enterprises. Eu não era dono da Seven. O caso era ainda mais complicado pelo fato de Greg ter sido um cidadão canadense que vivia no Canadá, enquanto eu era um cidadão brasileiro que vivia nos Estados Unidos. Nossas exigências tributárias eram completamente diferentes. Como os contratos tinham sido assinados com pressa, nunca tínhamos discutido nada daquilo antes de assinar.

— Helio — disse Alan —, todos os contratos que você assinou com a Penske estipulam que seus pagamentos serão feitos para esta empresa, Seven Promotions. E você não sabe quem é o dono dela?

— Não.

— Quando perguntei se você tinha uma empresa, você me deu o nome da Seven.

— Desculpe. Eu não tinha entendido. Achei que você precisava de uma empresa para que eu pudesse assinar os contratos. Achei que era assim que a Penske trabalhava.

— Então por que você usou a Seven?

— Porque meu pai havia dito o ano passado que essa empresa, a Seven, seria usada para proteger minhas finanças. Ele e Kati haviam conseguido patrocinadores e papai não queria que Emerson pegasse a comissão.

— Quer dizer que seu pai é o dono da Seven?

— Não tenho certeza.

Alan parecia nervoso. Ele pegou o telefone e ligou para Larry Bluth, o advogado da Penske.

— Não faça nenhum pagamento para a Seven, disse-lhe Alan. — Não sei quem é o dono dessa empresa, mas ela não é do Helio.

Terminado o telefonema, saí do escritório do Alan certo de que tudo se resolveria. Não me preocupei com a conversa. Só queria pilotar.

***

Uma semana depois, voltei ao Brasil. Achei que deveria encontrar Emerson cara a cara. Queria lavar a roupa suja e deixar claro que não havia ressentimentos.

— Vou com você — disse meu pai quando eu saía para ir ao escritório de Emerson em São Paulo.

— Não, tenho de fazer isso sozinho — respondi. — Fui eu que me meti nisso. Posso sair sozinho.

Dirigi os 300 quilômetros de Ribeirão Preto a São Paulo preparando o que iria dizer.

Quando entrei no escritório de Emerson, ele estava sentado em uma cadeira, nervoso e agitado. A carta de término de nossa relação comercial, que eu havia mandado a ele, estava sobre a mesa.

— Sei que isso foi um erro — começou ele. — Você estava chateado. Não se preocupe. Podemos esquecer tudo isso.

— Não, Emerson. Não foi um erro. Foi uma decisão deliberada.

Ele ruborizou. Seu sorriso se transformou em uma expressão de raiva e seus olhos escuros tornaram-se frios.

— Por que você faria isso comigo?

— Porque, Emerson, eu lhe disse muitas vezes que você devia tentar outros caminhos. Eu devia ter feito o teste com Bobby Rahal, quando ele me convidou. Devia ter feito o teste com Chip Ganassi, quando ele me convidou. Eu podia ter pilotado para essas duas escuderias sem precisar ter de conseguir patrocinadores.

— Eu lhe disse... — ele tentou me interromper, mas pela primeira vez em minha vida assumi o controle fora de um carro de corridas.

— Você me disse que tinha patrocinadores, mas nunca teve. Você me disse que tudo ficaria bem, mas acabei sem equipe porque você não pagou o Hogan. Eu não tive escolha. Se eu não cuidar da minha carreira, ninguém cuidará.

— Você não pode fazer isto comigo! Você não pode fazer isto comigo! — ele começou a berrar, ao mesmo tempo em que batia repetidamente com o punho fechado sobre a mesa.

— Desculpe. Não é questão de eu não poder fazer. Já está feito.

— Eu vou processar você! — ele continuava a berrar e a bater na mesa.

Emerson estava possesso e comecei a me assustar. Os seguranças entraram correndo na sala:

— O que está acontecendo?

— Ele está louco — respondi. — Estou indo embora.

Quando cheguei ao carro, dei um suspiro de alívio. Fui invadido pelo sentimento de ter encerrado um relacionamento ruim, do qual eu deveria ter me livrado há muito tempo. Senti-me livre. Fui até o aeroporto, ansioso para voltar aos Estados Unidos, para voltar às pistas.

O avião decolou, São Paulo-Miami. Fechei os olhos, respirei fundo e sorri, pronto para começar um novo capítulo.

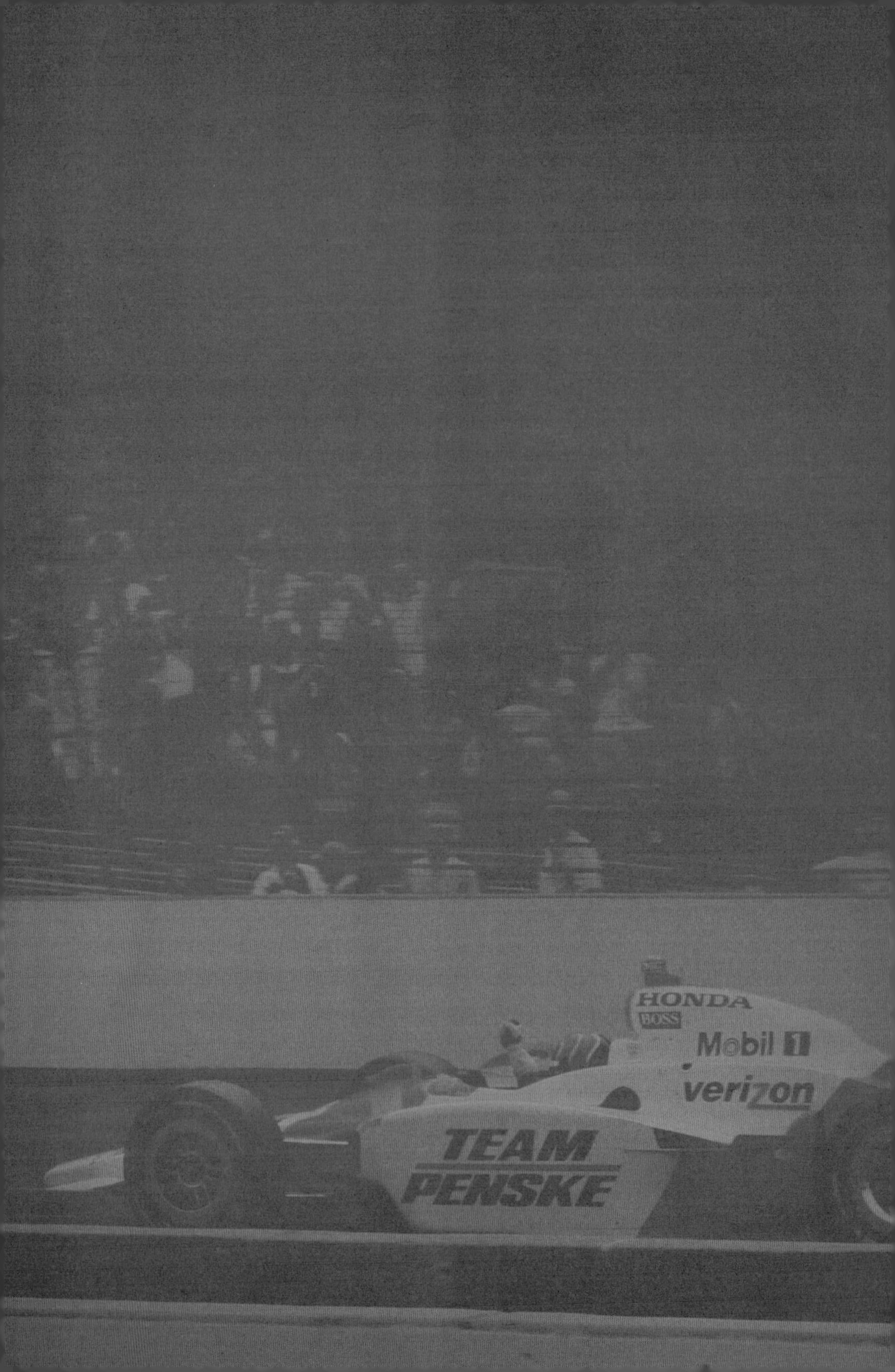
HONDA
BOSS
Mobil 1
verizon
TEAM
PENSKE

Parte 2

*Tudo o que fiz
foi ficar virando para a esquerda.*

George Robinson,
vencedor das 500 Milhas de Indianápolis de 1946

CAPÍTULO 6

180 graus

*Quando você quer alguma coisa,
todo o Universo conspira
para que você realize seu desejo.*

Paulo Coelho

NO DIA 2 DE janeiro de 2000, recebi uma caixa em meu apartamento de Miami. Dentro, estava meu novo macacão vermelho da Marlboro, da escuderia Penske.

— Kati — chamei. — Kati, venha ver.

— O quê? — ela entrou no quarto e parou ao ver o uniforme. — Meu Deus! Vista! Vista!

Coloquei o macacão, abotoei-o até o pescoço e olhei para Kati.

— Como estou?

— Parece um campeão.

No Brasil, o uniforme vermelho da Marlboro é lendário. Tem o peso da história e do sucesso. Quando pensamos em pilotos campeões, nós os imaginamos vestindo vermelho da cabeça aos pés, com uma faixa branca e preta da Marlboro do lado esquerdo do peito.

Fui até meu espelho de parede e comecei a me inspecionar de todos os ângulos. Eu via a inscrição MARLBORO em grandes letras negras, na altura do meu estômago. Meu peito e minhas mangas estavam repletos com os logos dos meus patrocinadores — Mobil, Honda, Hugo Boss e outros. Patrocinadores que eu não tinha de me preocupar em conseguir! E, no ombro esquerdo, estava a insígnia branca da Penske Racing. Fiz uma pose, ergui minhas mãos acima da cabeça e me imaginei vencendo minha primeira corrida, vencendo as 500 Milhas de Indianápolis, vencendo o campeonato. Então, imaginei-me com catorze anos, com meu macacão vermelho da escuderia Corpal, criado por mim e por meu pai, uma cópia deste que eu agora vestia. Lembrei daquele garoto de doze anos nas pistas de São Paulo, ganhando seu primeiro troféu e sonhando com o dia em que usaria o verdadeiro uniforme da Marlboro. Dez anos depois, o sonho tinha se tornado realidade.

**

No final daquela semana, treinei pela primeira vez com a equipe Penske, no autódromo de Sebring. Ficava a duas horas de carro do meu apartamento. No caminho, fui cantando, batucando no volante, feliz por poder voltar às pistas. Encontrei-me com Tim Cindric, dessa vez em circunstâncias menos estressantes. Ele me explicou que seria meu estrategista e que Roger seria o de Gil de Ferran.

O relacionamento com meu estrategista era crucial, pois seria dele a voz que soaria em meus ouvidos a cada corrida. Era essencial que houvesse harmonia entre nós, mas, à primeira vista, parecia que eu e Cindric não tínhamos nada em comum. Tim é um cara de Indiana, alto, cabelos castanhos e olhos azuis. Ele é tipicamente norte-americano, com um comportamento frio e uma educação universitária. Eu, um imigrante brasileiro, baixinho e moreno. Tinha uma personalidade hiperativa, pouco conhecimento da língua inglesa e minha única escolaridade havia sido adquirida nas pistas. Mas tínhamos algumas coisas importantes em comum. Compartilhávamos o mesmo ponto de vista sobre o automobilismo, um senso de humor semelhante e começamos nossas carreiras na Penske ao mesmo tempo. A trágica corrida de Greg Moore foi a primeira de Cindric na Penske, por isso aquela seria uma temporada de estreia para nós dois.

O mais importante era que, de algum modo, Cindric entendia meu inglês. E, de um jeito ou de outro, eu entendia o dele (provavelmente porque ele sabia se comunicar comigo usando apenas termos automobilísticos). Depois dos primeiros minutos juntos, ficamos amigos.

Cindric me apresentou à equipe. Meu engenheiro-chefe era Andy Borne, que trabalhou comigo em 1996, 1997 e 1999, com a Hogan. Como o engenheiro faz o papel de intérprete entre o piloto e o carro, era muito importante que eu também tivesse um bom relacionamento com ele. Estava feliz em ter alguém com quem já havia trabalhado antes.

O caminho da vitória

Quando vi o carro vermelho e branco, com os mesmos letreiros da Penske e da Marlboro que estampavam meu macacão, fiquei ansioso para entrar nele e pilotar. Assim como o macacão, aquele carro é lendário no Brasil. É como o uniforme do time de beisebol New York Yankees nos Estados Unidos.

Passamos o dia acertando o carro, adaptando-o ao meu corpo e ao meu estilo. Era como se estivéssemos ajustando roupas; ninguém tem exatamente as mesmas medidas e da mesma forma, os ajustes que um piloto faz em seu carro são únicos. Há muitas adequações a serem feitas para tornar o carro mais aerodinâmico para cada piloto. Quando o carro foi finalmente adaptado para o meu corpo e meu estilo de pilotagem, comecei a dar algumas voltas. Pude sentir a diferença no carro imediatamente. Eu voava, marcando cinquenta segundos. No passado, eu sempre cravava meu tempo entre 51 e 52 segundos.

— Você precisa ver o carro. É incrível. Ele voa! — eu disse a Kati quando cheguei em casa.

Continuei a descrever em detalhes os dois dias de treino. Quando terminei, ela comentou:

— Sensacional! Este vai ser o seu ano. Estou sentindo isso.

Eu esperava que ela estivesse certa. Até aquele momento, minha carreira tinha sido como uma montanha-russa. Os últimos anos haviam sido cheios de obstáculos — patrocinadores que desistiam, minha equipe fechando, meu pai falindo, todos os problemas com o Emerson —, mas eu sentia que finalmente o caminho estava se abrindo. Aquele poderia mesmo ser o meu ano.

— A propósito, Helio — disse Kati —, você sabe como eu posso enviar uma fatura?

— Uma fatura? Não. Por quê?

— O gerente da Penske me disse que eu devia passar um fax das notas fiscais para ele sempre que você fizesse um treino, viajasse ou qualquer coisa do tipo.

Aquele era um território novo para nós. Uma vez mais, tudo era novidade. Nunca tivéramos uma empresa antes. Tivemos de aprender como remeter notas fiscais, comprar máquinas de fax e equipamentos de escritório e, o mais importante, encontrar um lugar para abrir o escritório. Começamos do zero.

Também descobri que era hora de ter meu próprio espaço.

Uma noite, Kati me disse:

— Convidei um cara para vir jantar hoje.

— O quê? Não, não, não — retruquei, erguendo a mão. — Este apartamento é meu. Nada de caras por aqui.

— O apartamento também é meu.

— Nada de caras.

— Tudo bem, Helio. Como quiser.

Ela não ficou nada feliz com aquilo. Mas, ah, dá um tempo! Eu tinha de proteger minha irmã (além disso, eu queria mesmo descansar).

Alguns dias depois, convidei uma garota para ir a nossa casa.

— Não, não, não. Nada de garotas — Kati ergueu a mão, fazendo o gesto característico de negação.

— Sem problemas — concordei. — Acho que é hora de encontrarmos um apartamento para você.

— Boa ideia.

Quando mamãe descobriu, ligou chorando:

— Vocês têm de ficar juntos.

— Nós estamos juntos. Mas não precisamos passar todos os segundos um com o outro. Podemos comer juntos, trabalhar juntos, viajar juntos. Mas cada um precisa de seu próprio espaço.

— Mas vocês são irmãos.

Mamãe não entendia. No Brasil, é muito comum morar com a família até se casar. Mas eu e Kati estávamos nos adaptando ao jeito norte-americano e começamos a compreender a lógica de não precisar morar com o irmão ou a irmã quando se tem vinte e poucos anos.

Achamos um apartamento para ela, no prédio vizinho ao meu, e instalamos um pequeno escritório para a nova empresa da família. Eu ainda não estava acreditando quanto minha vida tinha mudado. Uma força invisível se apoderara de mim, fizera-me virar 180 graus, e eu ainda estava tentando colocar os pés no chão.

Quando a temporada começou, fui inscrito como Helio Castro Neves, meu nome legal. Contudo, os repórteres e locutores se referiam a mim como Helio Castro ou Helio Neves, mas nunca me chamavam pelo meu nome inteiro. Sempre perguntavam:

— Helio quem? — ou — Helio o quê?

Um repórter me disse:

— Junte os dois nomes que será mais fácil.

Lá pela quarta corrida da temporada de 2000, resolvi seguir aquele conselho e finalmente consegui ser chamado por meu nome completo. Estava decidido: dali por diante, eu seria Helio Castroneves.

Cindric e eu estávamos encontrando nossa sintonia e aprendendo a nos comunicar um com o outro. Cometemos alguns erros durante o processo, mas sempre analisávamos a situação para descobrir o que dera errado. Cada erro nos fortalecia como equipe. Cindric é um cara muito inteligente, com discernimento estratégico, e também sabia se comunicar comigo. Ele brincava, dizendo que eu só conhecia cinquenta palavras em inglês, mas parecia ser o bastante para nos entendermos, pois ele falava muito pouco ao rádio. Alguns estrategistas falam durante toda a corrida, o que eu acho que distrai o piloto (embora alguns gostem disso).

Com Cindric, às vezes eu ficava dez ou quinze voltas sem ouvi-lo. Quando ele falava, dizia o menor número possível de palavras, dando ao tom de sua voz a mesma importância do que era dito. Quando me advertia a economizar combustível, ele o fazia de três maneiras diferentes. Poderia significar: "é bom economizar combustível para depois você conseguir uma posição melhor"; poderia querer dizer: "você está ficando sem combustível"; ou poderia ser: "seu combustível está prestes acabar!". Dependia do modo como ele falava.

Lá pela metade da temporada, eu já estava bem adaptado à equipe e ao carro, mas ainda tinha fome de vitória.

No Grande Prêmio de Detroit, em 18 de junho, eu a conquistei. Larguei na terceira posição. Fui moderado. Meu amigo Juan Pablo Montoya estava na frente e eu, bem atrás. Ele atrasou para entrar no box e, na 61ª volta, teve de parar por causa de problemas no carro. Assumi a dianteira, faltando 23 voltas para o final.

— Economize combustível — repetia Cindric pelo rádio. — Seja conservador.

Odeio pilotar moderadamente, mas podia perceber pelo tom de Cindric que ele estava falando sério. Quando faltavam cinco voltas para a corrida terminar, eu ainda estava na frente. Foram as voltas mais demoradas da minha vida. Vi alguém chegando, colando atrás de mim. *Não, cara, esta corrida é minha.*

Lutei para manter minha posição nas últimas cinco voltas e conquistei minha primeira vitória pela Penske. Logo que cruzei a linha de chegada, queria sair correndo do carro. Eu tinha esperado por aquele dia minha vida toda. Ouvi Cindric gritar no rádio:

— Agora eles vão falar seu nome direito, amigo!

Eu comecei a berrar e a chorar. Não sabia o que fazer. Só queria sair do carro e ficar pulando. Eu devia ir ao box, onde todo mundo, inclusive as equipes de TV, esperavam por mim. Mas parei no lugar errado e desafivelei meu cinto de segurança. O carro ainda estava praticamente andado quando pulei para fora e comecei a correr. Parei no meio do gramado interno da pista e olhei ao redor. Onde estava todo mundo? Vi que o público estava emocionado e só quis me aproximar das arquibancadas. Corri até lá e, sem pensar, comecei a escalar o alambrado. A multidão ficou louca. Depois disso, toda a minha equipe chegou e comemoramos juntos.

Fui andando até o pódio, e Bobby Rahal, na época presidente da CART, perguntou:

— O que foi isso?

— Eu sei, desculpe. Sei que era para eu não ter subido lá. Não foi de propósito.

— Não — respondeu Bobby. — Essa foi a melhor coisa que podia ter acontecido. Os torcedores precisam disso.

Na manhã seguinte, acordei e fui ver se finalmente os jornais tinham escrito meu nome direito. A manchete dizia: "HELIO CASTRONEVES CONQUISTA SUA PRIMEIRA VITÓRIA NA CART".

Logo depois da corrida, dedicamos um dia inteiro à imprensa em Chicago. Um repórter da ESPN, John Kernan, me chamou de Homem-Aranha durante a entrevista e o apelido pegou quase instantaneamente. Na corrida seguinte, vi um garoto vestindo a fantasia do Homem-Aranha e os torcedores começaram a gritar meu nome.

Comecei a sentir que estava conquistando o meu lugar. Não havia esquecido que estava ali por conta de circunstâncias trágicas. Tinha a dolorosa consciência de que estava no lugar de Greg Moore, um piloto que todos julgavam ser um dos melhores que o automobilismo já produziu. Respeitava a situação e sempre a tinha em mente. Sabia que toda vez que meu nome era pronunciado, o dele também era. Perguntavam-me sobre ele em muitas entrevistas e sempre procurei homenageá-lo quando respondia. Mas também queria provar que eu merecia estar onde estava. A vitória em Detroit foi meu primeiro marco.

Algumas semanas depois, em uma corrida em Toronto, conquistei outra *pole position*, o que foi especialmente gratificante, pois tinha acabado de ser rebatizada como *Pole Position* Greg Moore. Coloquei o troféu no escritório, ao lado de uma foto do Greg. Mas foi somente a partir de 3 de setembro, em uma corrida em Vancouver, British Columbia, que finalmente senti que aquele lugar era realmente meu.

A corrida em si não foi memorável, mas nunca esquecerei o que aconteceu depois dela. Eu estava na área de descanso e vi a mãe de Greg Moore, Donna, do outro lado da sala. Queria falar com ela, mas o assunto era delicado, e eu queria ter certeza de que usaria as palavras certas. Porém, antes que eu pudesse formular o que dizer, ela veio até a mim:

— Ouça — disse Donna —, eu tenho ouvido muito do que você diz em suas entrevistas sobre o Greg. Quero que saiba que o que aconteceu foi destino. Não quero que sinta que está substituindo meu filho. Ele está onde era para ele estar e você está onde é para você estar. Alguém teria de sucedê-lo. Fico feliz que esse alguém seja você.

Senti com se tivessem tirado uma tonelada de cima do meu peito. Foi uma das dádivas mais generosas que alguém já me concedeu.

***

Voltei para casa, em Miami, e encontrei uma carta do escritório de advocacia Steel, Hector & Davis.

"Caro Helio Castroneves Jr.,

Venho informá-lo de que estou exigindo de você o valor de US$ 3,3 milhões pelas seguintes razões..."

Meu coração quase parou.

— Kati, o que é isto? O que quer dizer?

Ela pegou a carta e leu.

— Acho que o Emerson está processando você em US$ 3,3 milhões.

— O que vamos fazer? — eu estava em pânico.

— E você pergunta pra mim? Ligue para o Alan.

Liguei para Alan Miller e o pus a par da situação:

— O Emerson me mandou uma carta dizendo que está me processando em US$ 3,3 milhões. O que devo fazer?

— Não se preocupe. Ele não tem como ganhar. Já esperávamos por isso, não é?

Era verdade. Porém, eu ainda estava chocado. Mas, durante meses, Roger Penske e Alan tentaram fazer um acordo com Emerson. Roger até mesmo nos reuniu em Detroit e intermediou a situação. Ele se encontrou comigo primeiro e disse:

— Não quero brigar. Vamos dar um jeito de não brigar.

Então, ele foi ter com Emerson. Depois me chamou.

— Sinto muito — informou. — É muito difícil. Não consegui nada com ele.

Eu sabia que o passo seguinte seria o processo legal. Mesmo assim, quando você vê seu nome no cabeçalho de uma carta de intimação que começa com a frase "estou exigindo de você o valor de US$ 3,3 milhões", é algo muito assustador.

— Você tem de contratar um advogado — explicou Alan. — Posso ajudar no caso, mas não posso representá-lo formalmente porque sou testemunha.

Ele me deu o nome de um advogado em Miami, Larry Stumpf. Na semana seguinte, fui até o escritório do Larry. Ele usava botas de caubói e um cinto com uma enorme fivela prateada — nem um pouco parecido com o visual que eu achava que um advogado devia cultivar. Mas, quando começamos a conversar, percebi que Larry era inteligente e conhecia os meandros de sua profissão. Assim, apesar do cinto e das botas questionáveis, confiei nele.

Tive de dar meu primeiro depoimento por escrito, o que foi difícil. Aquilo era muito real e intenso. Quando saí do escritório, sentia-me um pouco agitado. Não podia acreditar que aquilo estava acontecendo. Precisei de um dia inteiro para me recuperar, mas disse a mim mesmo que lidaria com todo e qualquer obstáculo que surgisse durante o processo. Não permitiria que aquilo dominasse minha vida. Toda vez que falava com Larry ou com Alan, ficava um pouco abalado. Depois, porém, eu me concentrava novamente nas pistas, onde tinha o controle.

**

Aquela era a última prova da temporada. Estávamos em Fontana, quase um ano depois do acidente do Greg. A mesma pista. A mesma corrida. Eu estava em primeiro lugar e faltavam vinte voltas. Pilotava a 400 quilômetros por hora quando o motor travou. Meu carro virou 180 graus e voou para trás, a cerca de 370 quilômetros por hora. Fechei meus olhos e rezei. Um milissegundo depois, senti o impacto do carro contra o muro de concreto. Abri os olhos e percebi que não conseguia respirar. Tentei inspirar um pouco de ar. Ouvi a voz de Cindric no rádio:

— Você está bem? Você está bem?

Eu não conseguia responder. Em vinte segundos, a equipe médica chegou:

— Você está bem? Você está bem?

Eu ainda não conseguia responder. Só conseguia inspirar um pouco e expirava com pequenas tosses.

— Como você está? — continuavam a perguntar.

Olhei para o volante, que tinha ficado na forma de um *pretzel*.

— Fale conosco, Helio. Como você está?

Finalmente, consegui dizer:

— Estamos em Fontana. Estou bem. Meu nome é Helio Castroneves.

— Por que você não respondia?

— Eu não conseguia respirar.

— O que está sentindo?

— A parte inferior das minhas costas está doendo.

Senti que eles me removiam do carro e colocavam uma prancha sob minhas costas. Meus joelhos e calcanhares queimavam. Enquanto me tiravam dali, olhei para trás e vi o carro. A parte da frente estava intacta, mas a traseira tinha sido destruída por conta da força do impacto. Colocaram-me numa ambulância e Kati veio correndo até mim. Quando ela me viu na maca, começou a chorar. Ela me acompanhou na ambulância.

— Você está bem? Você está bem? — Kati perguntava.

— Droga! Não acredito! Esta era uma corrida de US$ 1 milhão. Eu estava vencendo. Faltavam só vinte voltas. A vitória era minha! — eu gritava em português.

— Tem algo errado? — a enfermeira perguntou a Kati. — Ele precisa de alguma coisa? Está tudo bem?

— Sim, ele está bem — minha irmã respondeu. — Ele está bravo porque não venceu a corrida. Agora sei que ele está bem.

A enfermeira olhou para mim como se eu fosse louco. No caminho para o hospital, ela me perguntou:

— Podemos cortar seu macacão?

— Sim, mas esta é a minha cueca da sorte. Não cortem minha cueca.

— Bem, ela não é mais sua cueca da sorte.

— É sim. Estou aqui, não estou?

Mas eles a cortaram. Quando chegamos ao hospital, vi que meus pais estavam lá. Percebi que estavam abalados. Os médicos me deixaram na maca e começaram a se movimentar ao meu redor.

— Meu joelho está doendo. Meu joelho — eu dizia.

Eu não sabia se estava usando a palavra correta, porque ninguém respondia.

— Meu joelho. Meu joelho — fiquei repetindo.

Então, sem aviso, o médico me examinou, procurando alguma hemorragia (não é uma experiência agradável, se é que você me entende).

— Ei! O que estão fazendo? — gritei. — Eu disse meu joelho! Meu joelho! — apontei de novo.

— Você está urinando sangue. Precisei verificar se você estava com alguma hemorragia.

Eles tinham me dado morfina e eu começava a sentir náuseas. Meu calcanhar queimava como o inferno, mas eu receava falar sobre isso porque temia que procurassem mais alguma coisa. Horas depois, o médico principal entrou e começou a colocar uma luva.

— Ei, ei! — disse eu. — O que você vai fazer com essa luva? Não estou com hemorragia.

— Não se preocupe. Vou examinar seu calcanhar e logo você estará fora dessa cama. Talvez em cinco horas.

Cinco horas?

Ele examinou meus pés e me informou que eu havia perdido quase toda a pele do meu calcanhar esquerdo. Eu não conseguia ver, pois estava amarrado na maca, mas entendi porque sentia o calcanhar queimar.

— Não posso ficar nessa maca — tentei dizer para qualquer um que pudesse me ouvir. — Tenho de me sentar. Não posso ficar deitado.

Roger e Cindric pararam no hospital quando estavam a caminho do jantar de fim de ano. Gil vencera o campeonato e eu estava bravo porque perderia a festa. Kati foi receber o prêmio Greg Moore Legacy em meu nome. O prêmio era destinado "ao piloto que mais se aproxima da personalidade única de Moore, que combina talento nas pistas e personalidade dinâmica". Ela voltou ao hospital para me mostrar o prêmio e eu desmontei. É uma das condecorações mais significativas que já recebi.

Quando a hemorragia interna parou e eu recebi alta, saí coberto de curativos, abatido e contundido. E imensamente abençoado.

CAPÍTULO 7

A primeira vez em Indianápolis

*Para terminar em primeiro,
é preciso primeiro terminar.*

Rick Mears

O caminho da vitória

A PRIMEIRA VEZ QUE vi o Indianapolis Motor Speedway foi no outono de 2000, quando Roger me mandou testar um carro lá. A Penske Racing não participava das 500 Milhas de Indianápolis desde 1995, quando a American Open Wheel Racing dividiu-se em duas ligas: a CART e a IRL (Indy Racing League). A CART tinha pilotos melhores, mas a IRL ficara com a melhor prova, justamente as 500 Milhas de Indianápolis. A Penske Racing estava na liga CART, mas Roger estava pensando em participar de algumas corridas da IRL em 2001. Assim, poderíamos correr em Indianápolis.

— Ouça — Roger me disse —, podemos voltar a correr em Indianápolis no ano que vem. Quero que você vá lá treinar e ver como se sente.

Quando entrei na pista, fiquei impressionado com o tamanho do lugar. Eu já tinha visto na TV, é claro, mas nada se compara a estar lá. Era de longe a maior pista em que eu já estivera. Uma placa na entrada se gaba de que todos os seguintes monumentos cabem simultaneamente naquela oval: o Yankee Stadium, o Coliseu de Roma, a Cidade do Vaticano, o Rose Bowl, o All England Lawn and Tennis Croquet Club (mais conhecido como estádio de Wimbledon) e o Churchill Downs.

Lembrei-me de uma coisa que Alfredo Guaraná Menezes me disse quando comecei:

— Uma pista é uma pista. Não importa em que lugar do mundo você esteja, nem quanto a pista pareça grande ou assustadora, nunca se esqueça: uma pista é uma pista.

Ao começar o treino, eu não conseguia passar de 288, 291 quilômetros por hora. A média para a *pole position* é de 350 quilômetros por hora. Parei e disse à equipe:

— Acho que há algo errado com o carro.

— Não, cara, Indianápolis é assim mesmo. É uma pista difícil. Continue o treino.

Voltei e pisei fundo, forçando o máximo que podia, mas o velocímetro não ia além de 295 quilômetros por hora. Alguma coisa parecia não estar bem com o carro. Parei novamente.

— Não sei — comentei com os caras. — O carro parece frouxo, solto.

Percebi que não acreditaram muito, achavam que eu estava dando desculpas. Virei para o engenheiro-chefe e lhe disse:

— Acho mesmo que tem algo errado. Você pode checar?

— Ok — respondeu ele. — Vamos dar uma olhada.

Ele descobriu que os números de montagem que havia recebido por fax foram informados incorretamente. Fiquei aliviado. Eu podia ser um estreante em Indianápolis, mas sabia quando havia alguma coisa errada com meu carro. Além disso, aquela pista merecia meu respeito. Resolvido o problema, voltei marcando 348, 355 quilômetros por hora. Lá fomos nós. Agora, sim, estava do meu jeito. Contudo, Indianápolis é uma pista difícil de dominar. As retas são muito estreitas e cada curva é um desafio diferente. Ela não é oval, mas um retângulo, de forma que, em vez de duas curvas por volta, são quatro. Tudo sobre ela era novo e estimulante. Queria saber como seria correr ali com as arquibancadas lotadas.

Em 2001, tive minha chance. Roger tinha resolvido que correríamos nas duas ligas — a CART e a IRL. Isso significava que participaríamos do campeonato todo da CART e de duas corridas da IRL (Phoenix e Indianápolis), o que me deixou muito feliz. A contagem regressiva para minhas primeiras quinhentas milhas começou — seria em 27 de maio de 2001.

Ao longo do meu ano de estreia na Penske, eu recebera dois apelidos: Julio, porque ninguém conseguia pronunciar meu nome, e Cheapstake [Pão-Duro], porque, bem, naquela época eu era mão-

-fechada. Ainda não tinha gastado muito do dinheiro que ganhara no ano anterior. Meu advogado tinha investido em uma conta para mim e eu não precisava me preocupar com isso. Eu não gastava muito dinheiro. Ainda morava no mesmo apartamento, tinha o mesmo carro e comia o mesmo frango com arroz que tinha aprendido a fazer na Inglaterra. Estava muito feliz por poder correr sem me preocupar com os patrocinadores. Não tinha me adaptado ao louco estilo de vida de South Beach — e nem sabia se me adaptaria algum dia. Talvez quando tivesse sessenta anos, aposentado, eu me juntaria a eles. Mas, naquela época, contentava-me em observar a loucura de Miami da varanda do apartamento e, depois, ia deitar cedo para, na manhã seguinte, dar uma longa corrida pela praia. Nos finais de semana, jogava tênis, e posso dizer que me saía bem melhor do que quando tinha catorze anos. Sou competitivo demais para perder, por isso aprendi a me concentrar na técnica e não apenas no exercício.

Um domingo, quando cheguei em casa depois do tênis, Kati me disse que queria ir procurar apartamentos. Eu estava cansado e suado; aquilo era a última coisa que eu queria fazer.

— Quero sair do aluguel e comprar um apartamento — disse ela. — Você não quer vir comigo?

— Preciso mesmo?

— Você mora aqui há mais tempo que eu. Preciso de sua ajuda!

— Tudo bem. Dê-me um minuto. Tomei uma ducha, troquei de roupa e fui resmungando com Kati atrás de um apartamento.

No primeiro lugar em que chegamos, eu lhe disse:

— Este aqui está bom. Compre este.

Ela girou os olhos, mostrando-se irritada:

— Não, Helio. Eu não gostei deste. Você tem de me ajudar de verdade. Não fique aí dizendo que gosta de tudo só para poder ir para casa.

Kati gostou do apartamento que vimos em seguida, mas achei caro demais. Aquilo ia levar uma eternidade para ser pago! Sugeri fazermos uma aposta:

— Kati, se eu vencer em Indianápolis este ano, comprarei um apartamento para você.

Ela olhou para mim por um momento, para ver se eu estava falando sério. Eu sabia que era uma aposta grande para um cara cujo apelido era Pão-Duro, mas achei que era uma situação em que ambos ganharíamos. Dei-lhe minha mão e selamos a aposta.

***

Para participar de todas as corridas da CART e das duas da IRL na temporada de 2001, viajamos quase sem parar durante o mês de maio. No dia 6, tínhamos uma corrida da CART em Nazareth, Pensilvânia, e, depois, voamos direto para Indianápolis. Gil e eu trocamos de roupa no avião e, logo que chegamos, fomos direto para a pista, para as sessões de classificação.

Roger nos levou pela pista em seu carrinho de golfe e, uma vez mais, fiquei impressionado com a imensidão do lugar. Roger conhece a pista como a palma de sua mão. Passamos pelas garagens, pela Gasoline Alley e entramos no autódromo. Quando caminhamos pelo gramado interno da pista, todos os torcedores e membros da equipe gritaram:

— Roger, você voltou! É demais ter você de volta!

A Team Penske não entrava em Indianápolis desde 1995, ano em que não correu porque seus dois pilotos não se classificaram. Por isso, a equipe estava muito ansiosa com as sessões de classificação. Elas seriam disputadas em dois finais de semana, mas poderíamos conseguir no primeiro, naquele mesmo. Iríamos para o Japão, para outra corrida da CART, no final de semana seguinte. Aquela era nossa única chance.

Em muitas corridas, a classificação é limitada a certo intervalo de tempo e a certo número de voltas. Mas em Indianápolis, em 2001, não havia limites. Como estávamos preocupados com a classificação, fomos direto ao assunto. Corremos tanto que Gil e eu vínhamos com desculpas esfarrapadas para podermos descansar um ou dois minutos. Eu reclamava que precisava de lenços absorventes no capacete para secar o suor. Disse-lhes que a primeira marcha precisava ser trocada, embora eu só usasse a primeira marcha para sair do box. Era evidente que não estava gasta. Eu só precisava de um momento para parar e clarear minha cabeça.

Quando chegou a hora de corrermos pela classificação, eu sabia que só precisava segurar por quatro voltas. Gil foi primeiro e se classificou em quinto lugar. Fui depois dele e me classifiquei em 11º.

Não fiquei feliz com minha qualificação. Fiquei dizendo a Roger que eu tinha de voltar e conquistar uma posição melhor.

— Não — respondeu ele. — Você está bem. Tudo o que importa é que você esteja na linha de largada.

***

Seguimos para o Japão na segunda-feira de manhã. Foi uma viagem de catorze horas a partir de Indiana e, quando chegamos, eu estava atordoado por conta do fuso horário. A corrida era no sábado; então, tínhamos alguns dias para nos adaptar à diferença de horário. Treinamos todos os dias e, na sessão de qualificação, conquistei a *pole position*. Ah, se eu tivesse conseguido fazer isso uma semana antes, em Indianápolis!

Larguei na *pole* e disputei uma corrida difícil, terminando em segundo lugar. Quando estava na sala de imprensa, conversando com alguns repórteres, uma de nossas relações-públicas interveio:

— Desculpe interrompê-los, mas temos de voltar aos Estados Unidos para o treino final de Indianápolis — disse ela.

Voamos de volta para Indianápolis e chegamos no sábado à noite. Ganhamos um dia por conta da diferença de horário. Se eu ficara confuso ao chegar ao Japão, agora então estava completamente desorientado. Fomos para o hotel e tentei dormir. Acordei no domingo cansado, zonzo e sentindo fortemente a mudança de fuso. Mas aquela era nossa última oportunidade de treinar para a corrida na segunda-feira seguinte. Queríamos ficar na pista tanto tempo quanto possível.

Quando eu estava saindo do Japão, um cara me deu um envelope com comprimidos de cafeína e disse que seria bom para superar a diferença do fuso horário. Assim, tomei um comprimido antes de irmos para a pista. Aquela foi a primeira vez que eu tomei algum tipo de estimulante em toda a minha vida e fiquei surpreso, pois realmente funcionou. Talvez bem até demais. Sou agitado por natureza e aquela coisa me fez entrar em um estado de intensa atividade. Falei rápido demais e fui multado por excesso de velocidade enquanto guiava do hotel para a pista. Tentei me explicar para o policial, mas minhas palavras saíam emendadas:

— Desculpe-me, mas acabei de chegar do Japão e estou sentindo a diferença de horário. Estou tentando chegar à pista de corridas porque tenho um treino. É que sou piloto de automobilismo, tomei esse negócio...

Continuei falando sem parar. O policial me olhou como se eu fosse louco e me entregou a multa.

Quando cheguei ao autódromo, senti-me como se estivesse fora do meu corpo. Comecei a pilotar e marquei 348, 350, 355 quilômetros por hora — bem rápido, mas, diversas vezes, eu me arrisquei sem necessidade. Parei o carro e perguntei à equipe:

— Como o Gil está indo?

— Trezentos e vinte por hora — respondeu Cindric. — Nada bom.

Gil também parou. Estava se mexendo em câmera lenta.

— Preciso ir para casa — ele disse a Cindric. — Tenho de voltar para Miami e descansar por alguns dias. Não tenho condições de pilotar agora.

— Espere! Você não pode voltar agora — adverti, ainda falando rapidamente. — Temos de treinar. Se eu estou treinando, você tem de treinar.

Gil olhou para mim e depois para Cindric.

— Preciso voltar para casa — repetiu.

Olhei para Cindric e informei:

— Também não consigo me concentrar.

— Saiam daqui. Vão. Vocês são uns inúteis — retrucou Cindric, brincando.

Ambos voltamos para Miami, onde ficamos quatro dias. Tínhamos viajado por um mês direto. Com aquela pausa, pudemos nos recompor e recuperar nossas energias. Voltamos para o Carburetion Day, ou Carb Day, na sexta-feira anterior à corrida. Eu voltara ao normal, falando novamente em ritmo regular. Estava pronto para correr.

No dia da prova de Indianápolis, acordei às seis da manhã, ansioso para chegar ao autódromo.

— Precisamos evitar os engarrafamentos — alertei a todos.

Era uma manhã gelada e cheia de nuvens. Fui à pista com Gil e Kati, sentindo um frio na barriga o caminho todo. Comecei a cantar minha canção preferida, para me acalmar. *Here's a little song I wrote / You might want to sing it note for note. / Don't worry, be happy.*

Gil me interrompeu quando eu repetia *Don't worry, be happy* pela 12ª vez:

— Helio, shhh! Fique quieto por um minuto — exortou ele, colocando o indicador à frente dos lábios.

— Tá bom — respondi.

Comecei a assobiar, em vez de cantar.

Gil se virou para minha irmã:

— Kati, tem alguma coisa errada com seu irmão.

— É, eu sei — bocejou ela — Helio, é muito cedo, por favor.

— Ok, ok — respondi.

Fiquei quieto por um momento e depois comecei a cantarolar bem baixinho.

Eu estava muito nervoso para conseguir ficar completamente quieto. Gil e Kati desistiram. Contudo, quando chegamos ao autódromo, finalmente me calei. O Indianapolis Motor Speedway é muito grande, tão grande que fiquei sem palavras. Cada vez que entrava naquele lugar, eu fazia um silêncio reverente. Especialmente naquela ocasião.

Havíamos treinado a semana inteira, mas aquele era o dia da verdadeira prova. A vibração era diferente. Eram só sete da manhã e o ar já zunia com o entusiasmo dos espectadores. Era minha primeira Indianápolis, e eu tinha confiança de que absolutamente tudo daria certo. Cantarolei mentalmente minha canção. Ainda sentia um frio na barriga. Mas essa é a minha parte preferida da corrida. Se, apesar do frio na barriga, você conseguir manter o controle, quer dizer que você está pronto para a ação. Como sempre fizera em todas as corridas antes daquela, disse a mim mesmo que

A primeira vez em Indianápolis

pilotaria com controle e confiança. Se não fosse assim, não faria sentido sequer ir até a linha de largada.

***

A temperatura baixa causou problemas desde o começo. Durante as dezoito primeiras voltas, houve três batidas. Consegui permanecer entre os dez primeiros. Na 107ª volta, a bandeira amarela foi içada, indicando que os pilotos tinham de diminuir a velocidade, sem que ninguém pudesse ultrapassar. Àquela altura, eu estava em segundo lugar, e Gil, em primeiro. Mas começou a chover, e os juízes decretaram um *rain delay,* isto é, atrasaram a prova por conta da chuva.

Fomos para os boxes a fim de esperar a chuva parar. Depois de cerca de vinte minutos, a corrida recomeçou. Gil e eu permanecemos na primeira e na segunda posições até a 134ª volta, quando fomos punidos por causa de um pit stop em que eu saíra do box entrando na segunda faixa da pista. Foi uma manobra necessária para que eu não batesse em Gil, mas custou caro. Tony Stewart assumiu a liderança. Contudo, na 149ª volta, Tony foi para o box e eu voei para a dianteira. Logo que assumi o primeiro lugar, começou a chover ainda mais forte do que na vez anterior. Na 155ª volta, os juízes decretaram mais um *rain delay.* Em Indianápolis, nesses casos, se mais da metade da corrida já tiver sido disputada, pode-se declarar um carro vencedor. Quando parei no box por conta do *rain delay,* vi raios de sol através de uma fenda nas nuvens e soube que a corrida não estava terminada. Meu pai, porém, estava completamente entusiasmado.

— Vamos vencer! — ele me disse. — Vamos vencer!

— Ok, pai, acalme-se — respondi. — Fique frio. Vamos voltar. A chuva vai acabar.

Quinze minutos depois, reiniciamos a prova. Eu estava na liderança e Robbie Buhl vinha na minha cola. Foi difícil segurá-lo atrás, até que ele girou e saiu; finalmente pude relaxar. Durante as quarenta voltas seguintes, não olhei para trás. Ao cruzar a linha de chegada, soltei o cinto de segurança e corri para o alambrado. Quando cheguei lá, comecei a escalar a cerca e chamei meus colegas de equipe para que fizessem o mesmo. Foi uma sensação incrível ouvir a plateia de aproximadamente quatrocentas mil pessoas gritando meu nome.

Olhei em volta à procura da minha família e os vi correndo em direção ao círculo que se formou em torno do vencedor. Papai sorria de orelha a orelha. Mamãe chorava. Kati me abraçou e começou a dizer:

— Já sabe...

— É, eu lembro. Eu lhe devo um apartamento.

Um dos juízes colocou uma guirlanda ao redor do meu pescoço e outra pessoa me deu um litro de leite. Lembrei-me de ter assistido àquela mesma cena na TV, em 1989, quando Emerson venceu sua primeira Indianápolis. Pensei que, no mundo inteiro, havia garotos de catorze anos me observando naquele momento, imaginando como seria estar na minha posição. Dei-me conta de que estava vivendo um sonho.

Eu sabia que as 500 Milhas de Indianápolis é a maior corrida da América do Norte, mas não imaginava quanto aquela vitória mudaria meu mundo. De repente, banquetes eram oferecidos em minha homenagem.

A equipe de promoção começou a receber telefonemas de todas as grandes revistas esportivas americanas: *Maxim, Sports Illustrated, Details*. Torcedores começaram a me reconhecer em aeroportos e shopping centers. As pessoas me pediam muito mais autógrafos e também perguntavam se podiam tirar foto ao meu lado. Parecia que fora apenas um dia antes que eu estivera destinado à obscuridade e a voltar para o Brasil com minha família, imaginando o que faria para ganhar a vida. Agora, eu começava a ser tratado como um astro de rock. No começo, fiquei surpreso, mas estava feliz demais.

A revista *People* me convidou a participar de sua edição sobre os homens mais sexy do mundo.

— O quê? — perguntei, rindo. — Você está falando sério? Tem certeza de que ligou para o número certo?

— Sim, queremos você como o piloto de automobilismo mais sexy.

Nossa, pensei, *meus amigos vão rir muito disso.*

Uma equipe foi ao meu apartamento para uma sessão de fotos e o fotógrafo ficava me dizendo:

A primeira vez em Indianápolis

— Olhe para o horizonte. Olhe para o horizonte.

Ao longo da tarde, transformei-me em modelo. Foi minha primeira experiência com algo que não fosse automobilismo, e adorei. Meus amigos e colegas de equipe faziam troça disso — claro!

— Não se preocupem — eu lhes dizia. — Vocês estão com ciúmes. Eu entendo. Mas ano que vem vocês chegam lá.

Minha família achou isso tudo muito divertido. Para eles, eu ainda era o Helinho (e sempre serei). Eles não iam deixar que minha fama subisse à cabeça. Quando voltei para Miami, todo mundo queria fazer uma festa em minha homenagem. Em uma delas, entrei no salão de festas e, depois de dez minutos, percebi que não conhecia ninguém. Fiquei em um canto, bebericando água com gás, perguntando a mim mesmo quando poderia ir embora.

Uma mulher em pé, próxima a mim, também parecia deslocada.

— Você parece estar tão entediada quanto eu — puxei conversa.

— Bem, é que eu não conheço ninguém aqui — respondeu ela.

— Nem eu.

Percebi que tudo nela era impressionante: o cabelo loiro, os olhos castanhos, o sorriso resplandecente.

— Como assim? Esta festa não é para você?

— Sim, acho que sim, mas não conheço ninguém aqui.

Imediatamente, ela retrocedeu. O fato de eu ser um piloto de automobilismo pareceu causar repulsa nela. Obviamente, fiquei ansioso para provar que era um cara normal, simpático. Conversamos durante o resto da noite e começamos a nos encontrar casualmente. Eu ainda não sabia equilibrar minha vida profissional com a pessoal. O automobilismo vinha primeiro.

***

Depois da temporada de 2002, meu contrato com a Penske expirou. No passado, ao assinar com a equipe, eu dissera a Roger que minha meta era a Fórmula 1. Por isso, quando perguntei se não haveria problemas caso eu fizesse um teste na Fórmula 1 antes de renovar o contrato, ele me estimulou a ir. Fiquei grato por ele ter mantido sua palavra.

Fui à França fazer um teste com a Toyota Motorsports no circuito de Paul Ricard. Desde o início, fui incrivelmente bem. Tão bem que, no final do teste, os mecânicos estavam aplaudindo. Quando parei o carro, achei que o contrato estava garantido. Fizemos uma pausa para o almoço e, durante a refeição, o gerente da equipe me disse:

— Você foi muito bem. Muito melhor do que esperávamos para alguém que nunca tinha pilotado um carro de Fórmula 1.

— Obrigado — respondi. — Sei que vocês já têm um piloto, mas e quanto ao segundo? Quais são minhas chances?

Eu estava apenas puxando assunto e, por isso, fiquei surpreso quando ele me informou:

— Na verdade, assinamos com um piloto esta manhã.

— Como assim? Quando cheguei aqui, você me disse que havia vaga para um piloto.

— Sim, mas já estávamos conversando com Cristiano da Matta, e ele acabou de assinar conosco, há algumas horas.

Senti como se ele tivesse acabado de me jogar um balde de água fria.

— Então, o que estou fazendo aqui? — perguntei.

Meu pai estava sentado ao meu lado e, embora não compreenda inglês, de algum modo entendeu o que tinha acontecido.

— Vamos embora — disse ele.

Eu estava apenas chateado, mas papai estava verde de raiva.

— Acalme-se, pai. Sabe de uma coisa? Vamos terminar o teste.

Eu sabia que aquela podia ser minha última chance de pilotar um Fórmula 1. Voltei para o carro. Estava muito relaxado, pois sabia que não tinha nada a perder. Comecei realmente a me divertir. *Tudo bem*, pensei, *vamos ver até que velocidade esta coisa aguenta!*

Era um homem possuído. Forcei o carro até o limite, batendo as rodas nas zebras quando fazia as curvas na maior velocidade possível. Quando parei, os mecânicos me disseram que eu ficara apenas um segundo abaixo do recorde da pista.

— Vamos sair de novo. Posso quebrar o recorde! — argumentei.

— Fomos além da quilometragem do motor — disseram-me. — Este carro já era.

Eu podia ser novo na Fórmula 1, mas não era novato no automobilismo. Sabia que o carro poderia dar mais umas duas voltas.

A primeira vez em Indianápolis

— Vamos, posso correr mais duas voltas. Já entendi a pista e o carro. Preciso apenas de pneus novos.

Eles tiveram de ligar para alguém na Alemanha para pedir autorização. Quinze minutos depois, voltaram e disseram que a permissão havia sido dada.

— Ok, vamos — disse o engenheiro.

Coloquei meu capacete e pulei dentro do carro. Todos estavam entusiasmados.

— Vamos conseguir! Vai lá, cara! — repetiam.

Eu estava no pique. Mas, logo que saí do box, o motor morreu. Não explodiu nem enguiçou. Simplesmente morreu. Saí do carro e disse ao meu pai:

— Quer saber? Isso é um sinal. Não é para ser. Tive uma oportunidade. Fui atrás dela. Mas a Fórmula 1 não está escrita em minhas estrelas.

Quando voltei aos Estados Unidos, comuniquei a Roger:

— Vou ficar com você. Você me tratou com honestidade. Você é leal. Não posso simplesmente abrir mão disso.

Por muitos anos, eu havia sonhado com a Fórmula 1. Surpreendi-me ao ver a calma com que desinteressei-me desse sonho.

Resolvi gastar um pouco do dinheiro que ganhei em Indianápolis e comprei meu primeiro carro esportivo, uma Ferrari azul.

Certa madrugada, parei em um semáforo da U. S. Route 1, em Miami. Olhei à esquerda, na direção do carro que havia parado ao meu lado. Um esplêndido Porsche prata. *Uau, que belas rodas!* Olhei para o motorista. Uma linda morena de cabelo ondulado. *Uau, que bela mulher!* Nossos olhares se encontraram. Eu desviei o meu. Ainda era meio tímido e não sabia o que fazer naquela situação.

Olhei de novo e ela sorriu.

Espere. Ela sorriu?

Ela acelerou o carro.

Não! Estou sonhando?

Acelerei de volta.

Ela arrancou.

O que está acontecendo?

No semáforo seguinte, nossos olhos se encontraram novamente. A luz verde brilhou e corremos até o próximo semáforo.

Isso está acontecendo mesmo? Estou tirando um racha na Route 1, em Miami? Tenho de ligar para um amigo!

— Cara, você não vai acreditar nisso. Tem uma gata tirando racha comigo na rua.

— Peça o número do telefone dela.

Certo. Boa ideia.

No semáforo seguinte, abaixei meu vidro.

— Sei quem é você. Você pilota o carro branco e vermelho.

Uau. Ela sabe o que diz!

Fiquei impressionado.

— Qual é o seu telefone? — perguntei.

— Três-zero-cinco...

Naquele momento, eu entendi o valor de uma Ferrari e do anel da Indy.

Era óbvio que o dinheiro e a fama recém-adquiridos tinham vantagens, mas eu me perguntava se seria capaz de equilibrar minha vida de piloto com uma namorada normal. A cada semana eu estava em uma cidade diferente. Meus dias eram ocupados com treinos, exercícios e obrigações com a mídia. Era difícil acrescentar um relacionamento estável a essa equação. A rotina de vida de um atleta não se encaixa em um relacionamento estável. Não é o tipo de relacionamento normal, saudável, igual ao das pessoas que têm um emprego que vai das nove da manhã às cinco da tarde. É a natureza da profissão. Além disso, quando você começa a ficar famoso, sempre se pergunta se a garota está interessada em você por causa da sua personalidade ou por conta de seu personagem. Não sou retardado mental. Sabia que uma mulher que baixa o vidro de seu carro e fica tirando rachas comigo não estava interessada em minha personalidade. Mas naquele instante eu queria me divertir.

No final daquele mês, tive de frequentar aulas de trânsito em Miami por causa de uma multa por alta velocidade. (Na ocasião da infração, Kati estava no carro e gritou comigo, mas eu tinha certeza de que estava apenas alguns quilômetros acima do limite de velocidade). Assistimos a um vídeo e fiquei surpreso ao ver Al Unser, o pai, na tela.

— Por que preciso usar o cinto de segurança? — perguntava ele. — Para salvar minha vida. O cinto de segurança salvou minha vida muitas vezes.

Li as legendas na tela: "Al Unser: quatro vezes vencedor das 500 Milhas de Indianápolis".

O instrutor parou o vídeo e perguntou se sabíamos quem era Al Unser.

— Eu sei — respondi.

Entretanto, não disse que tinha vencido em Indianápolis naquele ano. Pensei que um dia poderia ser eu a estar naquele vídeo, com legendas semelhantes ao lado do meu nome. Eu começava a perceber o quanto aquela corrida era importante nos Estados Unidos e assumi uma nova meta: eu lutaria para vencer aquela prova tantas vezes quantas Al Unser, o pai, tinha vencido.

CAPÍTULO 8

Perseguindo a história

Na minha profissão, a vitória é tudo.

Al Unser

INDIANÁPOLIS 2002

"SERÁ QUE ELE CONSEGUE?", perguntava a manchete. "Ninguém venceu duas Indianápolis consecutivas desde Al Unser, em 1971". Meu rosto dominava a primeira página do noticiário. Eu peguei o jornal, e mais alguma coisa para comer no café da manhã, e voltei para meu apartamento alugado em Indianápolis.

Achava que sabia o que esperar quando voltei àquele circuito em 2002. Sabia que uma multidão estaria lá no Carburetion Day, os torcedores lotariam a Gasoline Alley, e o ar estaria enfeitiçado com o entusiasmo de todos. Mas eu não imaginava qual seria a publicidade em torno de mim.

Comecei a assistir ao canal ESPN Classic. Estava passando um clipe sobre a vitória de Al Unser em 1971. Ele começou atrás e, a certa altura, ficou duas voltas à frente do primeiro colocado. A corrida teve muitos acidentes feios, e o motor do líder quebrou quando faltavam apenas dez voltas. Os comentaristas lembraram que Unser estava usando um carro de exposição, isto é, uma máquina que não era mais usada em corridas, mas sim em exibições durante eventos esportivos. Apesar disso, no final Unser venceu — contra todas as probabilidades.

Mudei o canal para o ESPN News, no qual os repórteres discutiam a corrida do dia seguinte: "Se o atual campeão da corrida, Helio Castroneves, receber a bandeirada quadriculada neste domingo, entrará para o clube de pilotos de elite, pois será o quinto homem a vencer em dois anos consecutivos as 500 Milhas de Indianápolis. Ninguém faz isso desde 1971, quando Al Unser conquistou seu segundo troféu Borg-Warner. Quais são as chances de Castroneves? De acordo com as estatísticas..."

Troquei de canal de novo. Não queria ouvir o que as estatísticas indicavam. Eu corria para vencer e queria esquecer as probabilidades ou o recorde que estava em jogo.

Contudo, conforme as horas passavam, não pude evitar ouvir sobre o recorde. A todos os lugares que eu ia, alguém comentava sobre isso comigo. Era a única coisa que os jornalistas me perguntavam nas entrevistas anteriores à corrida. Ficava cada vez mais difícil ignorar a perspectiva de fazer parte do seleto grupo de vencedores consecutivos dessa importante prova: Wilbur Shaw, Mauri Rose, Bill Vukovich e Al Unser. Quando passei andando pela Gasoline Alley, uma multidão enorme começou a gritar: "Homem-Aranha! Homem-Aranha!" No ano anterior, o público tinha sido metade do que estava ali naquele dia. E os torcedores não estavam torcendo por mim. Na verdade, nem sabiam quem eu era. Mas eu estava no centro das atenções. Senti um frio correndo por minha espinha. Comecei a me perguntar a mesma coisa que os repórteres tinham perguntado a semana toda: eu seria o primeiro piloto desde Al Unser a vencer duas Indianápolis consecutivamente? Seria capaz de fazer aquilo? Comecei a acreditar que eu era, sim, capaz de realizar aquele feito.

Em 2001, eu era um novato que ninguém conhecia e de quem ninguém nada esperava. Agora, as expectativas eram enormes, muito além da minha imaginação. Estava emocionado pelo fato de os torcedores saberem meu nome (embora a maioria não conseguisse pronunciá-lo). Eles gritavam: "Olá, Julio! Giulo! Ellio!" Não me importava com o nome pelo qual me chamavam. Estava feliz porque torciam por mim.

Indianápolis é um lugar cheio de tradições. A área da garagem é chamada de Gasoline Alley, apesar de os carros não serem abastecidos com gasolina há mais de quarenta anos. A sexta-feira anterior à corrida é chamada de Carburetion Day, pois costumava ser o último dia para as equipes regularem seus carburadores. Contudo, os sistemas de injeção de combustível substituíram os carburadores no final dos anos 1940. E os vencedores bebem leite porque, em 1936, o vencedor Louis Meyer pediu um copo de leite quando estava comemorando. Em 1993, quando Emerson venceu a prova pela segunda vez, ele pediu suco de laranja em lugar de leite, e isso causou certo escândalo. Indy não é um lugar onde se pode quebrar a tradição.

Antes de a corrida começar, Kati me disse:

— Precisamos fazer uma aposta.

As apostas tinham virado uma tradição da família Castroneves.

— Ok. O que vamos apostar?

— Um carro?

— Essas apostas parecem pender para um só lado, você não acha? — brinquei.

— Funcionou no ano passado, deve funcionar este ano de novo.

— Ok — concordei. — Feito.

Apertamos as mãos e eu me dirigi para a linha de largada.

Tinha me qualificado na 13ª posição depois de uma sessão de classificação nada impressionante. Mas naquele ano eu não estava ligando muito. Lembrei-me do que Roger me havia dito:

— Você está na corrida, e isso é tudo o que importa.

Daquela vez, eu sabia o que tinha de fazer.

Treze é um número de sorte, disse a mim mesmo. Treze queria dizer que eu teria de ultrapassar doze caras, e eu adoro fazer ultrapassagens. No entanto, já no começo da corrida, pareceu-me que o treze talvez não estivesse me trazendo sorte naquele dia. Enfrentei diversos desafios logo de cara. O carro não se comportava muito bem. A marcha lenta estava tão desacelerada que o motor morria a cada vez que eu entrava no box. Então, tinha de fazer o carro pegar no tranco para não perder tempo. Parecia que naquele ano eu não venceria a corrida. Mas eu não desistiria e, felizmente, minha equipe também não. Eu estava quase uma volta atrás, quando Cindric propôs:

— Temos de arriscar. Quer tentar?

— Sim — respondi. — Vou continuar. Deixe que cuido do resto.

Assim, em vez de parar no box, apostamos que meu carro seria capaz de terminar com o que restava de combustível. Normalmente, um motor faz entre trinta e 32 voltas com um tanque. Esperávamos conseguir fazer quarenta voltas. Estávamos contando com a sorte. Na 177ª volta, quando todos pararam no box, eu assumi a liderança. Sabia que seria preciso dar pelo menos uma ou duas voltas mais devagar para permanecer na corrida.

— Você tem de economizar combustível — Cindric repetia com uma voz muito séria. — Você tem de economizar combustível.

Eu corria com metade da aceleração, mas estava conseguindo manter a liderança, que era de 3,5 segundos. Fiquei olhando para o volante, esperando a luz amarela acender. Deixei alguns retardatários me ultrapassarem, assim, eu poderia entrar no vácuo que deixavam e economizaria o máximo possível de combustível. Na 190ª volta, a luz amarela ainda não havia acendido. Na 195ª, nada de a luz acender. Na 196ª volta, Cindric me disse:

— Paul Tracy estava em terceiro e acabou de passar para a segunda posição. Ele está avançando. Você tem de correr. Você tem de correr.

Vi Tracy pelos espelhos, ele vinha rapidamente. Coloquei-o na faixa mais difícil da pista, para que não me ultrapassasse. Na 198ª volta, eu ainda estava na frente. A luz amarela acendeu. Uma batida atrás de nós fez os juízes içarem a bandeira de cautela. Suspirei aliviado. Obrigado, Deus.

Então, no segundo seguinte, vi Tracy passar voando por mim.

— O que está acontecendo? — berrei no rádio. — As bandeiras amarelas! Ele me passou com as bandeiras amarelas!

— Não se preocupe — respondeu Cindric. — Você só precisa cruzar a linha de chegada. Va bem devagar. É só chegar.

Eu mal pisava no acelerador, porque não queria ficar sem combustível. Felipe Giaffone também me ultrapassou e, depois, Sam Hornish Jr.

— O que está acontecendo? — berrei.

Cindric continuou a dizer que eu não me preocupasse e que bastava cruzar a linha de chegada. Então, vi meu número em primeiro lugar no placar do autódromo e me acalmei um pouco.

Quando cruzei a linha, ouvi os caras da equipe gritando no rádio:

— Você venceu! Você é campeão duas vezes consecutivas!

O primeiro carro ao meu lado era de Al Unser Jr. e ele estava fazendo sinal de positivo com as duas mãos. Eu estava em outro mundo. O indicador marcava menos de um litro de combustível no tanque. Eu não sabia sequer se seria capaz de dar a volta da vitória. Mal fiz a curva, o carro parou. Não havia mais combustível. Pulei do carro e corri para o alambrado. Meu pai estava lá, com toda a equipe, inclusive Roger, que havia prometido subir no alambrado comigo se eu vencesse pela segunda vez. Ele manteve sua palavra. Enquanto subíamos, eu não conseguia parar de rir e de chorar.

— Você acredita nisso? — todos perguntavam.

Eu realmente não acreditava. A ficha ainda não tinha caído.

Tudo o que aconteceu durante as comemorações passaram como um borrão. Senti que colocaram a guirlanda ao redor do meu pescoço; lembro-me de mamãe e Kati correrem pela multidão, chorando e gritando. Um jornalista colocou o microfone diante de mim e perguntou:

— Nas duas últimas voltas, tudo o que ouvíamos era "economize combustível, economize combustível". O que se passou na sua cabeça?

— Não sei dizer, de verdade — respondi. — Não consigo lhe dizer.

Tudo estava girando. Flashes disparavam. Alguém me deu a embalagem cerimonial de leite para eu beber.

— Não tenho palavras — eu repetia aos repórteres.

E repetia para mim mesmo: *Você acredita nisso? Duas vezes consecutivas! Será que estou sonhando?*

Quando fui à sala de imprensa, soube que Paul Tracy estava protestando contra a corrida. Todos os jornalistas queriam saber o que eu tinha a dizer sobre a controvérsia.

— Que controvérsia? — perguntei a Roger. — O que está acontecendo?

— Estão debatendo se Tracy passou você com bandeiras verdes ou amarelas.

— De jeito nenhum. Eram amarelas, tenho certeza disso.

— Eu sei. Fique frio.

Roger não queria que eu respondesse a nenhuma pergunta sobre aquilo, contudo, quanto mais perguntavam, mais irritado eu ficava. Eu esperava uma comemoração, mas em lugar disso enfrentava dúvidas e suspeitas. Queria dizer que ficara prestando atenção durante quarenta voltas. Nunca teria deixado que me ultrapassassem se não tivesse visto a bandeira amarela.

Quando a equipe de Tracy começou a protestar a vitória, todos começaram a especular:

— Ele assumiu a liderança? A luz estava amarela?

— Sei que ele não assumiu o primeiro lugar. Tenho certeza disso — eu repetia para minha família.

Naquele mesmo dia, tarde da noite, ainda estávamos no autódromo esperando a decisão. Às 23h00, Roger saiu da sala vip da Marlboro, dizendo:

— Você venceu. A decisão já foi tomada e você é o vencedor.

Começamos a comemorar tudo de novo. Abraçamo-nos, gritamos e eu trepei no alambrado ao lado da sala vip. Então, depois de um dia que fora uma verdadeira montanha-russa de emoções e acontecimentos, voltamos ao apartamento. À meia-noite, recebemos um telefonema de Roger:

— A equipe de Tracy está apelando da decisão — informou.

Na manhã seguinte, não sabíamos o que fazer. Devíamos comemorar ou não?

Roger me disse:

— Apenas espere. Não há nada que você possa fazer.

Vários amigos tinham vindo do Brasil para assistir à corrida e fomos todos almoçar. Não consegui comer nada. Fiquei repassando a corrida inteira em minha cabeça:

— Sei que venci. Eu não teria desistido de Indianápolis assim tão facilmente. Teria ido até acabar o combustível.

— Não se preocupe — minha mãe falou. — Deus sabe. Você tem de acreditar que Ele fará tudo dar certo.

O banquete em minha homenagem foi naquela mesma noite. Cheguei com meus amigos e minha família alguns minutos antes de o evento começar. Ninguém tinha chegado ainda. Não havíamos comido nada desde o almoço, meus amigos estavam famintos. Todas as mesas tinham um prato com morangos cobertos com chocolate e a turma ficou andando pelo salão, comendo os morangos.

— Meu Deus, esta situação é tão estressante! — um dos meus melhores amigos repetia sem parar, enquanto enfiava na boca um morango atrás do outro. — Quando saberemos? Será esta noite?

Na verdade, tivemos de esperar cinco longas semanas enquanto a liga revia as filmagens. Nunca questionei o fato de que era o vencedor, mas não tinha controle sobre aquilo em que os outros acreditavam. Só podia esperar pela divulgação do resultado. Em 3 de julho, a liga indeferiu a apelação de Tracy e oficialmente me declarou "o quinto campeão por duas vezes consecutivas da história de Indianápolis".

— Se estivesse na sua posição, teria feito a mesma coisa. Eu não o culpo — falei a Tracy.

Para mim, em Indianápolis se corre contra os melhores e sei que os melhores sempre lutarão pela vitória.

Aprendi muito com aquela corrida. Aprendi que a vitória nem sempre tem a ver com o carro mais rápido, a *pole position* ou a liderança na maioria das voltas. A vitória tem a ver com autoconfiança, persistência e uma equipe que luta sempre junto. Percebi que uma boa dose de coragem e um pouco de sorte nos levam aonde temos de chegar. E aprendi a acreditar em mim, mesmo quando os outros duvidam.

INDIANÁPOLIS 2003

Há duas corridas em Indianápolis:
uma pela pole position *e uma pela prova em si.*
Rick Mears

O maravilhoso nessa corrida é que, a cada ano, você volta achando que sabe o que vai encontrar, mas todos os anos a prova fica mais surpreendente, a publicidade é maior, e o nível de expectativa, mais elevado.

"Será que ele consegue fazer de novo?", perguntavam os repórteres. "Ninguém jamais venceu três Indianápólis consecutivas. Será ele o primeiro?" Meu rosto estava estampado em outdoors, nos panfletos com a programação da corrida, nos ingressos. Todas as grandes revistas me ligaram pedindo entrevistas. Fui ao *David Letterman,* ao *Live with Regis and Kelly* e a todos os programas matinais. Aprendi a amar estar na TV. Só queria que os âncoras falassem devagar para que eu pudesse entendê-los. Quando fui entrevistado por David Letterman, ele me disse que eu estava "rebatendo mil (bolas)", uma expressão que eu nunca tinha ouvido antes. Quando ele me explicou o termo relacionado ao beisebol, aquela se tornou minha expressão norte-americana preferida. E eu esperava manter a média naquele ano.

Eu tinha um ótimo carro naquela temporada e meu aproveitamento nas cinco semanas anteriores tinha sido excelente. Estava me sentindo realmente bem com as chances de vencer a prova novamente. A experiência do ano anterior havia me mostrado que tudo é possível. Se eu havia ganhado duas vezes, certamente poderia vencer uma terceira vez.

No Pole Day, 10 de maio, o tempo não colaborou. Ventava demais, com rajadas de mais de 50 quilômetros por hora. Em qualquer outra circunstância, não teríamos sequer treinado. Mas aquela era a Indianápolis. Não cedíamos nem para a Mãe Natureza.

Foi a *pole position* mais difícil que já vi. O vento não diminuía e todos os carros batiam. Quando Gil saiu, não conseguiu fazer o carro andar a mais de 305 quilômetros por hora; isso minou nossa confiança. Eu e a equipe esperamos o vento diminuir para sair. Contudo, ao longo do dia, ficou claro que o vento não diminuiria. Tony Kanaan marcou incríveis 371,6 quilômetros por hora, o que parecia impossível naquelas condições. Todos ficaram impressionados. Alguns torcedores desfraldaram bandeiras brasileiras na arquibancada. Olhei para Cindric, que apenas encolheu os ombros e disse em tom amigável:

— O que você vai fazer?

— Chegou a hora — respondi. — É agora ou nunca.

— Tudo bem. Vamos arriscar.

Começamos a treinar e a ajustar o carro, dando atenção a cada pequeno detalhe. A duas horas do término das sessões de classificação, resolvemos tentar. Na verdade, as condições estavam piorando e as rajadas de vento atingiam 80 quilômetros por hora.

Na primeira volta, cheguei a 373,2 quilômetros por hora. Acho que o vento me ajudou, porque mantive o ritmo em todas as quatro voltas, marcando uma velocidade média de 372,8 quilômetros por hora.

Quando cruzei a linha, via bandeiras brasileiras tremulando de novo. Grande parte do público estava em pé, comemorando. Fiquei pulando, sem conseguir conter meu entusiasmo, como sempre.

— Bom trabalho — Roger me cumprimentou, acrescentando: — Acalme-se. Ainda faltam duas horas para terminar a classificação.

— Ninguém vai fazer um tempo melhor que o meu!

Rick Mears, quatro vezes campeão da Indy, veio até mim.

— Impressionante! — disse ele.

Quando Rick Mears vem até você e diz "impressionante!", você é tomado por uma sensação incrível. Foi uma sucessão de momentos eletrizantes.

A partir de então, a publicidade sobre mim realmente começou a crescer. Quando vi a manchete "SERÁ QUE O HOMEM-ARANHA VAI VENCER PELA TERCEIRA VEZ CONSECUTIVA?", senti a adrenalina correr por minhas veias. As estrelas pareciam estar se alinhando.

A revista *Brasil* publicou um artigo sobre Gil, Tony e eu. O título da matéria era *500 Milhas de Indianápolis: garotos brasileiros ansiosos para vencer.*

Tony largaria na segunda posição, atrás de mim, enquanto Gil largaria na décima. O artigo se concentrava principalmente em mim e em Tony. "Marquem o dia 25 de maio em seus calendários... Será um duelo de super-heróis..."

Duas semanas depois do Pole Day, nós três estávamos novamente no autódromo, ouvindo o hino nacional do país que havíamos adotado antes de Indianápolis 2003. Eu e Gil estávamos de pé um ao lado do outro. O começo da corrida sempre inspira um temor respeitoso. Você treina o mês inteiro com as arquibancadas vazias, mas,

Perseguindo a história

no dia da prova, as arquibancadas estão lotadas e cheias de cores. O autódromo assume uma dimensão totalmente diferente.

Começamos a corrida e, imediatamente, senti que meu carro estava indo muito bem. Eu confiava na chance de vencer. Fiquei na liderança durante a maior parte da corrida. Quando faltavam quarenta voltas, eu continuava na frente, com Gil a apenas alguns centésimos de segundo atrás. Fiz uma ultrapassagem arriscada e quase bati em um carro retardatário. Poderia ter sido um desastre. Comecei a dizer a mim mesmo: *Não se arrisque tanto, Helio.*

Quando faltavam vinte voltas, houve outro *pit stop* e eu assumi uma dianteira de cinco segundos sobre o Gil. Não haveria mais paradas no box. Eu só precisava segurar minha posição até a linha de chegada. Parecia muito simples, mas, claro, as coisas nunca são assim. O retardatário que eu havia ultrapassado numa manobra arriscada estava entrando na mesma curva que eu. Fui maneiro daquela vez, mas não adivinhei que ele também diminuiria. Diminuímos tanto que tive de engatar a terceira (pilotamos praticamente o tempo todo na sexta marcha). Minha dianteira de cinco segundos acabou virando o segundo lugar. Perdi minha oportunidade. Tentei o máximo que pude recuperar a posição perdida e procurei chances para ultrapassar, mas não encontrei nenhuma abertura.

Terminei em segundo lugar, três milésimos de segundo atrás de Gil. Não podia acreditar. Naquele ano, eu tinha o carro mais rápido, mas nao consegui vencer. Nos dois anos anteriores meu carro não era nem de perto tão bom quanto aquele. Fiquei um pouco decepcionado, mas também fiquei feliz porque a equipe chegou em primeiro e segundo lugares. E Gil, meu bom amigo, conquistou a vitória.

Pouco tempo depois daquela corrida, Gil me confidenciou:

— Estou pensando em parar.

— Por que diabos você faria isso? — perguntei.

— Quero passar mais tempo com minha família. Estou ficando velho — ele me disse. — Não se pode fazer isso para sempre, sabia?

Não acreditei nele. Não consigo imaginar uma vida sem pilotar.

CAPÍTULO 9

Sob julgamento

*O perdão
é um atributo dos fortes.*
Mahatma Gandhi

QUATRO ANOS DEPOIS QUE eu e Emerson tivemos nossa última discussão em seu escritório, em São Paulo, nós nos encontramos de novo. Dessa vez estávamos sentados em lados opostos de um tribunal em Miami. Fittipaldi USA, Inc. versus Helio Castroneves. E Helio Castroneves versus Emerson Fittipaldi. A empresa dele estava me processando. Em resposta, movi um processo contra ele. Era uma grande confusão.

Foram quatro anos tumultuados, desde a última vez que eu falara com Emerson. Nesse período, fui muito bem nas pistas. Mas, nos bastidores, reuni-me diversas vezes com meus advogados, tentando dar um jeito de evitar o processo judicial. Procurei fazer todo o possível para evitar uma briga. Eu e meus advogados fizemos propostas, Roger tentou mediar a situação, mas, no final das contas, nada funcionou. Agora, tínhamos de deixar o júri resolver.

O advogado de Emerson, sr. Davis, fez a preleção inicial. Ele vestia um terno bem cortado e usava gravata borboleta. Era seguro de si e falava bem:

— Quero apresentar-lhes o caráter deste drama, cujo desenrolar os senhores e as senhoras assistirão ao longo desta semana. Emerson Fittipaldi e Helio Castroneves. Comecemos pelo sr. Fittipaldi. Durante 35 anos, o sr. Fittipaldi esteve entre os mais proeminentes pilotos de automobilismo do mundo...

Davis continuou a falar sobre a fama e o sucesso de Emerson. Descreveu como eu idolatrava Emerson, como Emerson havia me oferecido proteção, quanto eu fiquei entusiasmado ao assinar um contrato com ele. Tudo aquilo era verdade. Mas, então, ele começou a falar ao júri:

— O sr. Castroneves pilotaria, e o sr. Fittipaldi tomaria conta do resto. E foi o que fez. E é isso que as evidências demonstrarão. Ele providenciou seguro-saúde, seguro de responsabilidade civil, seguro de invalidez...

— Espere um minuto — sussurrei para Larry. — Ele não "tomou conta do resto". E não providenciou seguro nenhum. Eu não tinha seguro até entrar para a Penske.

— Sei disso. Não se preocupe. Eu sei.

— Não podemos protestar?

Eu não sabia nada sobre os procedimentos de um julgamento (a não ser pelo que tinha aprendido assistindo à série *Judge July*) e não entendia porque Larry não se levantava gritando: "Protesto!"

— Não podemos fazer isso — respondeu ele. — Temos de ser pacientes. Fique frio. Teremos nossa chance de mostrar a verdade.

Eu queria me levantar e berrar para o júri: "Isto não é verdade! Isto não é verdade!" Em vez disso, tive de ficar sentado e ouvir Davis prosseguir com seu discurso:

— Então, começou a temporada 1999. O sr. Castroneves teve um rendimento muito melhor do que tivera no ano anterior. Seu salário, que era de US$ 200 mil, passou para US$ 250 mil. Também recebeu US$ 50 mil para as despesas, além do dinheiro de prêmios e dos patrocinadores que o sr. Fittipaldi lhe conseguiu...

— O quê? Ele está falando sério? — disse cu a Larry. — Nunca vi nenhum dinheiro de patrocinador!

— Eu sei, Helio. Eu sei. Não se preocupe. Tenha paciência.

Mas eu não conseguia ter paciência. Não sei direito o que fazer quando as coisas saem do controle. Cada fibra do meu corpo queria gritar: "Era para eu ter recebido o dinheiro, mas nunca o recebi porque Emerson não pagou ao Hogan o dinheiro dos patrocinadores!"

Fiquei me remexendo no banco e mordi a língua.

Davis continuava a falar:

— O sr. Hogan ficou impaciente e enviou uma carta afirmando que ainda lhe era devido US$ 1 milhão...

— Ah, bom! Finalmente alguma verdade — comentei com Larry. — É a primeira coisa verdadeira que ele falou até agora.

Depois disso, calei-me. Ouvi Davis fazer seu discurso de abertura durante duas horas. Parecia uma eternidade. Por mil vezes, quis gritar: "Isto é mentira!" Eu estava bravo e ansioso, mas sobretudo angustiado.

A pior parte era a sensação de estar só. Kati não pôde vir comigo porque seria testemunha. Meus pais estavam no Brasil. Minha família sempre esteve ao meu lado, dando-me orientação e apoio. Agora, eu estava enfrentando o momento mais difícil da minha vida. Por outro lado, toda a família do Emerson estava no tribunal. Eu tinha sido amigo de todos eles. Entendi que eram a família dele e o apoiariam, mas era duro saber que eles me viam como uma pessoa má e trapaceira.

Depois que Davis concluiu, Larry levantou-se para fazer seu discurso de abertura. Enquanto seguia para a frente do tribunal, ele tropeçou em suas botas de caubói. *Meu Deus*, pensei. Apoiei minha cabeça nas mãos, percebendo quanto aquele julgamento era sério, e rezei para que Larry fosse capaz de provar a verdade.

Kati foi ao meu apartamento naquela noite, mas nós não tínhamos permissão para discutir a audiência com ela. Tudo o que pude dizer foi:

— Acho que vou perder. Ele tem um advogado poderoso. Você devia ouvir o que o cara falou. Tudo mentira.

Mamãe ligou e me confortou com as mesmas palavras de sempre:

— Deus sabe. Você sabe. A verdade vai prevalecer.

Os três dias seguintes passaram em ritmo desesperadamente lento. Conforme cada testemunha prestava seu depoimento, eu me sentia em uma montanha-russa de emoções.

Goodstadt, sócio de Emerson, foi um dos primeiros a testemunhar. Na medida em que ele falava, eu fazia de tudo para ficar quieto. Quando foi a vez de interrogá-lo, Larry perguntou-lhe sobre a prorrogação do contrato que assinei com Emerson em 1998. Goodstadt respondeu:

— Helio Castroneves estava tão feliz e entusiasmado porque ia conseguir uma vaga no ano seguinte, que quis a prorrogação do contrato, e disse: "Não diga nada a minha família. Vamos manter isso em segredo".

— Bem, por que ele faria isso? — perguntou Larry.

— Helio me disse que sua família era um problema, e que não queria envolvê-la nas corridas.

Não acreditei no que ouvia. Era o testemunho mais mentiroso de todos. O sangue correu para minha cabeça. Minha família era o motivo de eu correr. Eles foram todo o meu apoio desde o começo. Sugerir que eu não queria que eles fossem às corridas era absurdo.

Fui tomado por uma fúria ao ouvir mentiras sobre mim, mas tinha de ficar sentado a sete metros de distância, obrigado a ficar quieto. Mordi minha língua e repeti para mim mesmo as palavras de minha mãe: *Deus sabe. Você sabe. A verdade vai prevalecer.*

Quando chegou a vez de minhas testemunhas deporem, fiquei um pouco mais calmo, pois elas começaram a revelar a história verdadeira. Roger afirmou que Emerson não tinha nada a ver com meu acordo com a Penske. Então, foi a vez de Alan, que explicou meus contratos e minhas finanças. A maior parte do que ele disse era novidade para mim e, honestamente, não estava certo se entendia o contrato e as informações tributárias sobre as quais ele explicava. Ele usava termos legais, eu não os entenderia nem mesmo em português, quanto mais em inglês.

O mais difícil foi ver Kati no banco das testemunhas. Eu estava confuso, mas ela ficou calma e explicou o que aconteceu:

— Mudei-me da minha casa para São Paulo, para ajudar o sr. Fittipaldi fazer o que ele era pago para fazer, mas não conseguiu. Ele me disse: "não era tão fácil como pensei". Consegui o patrocínio da Consul. Contei a todos sobre isso. Contei ao sr. Fittipaldi e ele ficou contente.

— Você recebeu comissão por conseguir o patrocínio da Consul?

— Não, quem recebeu a comissão foi o sr. Fittipaldi — explicou Kati. Eu só estava ajudando meu irmão, como vinha fazendo por doze anos. Mudei-me para Miami no ano seguinte para continuar a fazer isso. Fui a todas as corridas, aos lugares onde as coisas acontecem, onde os acordos são feitos, onde se cuida dos negócios do piloto.

— Mesmo assim vocês pagaram ao sr. Fittipaldi?

— É claro, é claro. Paguei o que devíamos à Fittipaldi USA em 1998 e 1999. Cumprimos nossa obrigação.

A realidade da situação de Kati me baqueou. Ela se mudara para Miami por mim. Trabalhou de graça. E, acima de tudo, eu enviei a Emerson os cheques pagos pelo trabalho que ela tinha feito.

Meu olhar e o de Kati se cruzaram, e ela abriu um largo sorriso, como se dissesse: "Não se preocupe, vai dar tudo certo".

Então, cometi o erro de olhar para Emerson, que me encarava com um olhar que dizia: "Vá se danar".

Eu estava com um nó no estômago, quando Larry foi prestar o depoimento final. Ele estava calmo e seguro de si — uma diferença brutal em relação ao primeiro dia do julgamento. Falou com eloquência sobre minha vida, minha carreira e minha família.

— Temos três verdades indisputáveis — disse ele. — Um: tudo o que o sr. Castroneves quer é pilotar. E ele é muito, muito bom nisso. Dois, ele não é muito bom com contratos. E três: ele é um homem de muita sorte, porque, conforme trabalhava para subir a escada da carreira do automobilismo, não teve de fazer isso sozinho. Teve o apoio da família.

Balancei a cabeça, concordando com o que ele dizia.

— As evidências mostram claramente que o sr. Fittipaldi cometeu erros de representação desde o início, apesar de sempre ter dito: "Tenho patrocinadores. Cuidarei de tudo. Não há qualquer problema. Apenas pilote". Helio Castroneves cumpriu sua parte: pagou US$ 20 de cada US$ 100 que ganhou.

Aquela história era contada pela centésima vez e, para mim, ainda não era fácil ouvi-la. Eu cumpri com minhas obrigações, estava certo disso. Mas é doloroso ouvir, repetidas vezes, quanto fui iludido e ludibriado por Emerson. A verdade que o processo revelou era difícil de digerir. Ele era um cara que eu idolatrava. Achei que, se assinasse o contrato com ele, todos os meus problemas acabariam. Seria como quando eu estava no Team Corpal. Ele seria meu técnico e seus conselhos me ajudariam a melhorar. Eu só teria de me preocupar em pilotar. Ele cuidaria dos patrocínios e da parte financeira. E iríamos nos divertir. Como eu estivera errado!

Pensei nisso tudo enquanto o júri deliberava. Como as coisas chegaram àquele ponto? Aquele contrato que assinei com ele — o qual, pensei, faria todos os meus problemas desaparecerem — tornou-se o ponto central de todo aquele dilema.

Fiquei extremamente tenso quando o representante dos jurados levantou-se para ler o veredito. Kati e eu não entendemos o que ele dizia. Como havia várias reivindicações, houve diversos resultados diferentes. Mas entendi o principal veredito: "O júri declara que Helio Castroneves não quebrou o contrato com a Fittipaldi USA". Dei um enorme suspiro de alívio. Tinha passado uma semana inteira sem comer nem dormir, apenas esperando para ouvir aquelas palavras. Podia respirar de novo. A única coisa em que eu pensava era que nunca mais queria passar por aquilo novamente. Não desejo isso para ninguém.

Contudo, logo descobri que a briga não tinha terminado. Era um pesadelo que não tinha fim. Os advogados de Emerson apelaram da decisão para a Suprema Corte da Flórida. Fiquei preocupado, achando que isso se tornaria outra longa batalha, mas o tribunal rapidamente decidiu não só que eu não havia quebrado o contrato, mas também que Emerson teria de pagar as despesas dos meus advogados.

Uma vez mais, fiquei imensamente aliviado. Não obstante, não sentia que tinha vencido. Sentia apenas que a verdade havia sido revelada, conforme mamãe disse que seria.

Para tirar da cabeça as lembranças do julgamento, resolvi que precisava de um recomeço e que iria me mudar do apartamento onde morava desde 1997. Comecei a procurar uma casa, algum lugar onde minha família pudesse se reunir nas férias e durante o período entre as temporadas. Encontrei uma casa em Coral Gables, Flórida, e finalmente fiz minha primeira grande aquisição. *Daqui em diante*, pensei, *irei de vento em popa*.

Foi só um desejo. Seis meses depois, o governo enviou 150 intimações a todas as pessoas que tiveram negócio comigo nos cinco anos anteriores. Eu só soube disso por conta de um vendedor de carros de quem eu tinha adquirido um veículo certa vez. Ele me ligou e disse:

— Acabo de receber uma intimação solicitando quaisquer registros que digam respeito a Helio Castroneves.

Em seguida, o Citibank encerrou a conta da Castroneves Racing sem explicar o porquê.

— O que está acontecendo? — perguntei a Alan.

— Não sei direito. Mas é curioso que isso tenha vindo logo depois de seu processo.

— Devo me preocupar?

— Não. Ainda não.

— Então, tudo bem.

Esqueci-me daquilo e voltei ao automobilismo.

Eu e Juan Pablo Montoya éramos amigos desde que nos conhecêramos no Campeonato Mundial de Kart de 1990, na Itália. Ele me convidou para participar de uma corrida beneficente de kart que estava promovendo em Cartagena. Fiquei entusiasmado porque nunca havia ido a Cartagena e adorei a ideia de pilotar um kart de novo. Senti-me como uma criança novamente.

No aeroporto, a caminho de Miami para Cartagena, notei uma linda colombiana embarcando no mesmo avião que eu. Ela tinha um longo cabelo escuro, grandes olhos castanhos e lábios carnudos. Usava calças compridas verde-exército e uma camiseta regata branca, que delineava bem as linhas de seu corpo. Uma vez eu tinha lido que as estatísticas indicam que uma a cada dez pessoas inicia uma ligação amorosa no aeroporto; tive certeza de que aquela mulher era minha. Encontrei-a novamente na área de recuperação de bagagem. Eu estava pensando em alguma coisa para dizer a ela, mas meu amigo puxou conversa primeiro.

— Somos lavadores de vidro profissionais — eu o ouvi dizer.

O quê? Aquilo não era o que eu estava pensando em dizer para abordá-la.

Ela riu e pegou sua bagagem.

— Ah, bom. Boa sorte com suas janelas — respondeu ela, acrescentando: — Tchau.

— Essa é boa — disse eu. — Lavadores de janelas? Em que você estava pensando?

— Eu estava sendo engraçado. Foi engraçado, vai.

— Sim. Funcionou direitinho — eu resmunguei enquanto a observávamos ir embora.

O evento durou uma semana e, a cada noite, havia um jantar seguido de uma festa. Em uma das festas, encontrei-a novamente.

— Que bom vê-la de novo — disse-lhe.

— Ah, o lavador de janelas!

Ri. Era muito mais divertido quando ela dizia aquilo. Estendi minha mão:

— Meu nome é Helio.

— Sou Adriana. Passamos o resto da noite conversando e rindo. Ela não era apenas bonita, mas também era divertida e segura de si. No resto da semana, nossos caminhos continuaram se cruzando e, a cada vez que conversávamos, era como se nos conhecêssemos a vida toda. Convidei-a para sair, quando estivéssemos de volta a Miami.

— Eu adoraria, mas não moro em Miami. Moro em Atlanta.

— Sem problemas. Irei a Atlanta para jantar e pegar um cinema com você.

Duas semanas depois, tivemos nosso primeiro jantar seguido de um cinema. Foi um primeiro encontro perfeito — sem aquele silêncio de quando não se tem nada para dizer, nem momentos constrangedores. Combinamos de nos encontrar duas semanas depois. Na metade do segundo jantar, Adriana me disse:

— Ouça, precisamos ir mais devagar.

Ir devagar? Acabamos de começar! O que ela quer dizer com "ir devagar"? O único jeito que eu conhecia de entrar em um relacionamento era com aceleração máxima. Entendi que aquilo significava que ela não estava mais interessada em mim. Voltei a Miami perguntando a mim mesmo onde tinha errado.

Fui para a pista e comecei a pilotar — a única coisa capaz de me aclarar as ideias. A pista é o único lugar onde as coisas fazem sentido, onde eu tenho controle, onde sei o que fazer e o que esperar, mesmo que o resto da minha vida não esteja indo tão bem.

No mesmo dia, minha assistente recebeu uma ligação do marido, quando ela voltava para casa.

— Fernanda — disse ele —, o que você fez? Há dois policiais em frente a nossa porta. Estão perguntando por você.

Quando ela chegou em casa, os policiais a saudaram com uma intimação por conta da Castroneves Racing. Imediatamente, ela me telefonou. Estava abalada, e demorou um pouco para eu perceber de que se tratava. Sem perda de tempo, liguei para meu advogado para saber o que eu devia fazer.

— Feche o escritório até eu descobrir o que está acontecendo — ele instruiu a mim e a Kati.

Larry descobriu que o governo emitira as intimações porque o IRS [agência ligada ao Departamento de Tesouro norte-americano responsável pela coleta de impostos] não conseguiu nada com as 150 intimações que havia emitido no começo daquele ano. Agora, eles queriam analisar os registros da empresa. Algumas semanas depois, agentes do IRS começaram a ir ao escritório e a examinar os arquivos e os computadores. Kati tentou me tranquilizar e manteve-me a distância do que estava acontecendo:

— Concentre-se em correr. Avisarei se houver qualquer coisa que você precise saber.

— Tudo bem — respondi, e direcionei minha energia para as pistas.

Os quatro anos do processo com o Emerson me ensinaram a separar as áreas da minha vida. Para mim, não há como ser bem-sucedido como piloto se eu tiver de me preocupar com os negócios, especialmente com os problemas legais. Por isso, eu me concentrava em pilotar e só lidava com os problemas legais conforme eles surgiam.

A temporada de 2006 começou em 26 de maio no Homestead-Miami Speedway. Durante o treino final, um piloto estreante, Paul Dana, morreu em um acidente envolvendo dois carros. O ânimo na pista ficou sombrio, pois todos haviam confrontado a realidade do nosso esporte: uma fração de segundo, um pequeno erro, e o pior pode acontecer. Todos fomos treinar para tirar aquilo de nossas cabeças, de forma a podermos nos concentrar apenas em pilotar.

Dois anos antes, eu havia perdido aquela prova para Sam Hornish Jr., em uma chegada disputada palmo a palmo. Eu tinha liderado a maior parte da corrida, mas, nas últimas voltas, Hornish pegou a faixa interior da pista para me ultrapassar e venceu.

A corrida começou da mesma forma que em 2004. Eu liderei o tempo todo, mas daquela vez estava determinado a não ceder a parte interior da pista. Nas últimas doze voltas, Dan Wheldon se aproximou e começamos a correr lado a lado. Mal havia o espaço de um fio de cabelo entre as rodas dele e as minhas. Chegamos na última volta ainda lado a lado. Na reta, Wheldon colocou uma vantagem de 0,0147 segundo na minha frente: a nona vitória mais apertada da história da Fórmula Indy. Foi um emocionante início de temporada — que me lembrou quanto os centésimos de segundo são importantes.

Venci as duas corridas seguintes: a Streets of St. Petersburg, na Flórida, e a Indy Japan 300, em Motegi, Japão. Estava confortável, com 42 pontos de vantagem na liderança do campeonato.

Quando voltei do Japão, havia funcionários do IRS examinando documentos em meu escritório. Fiquei inquieto.

Quase imediatamente depois disso, eu e Adriana começamos a nos encontrar de novo. Com tanta confusão ao meu redor, fiquei feliz de ter alguma coisa boa e segura em minha vida. Cada vez que os fiscais do IRS iam ao meu escritório, eu ficava nervoso. Por que aquele problema não acabava? O que fiz para merecer isso? Meus advogados estavam convencidos de que aquilo tinha relação com o processo cível do qual tomei parte.

Sabia que era inútil insistir em uma situação sobre a qual não tinha controle. Em lugar disso, preferi enfocar o positivo.

Eu liderava o campeonato e a prova de Indianápolis aconteceria em três semanas. Forcei-me a separar os diferentes aspectos da minha vida e a manter-me concentrado. Eu já tinha vencido duas vezes aquela corrida, mas ainda não alcançara o título da IRL. Tinha terminado em segundo, terceiro, quarto, chegando perto de conquistar o título e perdido nas corridas finais. Agora que eu estava na frente logo no início do campeonato, tinha esperança de ganhar naquele ano o esquivo troféu.

Antes de Indianápolis, encontrei-me casualmente com uma ex-namorada, Aliette, em um restaurante de Miami. Havíamos namorado e terminado diversas vezes nos últimos seis anos, e não nos víamos havia meses. Começamos a conversar e me perguntei porque tínhamos terminado. Convidei-a para almoçar no dia seguinte e retomamos nosso relacionamento do ponto em que termináramos. Em um momento em que minha vida estava uma tremenda confusão, fiquei feliz em ter uma relação tranquila e segura.

No restante da temporada, metade da minha vida esteve em ordem e a outra metade permaneceu nebulosa. Minha vida pessoal estava tranquila, e eu continuava bem no automobilismo (a não ser por ter batido em Indianápolis e, por isso, não ter completado a prova). No fim da temporada, eu ainda tinha condições de vencer o campeonato, mas a diferença na pontuação diminuiu consideravelmente: eu liderava por um ponto. Meu colega de equipe, Sam Hornish Jr., estava logo atrás. Dan Wheldon e Scott Dixon também estavam na briga, respectivamente, dezenove e 24 pontos atrás de mim. E assim chegamos à última corrida, em Chicago. Se eu vencesse, conquistaria o título da IRL.

Lutei pela liderança durante toda a prova. Estava próximo da vitória quando, sem nenhuma explicação, Tony começou a me bloquear. Toda vez que eu tentava uma manobra ele posicionava seu carro de forma que eu não pudesse passar. Tony estava uma volta atrás, não tinha nada a ganhar ao me fechar. Não entendi o que estava acontecendo. Era o último trecho da corrida e ele não me deixava passar, nem os juízes se pronunciavam. Terminei em quarto lugar e perdi o título por dois pontos. Estava muito bravo e muito embasbacado para falar alguma coisa. Tive de ir embora do autódromo e me afastar de Tony. Não sabia bem o que dizer, mas, se o fizesse, tinha certeza de que não seria nada agradável. Foi um final de temporada horrível e aquilo abalou nosso relacionamento de tantos anos.

Voltei para casa e soube que a investigação do IRS tinha se intensificado.

— Devo me preocupar, Kati? — perguntei. — O que está acontecendo?

— Eu direi quando você tiver de se preocupar — respondeu ela.

Com minha vida profissional de pernas para o ar, eu estava pronto para me ocupar da minha vida pessoal. Pela primeira vez, estava em um relacionamento tranquilo. Queria me casar e ter filhos. Pedi Aliette em casamento em novembro de 2006 e começamos a planejar a cerimônia para o ano seguinte.

Pouco depois de Aliette e eu formalizarmos o noivado, Kati me disse casualmente:

— Você precisa vir a uma reunião comigo e com os advogados. É sobre o problema dos impostos.

— Tudo bem — respondi. — Diga-me quando.

Procurei me acalmar, mas sabia que aquilo queria dizer que a situação com o IRS estava ficando séria. Era hora de começar a me preocupar.

Fui ao autódromo para treinar e esfriar a cabeça. Disse a mim mesmo que não me preocupasse. Decidi lidar com a situação da única forma como sabia. Volta a volta. Curva a curva.

CAPÍTULO 10

Dançando

*Há um pouco de loucura na dança,
uma loucura que faz muito bem a todos.*

Edwin Denby

O caminho da vitória

178

ESTÁVAMOS EM INDIANÁPOLIS, EM 2007, e o patinador olímpico Apolo Anton Ohno veio assistir à corrida. Ele conquistara a medalha de ouro no ano anterior. Também tinha acabado de participar da quarta temporada do programa *Dancing with the Stars.* Eu não tinha assistido ao programa muitas vezes, apenas quando o boxeador Evander Holyfield participou, pois eu queria ver como um cara como aquele iria dançar. Também tinha visto, na CNN, um clipe do Apolo dançando o *paso doble*; lembro-me de ter ficado impressionado com aquela dança, tão masculina. Todos os telejornais falaram sobre ele e me perguntei se eu seria capaz de fazer aquilo.

Apolo foi nos ver em nossa garagem, no autódromo. Eu adoro esportes, por isso gosto de conhecer atletas de diferentes modalidades esportivas. Mas aquele não era um simples atleta; era um medalhista de ouro!

— Ei, cara — eu disse. — Sou seu fã! Parabéns pela medalha de ouro. Ah, e também vi que você ganhou o *Dancing with the Stars!*

Começamos a conversar. Eu o tinha conhecido casualmente antes, mas aquela era a primeira vez que nos falávamos mais demoradamente. Em vez de conversarmos sobre automobilismo ou sobre patinação, falamos sobre danças de salão.

— Achei que tinha ficado famoso depois que ganhei a medalha de ouro — contou-me. — Mas, em comparação com o *Dancing with the Stars,* a medalha de ouro não significou nada.

— Não! Não acredito.

— Juro. E sabe o que mais? *Você* deveria participar! Você seria perfeito.

— Não sei, cara. Dança de salão?

— Acredite, foi uma das melhores experiências da minha vida. Eu me diverti muito mais do que você pode imaginar. O pessoal é muito legal. Mas é pesado. Você tem de treinar dez horas por dia.

— Dez horas?

— E no final, são dez, doze horas por dia.

Isso é loucura, pensei. Aquele sujeito era um atleta olímpico. Certamente sabia o que estava falando. Estava acostumado a treinar dez horas por dia. Isso era normal para ele. Nunca malhei mais do que duas horas por dia; de jeito nenhum conseguiria treinar dez ou doze horas!

— E então, quer participar? Posso ligar para a diretora de elenco.

— Tenho uma corrida daqui a duas horas, Apolo. Não sei.

— Você devia participar. Vou ligar para eles. Só vou dizer que talvez você possa estar interessado.

— Sim. Pode ligar.

Fui para a pista e entrei no "modo pilotagem". Estava largando na *pole position* e esperava que aquele fosse o ano em que eu venceria minha terceira Indianápolis.

Fiquei surpreso ao descobrir que Apolo realmente ligara para a diretora de elenco, Deena. Ela assistiu ao vídeo anterior à corrida. Naquele ano, o vídeo informava as diferenças entre meu colega de equipe, Sam Hornish Jr., e eu. Exibiram cenas dele dirigindo uma picape e cenas minhas guiando um Lamborghini. Ele apareceu no campo, em Ohio, e eu na praia, em Miami. Ele era calado e introvertido, e eu, falante e extrovertido. Deena me ligou em seguida e perguntou se eu poderia pensar sobre a possibilidade de participar do programa. Os produtores do *Dancing with the Stars* gostaram do vídeo e acharam que minha personalidade tinha a ver com o programa.

— Você estaria interessado?

— Claro — respondi. Por que não?

Contei a novidade a Kati e a Aliette, e elas responderam ao mesmo tempo:

— Você não sabe dançar!

— Vocês estão loucas! Sei sim!

Estávamos na metade da temporada e eu só pensava nas corridas. Além disso, tinha de ir quase todas as semanas até o escritório dos advogados para conversar sobre o caso dos impostos, a investigação do IRS. E mais: eu e Aliette não estávamos nos dando tão bem. Havia tantas coisas com as quais tinha de me preocupar que me esqueci completamente do *Dancing with the Stars*. Um mês e meio depois, recebi outro telefonema de Deena:

— Então, quer participar?

— Simples assim? Não preciso fazer um teste ou coisa parecida?

— Não. Você só precisa vir nos encontrar em Los Angeles e pronto, está dentro do show.

— Vou ter de conversar com minha equipe, meus patrocinadores, meus advogados. Tenho de me certificar de que não haverá problemas com ninguém.

Ao falar aquilo, percebi que tinha de passar por várias pessoas antes de tomar qualquer decisão. Achava que nem todos concordariam com minha participação no programa.

— OK. Avise quando tiver a resposta.

Kati e eu conversamos primeiro com minha equipe e depois com meus patrocinadores. Para minha surpresa, todos concordaram. Toda a liga ficou muito entusiasmada, pois era uma oportunidade de apresentar a Indy a um público totalmente novo. Meus advogados hesitaram um pouco; mas os advogados são um pouco hesitantes com tudo (e falo sobre isso com muita experiência).

Naqueles últimos meses, eu e Kati nos encontrávamos com nossos advogados frequentemente para falar sobre o problema com o IRS. Eu acreditava que a investigação não ia dar em nada. Não que eu negligenciasse a importância da situação; estava apenas sendo otimista. Durante as reuniões, normalmente eu ficava calado, tentando entender o que estava acontecendo. Os advogados e Kati discutiam minhas finanças em detalhes. Às vezes, perguntavam sobre as corridas. Então, eu ressuscitava. Eram perguntas às quais eu podia responder com certeza. Eu me animava e lhes contava histórias que iam desde os tempos do kart até a Indy. Fazia de tudo para não falar de impostos. Quem quer falar sobre

Dançando

impostos quando se pode falar sobre automobilismo? Ou futebol? Tudo é mais interessante do que analisar "recebimentos diferidos" pela décima vez.

Em uma dessas reuniões, no início de agosto, anunciei:

— Fui convidado para participar do *Dancing with the Stars.*

Silêncio.

Então, Mark Seiden falou, como amigo e como advogado.

— Não sei se é uma boa ideia. O programa chamará muita atenção sobre você. E isso é tudo de que não precisamos agora.

O advogado de Kati, Howard, discordou:

— Não, acho que ele deve participar. Isso mostrará sua personalidade.

Uma discussão acalorada começou, com todos os advogados pesando os prós e contras de minha participação no *reality show*. Senti-me como se, de novo, tivesse onze anos e estivesse vendo meus pais discutindo sobre se eu devia ou não correr de kart.

— Mas se ele receber ainda mais exposição, isso pode fazer que o IRS o leve a julgamento.

— Se ele realmente for a julgamento, ajudaria bastante se a sua personalidade fosse conhecida pelo público.

— O que vocês querem dizer com "se o caso for a julgamento?" — perguntei. — Estou assumindo que não irei a julgamento.

— Sempre existe a possibilidade. Não é provável, mas pode acontecer.

— Mesmo assim, é uma aposta no escuro atrair qualquer atenção quando o IRS já está de olho em você — disse David balançando a cabeça.

— Tudo bem. Então vamos apostar — respondi.

Surpreendentemente, todos concordaram: dos meus advogados à minha equipe. Liguei para Deena e disse-lhe:

— Ok, estou dentro.

Não sabia onde estava me metendo, mas estava entusiasmado com o novo desafio. Toda a minha vida tinha girado ao redor do automobilismo, e aquele era um grande passo para fora de minha zona de controle. Soltei-me e resolvi experimentar.

Eu tinha uma corrida em Sonoma no final de agosto, e, depois disso, eu e Kati fomos a Los Angeles com minha assessora de imprensa, Susan. Almoçamos com Deena e os produtores e lemos os contratos. Todos nos entrosamos imediatamente. Contaram-me um pouco mais sobre o programa. Perguntaram sobre minha carreira. Trocamos histórias. Foi uma reunião divertida, e um alívio bem-vindo em comparação com as reuniões que eu vinha tendo com advogados. Contente, assinei o contrato. Estava pronto para ir embora quando me perguntaram:

— Você quer conhecer seu par?

— Achei que tínhamos só vindo almoçar.

— Não, não. Ela está aqui. Ela pode vir encontrar você agora, se você quiser.

Eles me apresentaram a Julianne Hough, e eu a reconheci: ela fizera par com Apolo na última temporada. Metade de mim dizia: *Certo, estou fazendo par com a campeã.* A outra metade, porém, pensava: *Droga, estou fazendo par com a campeã. A pressão será bem maior.*

Eu e Julianne nos entendemos imediatamente. Tínhamos o mesmo tipo de personalidade: alegre, falante, talvez até demais. E ela era linda. Isso poderia ser um problema! Contudo, houve certa dificuldade em nossa comunicação. Ela não entendia muito bem o que eu dizia por causa do meu sotaque e eu não conseguia entender direito o que ela dizia porque falava rápido demais.

— Por que vocês não experimentam dançar um pouco? — os produtores propuseram.

— O quê? Vocês estão brincando? — respondi.

— Não, não. É uma ótima ideia — interveio Julianne.

Ela se colocou à minha frente e disse:

— Ok. Pegue na minha cintura e coloque suas pernas entre as minhas.

— Ei, espere um pouco. Não estou à vont...

— Não pense nisso. Solte-se.

Certo...

Após uns poucos passos, eu estava dançando. Não podia acreditar.

— Cara! — exclamei. — Eu posso dançar! Estou dançando! Estou pronto!

— Quando você quer começar a ensaiar? — perguntou Julianne.

— Espere, temos que adiar um pouco. Ainda tenho mais duas corridas. Não posso ensaiar muito até a temporada terminar.

— E quando será isso?

— A última corrida, em Chicago, será daqui a duas semanas.

O produtor-chefe interferiu:

— Temos de fazer algumas tomadas da corrida. Julianne deveria ir à prova.

Todos concordamos que ela devia ir a Chicago e, em seguida, iríamos a Miami para começar a ensaiar.

— Vou mandar alguns vídeos para você assistir — disse-me Julianne ao nos despedirmos.

— Helio — chamou Deena quando eu estava saindo —, esqueci de perguntar. Você se importaria de vestir *sequins*?

— Não! Sem problemas — balancei a cabeça e sorri para dizer que estava tudo bem, como sempre fazia quando não entendia alguma coisa.

Quando entramos no carro, Kati me perguntou:

— Você sabe o que quer dizer *sequins*?

— Não, o que é?

— Lembra-se daqueles adereços brilhantes que eu usava quando dançava balé?

— Ah, não! São lantejoulas?

— Sim.

— Não vou ter de vestir isso, vou?

— Sim! Você acabou de dizer a eles que usaria!

Como se eu já não estivesse preocupado demais com a questão da dança, ainda teria de vestir roupas com lantejoulas?

Quando Julianne mandou o DVD com instruções da coreografia, corri até a casa de Kati, ansioso com a oportunidade de me concentrar em outras coisas.

— Temos de começar a ensaiar! — comentei com minha irmã.

— Primeiro, temos de assistir às temporadas antigas — respondeu Kati. — Assim, saberemos qual é a proposta do programa. Além das instruções sobre a coreografia, Julianne tinha enviado um conjunto de DVDs com todos os episódios da temporada anterior. Eu, Kati e Eduardo, marido de minha irmã, sentamos no sofá e assistimos a todos os episódios; eram horas e horas de dança. Kati adorou. Eu fiquei um tanto nervoso ao ver como cada dançarino ia melhorando ao longo da temporada. Eduardo, por sua vez, parecia que ia cair no sono.

Depois, colocamos o DVD com as instruções de Julianne. Kati repetiu os movimentos que Julianne fazia. Quanto a mim, tropeçava em meus próprios pés.

— Não consigo fazer isso. Mostre de novo como se faz — pedi a Kati.

Ela voltou o DVD e eu tentei uma vez mais.

— É impossível fazer isso — reclamei. — Não consigo fazer meus pés se moverem desse jeito.

Então, Eduardo se levantou do sofá:

— Deixe-me tentar.

Imediatamente, ele começou a dançar do jeito certo com Kati.

Meu lado competitivo logo despertou:

— Se você consegue, também consigo! Volte o DVD, Kati!

Começamos tudo de novo. Kati e Edu aprenderam logo de cara. Eu estava fazendo todo o possível para acompanhar os movimentos. Sempre que eu entendia o que era para fazer com os pés (ou quando ficava desapontado por não entender o que fazer), eu dizia:

— Ok. Próxima parte.

Dessa maneira, passamos todas as danças. Éramos três lunáticos dançando durante horas pela sala: *quickstepping*, foxtrote e valsa. Se qualquer pessoa olhasse pela janela, teria nos denunciado. Eu era muito ruim, mas estava me divertindo muito:

— Meu Deus, é melhor eu não ser o primeiro a sair. É tudo o que peço. Não quero ser o primeiro a sair do programa.

Naquela noite, fui jantar com dois amigos do automobilismo: Oswaldo e Gil. Esperei até metade do jantar para contar-lhes a novidade.

— Adivinhem — fiz uma pausa para conseguir um efeito dramático. — Vou participar do *Dancing with the Stars.*

— O quê? De que se trata? — perguntou Gil.

Ele nunca assiste à TV, por isso, não tinha ideia do que eu estava falando.

— É um *reality show* de competição de dança — explicou Oswaldo. — Minhas filhas assistem.

— Mas você não sabe dançar! — disse Gil.

— Eu sei dançar!

Levantei-me e, no meio do restaurante, comecei a mostrar meus recém-aprendidos passos de valsa.

— Cara, você está maluco! Sente-se. Estamos num restaurante fino!

— Sabia que mais de vinte milhões de pessoas assistem a esse programa? — perguntou Oswaldo.

— Cara, você vai fazer papel de bobo. E na frente de vinte milhões de pessoas! — comentou Gil, rindo.

— Vocês verão — avisei. — Vou surpreendê-los! Não serei eliminado na primeira rodada. Juro!

Acho que eu estava dizendo aquilo mais para mim mesmo do que para os outros.

Depois de minha última corrida, Julianne foi para Miami. Eu tinha menos de duas semanas para aprender o foxtrote e estava pronto para ensaiar o dia inteiro, todos os dias. Era uma dança difícil, pois exige muita técnica. Abordei os ensaios da mesma forma que abordo as corridas; Julianne instruía e eu era o aprendiz. Fazia anotações em um caderno, como sempre faço durante os campeonatos. Anotei os passos e lembretes: *direita, esquerda, direita. Esquerda, direita, esquerda. Virar. Ir em frente.*

Nos primeiros dias, fomos nos conhecendo. Estávamos nos divertindo, fazendo piadas e brincadeiras um com o outro e flertando um pouco. Também ensaiávamos por três ou quatro horas. Quando chegava em casa, pegava meu caderno e praticava sozinho por mais três horas. Queria que ela tivesse orgulho de mim, da mesma forma como sempre quis que todos meus instrutores tivessem. Queria mostrar-lhe que estava dando duro. No quarto ou quinto dia, fiquei ansioso.

— Acho que temos de ensaiar mais — disse a Julianne. — Apolo me disse que ensaiava dez horas por dia.

— Não se preocupe. Você está indo bem. No final, praticaremos dez horas por dia. Mas se fizermos isso agora, você vai ter um desgaste muito grande.

— Mas os outros caras estão ensaiando há semanas. Não posso ser o primeiro a ser eliminado do programa!

Era óbvio que aquela era minha principal preocupação.

— Acredite em mim: você está indo bem. Se ensaiarmos mais do que já estamos fazendo, você ficará frustrado e começaremos a brigar. E isso não será bom.

Eu não tinha tanta certeza. No dia seguinte, retomei a mesma conversa.

— Só mais uma hora — falei a Julianne quando ela disse que era hora de pararmos. — Pelo menos mais uma hora.

— Helio, é como uma corrida. Você não pode ir com aceleração máxima logo no começo. É preciso economizar combustível, desenvolver uma estratégia. Então, no final, teremos bastante combustível para vencer com folga.

Com certeza ela estivera conversando com Kati — e muito. Sempre que alguém tinha problemas para me fazer entender alguma coisa, Kati lhe aconselhava a explicar em termos automobilísticos. Sempre funciona, e daquela vez não foi diferente. Entendi completamente o argumento de Julianne.

Depois de ensaiarmos durante duas semanas, eu estava com dores no corpo inteiro. Achei que estivesse em forma, mas aquele era um jogo totalmente novo. Estava usando músculos que nem sabia que tinha.

O *Dancing with the Stars* entrou na minha vida na hora certa. Eu precisava de algo para me distrair dos problemas pessoais. Minha vida estava correndo em um ritmo muito intenso. Lutava pelo campeonato de 2007, Aliette e eu tínhamos cada vez mais problemas em nosso relacionamento, a investigação do IRS se complicava e agora, *Dancing with the Stars?*

Meu comprometimento com minha própria vida profissional tornou-se maior do que minha dedicação à vida pessoal. Aliette começou a sentir-se negligenciada e aborrecida por eu passar tanto tempo com Julianne. Como resultado, começou a perder a confiança em mim. Nada que eu dizia podia tranquilizá-la. Isso me frustrava e me deixava zangado. Eu não tinha feito nada de errado! Pouco antes de o *Dancing with the Stars* estrear, resolvemos cancelar o casamento. Foi uma decisão muito difícil, mas, certamente, foi a coisa correta a fazer. Para todos.

***

Dois dias antes do primeiro programa, eu e Julianne fomos a Los Angeles. Tínhamos ensaios no domingo e as moças ensaiaram primeiro: Jennie Garth, Marie Osmond, Jane Seymour, Sabrina Bryan, Mel B. Elas eram muito boas! Comecei a entrar em pânico.

— Não assista aos caras — aconselhou-me Julianne. — Se achar que são melhores, você ficará nervoso e cometerá erros. E se achar que é melhor que eles, ficará metido e também cometerá erros.

No dia seguinte, fiquei de cabeça baixa enquanto os caras deslizavam pela pista de dança — Floyd Mayweather, Mark Cuban, Wayne Newton e Cameron Mathison.

Depois do ensaio, eu tinha combinado de jantar no Ivy com Jennie Garth e o marido dela. Jennie estava um pouco atrasada; eu e Kati a aguardávamos. Era um tanto tarde e o *maître* veio até nossa mesa:

— Desculpem-me. Já é tarde. Estamos fechando.

— Esperamos uma amiga — expliquei. — Ela está para chegar.

— Sinto muito, mas a cozinha já fechou.

Naquele instante, Jennie entrou correndo:

— Desculpem! Não consegui vir antes!

Assim que o *maître* a viu, a atitude dele mudou completamente:

— Que bom vê-la, sra. Garth! Sente-se. Quer beber alguma coisa?

A cozinha reabriu e os garçons voltaram ao trabalho. Achei a cena fascinante. Kati riu:

— Que bom ser uma "estrela".

Acordei no dia seguinte com um bolo no estômago. Estava dez vezes mais tenso do que jamais estive antes de qualquer corrida.

Durante o ensaio naquele dia, estive o tempo todo com um frio na barriga.

Pilotar um carro a quatrocentos quilômetros por hora é perigoso, mas e dançar em frente a vinte milhões de pessoas? Bom, *isso* me apavorava. Sei o que fazer quando entro em meu carro. Por outro lado, quando entro na pista de dança, sou um novato. Contudo, de muitas maneiras, o automobilismo me preparou bem para essa outra pista, a de dança. Sei como controlar o nervosismo, concentro-me nos detalhes e esqueço o medo. Nas pistas, nunca penso em bater, pois, se pensar, inevitavelmente baterei. Usei a mesma mentalidade na pista de dança. Dizia a mim mesmo para não pensar nos erros; era só manter o ritmo.

Ao anunciarem: "Dançando o foxtrote, Helio Castroneves e seu par, Julianne Hough", uma descarga de adrenalina caiu em minha corrente sanguínea. Quando ouvi as primeiras notas da música, foi como se a bandeirada de largada tivesse sido dada. Meu impulso competitivo se elevou ao máximo. Acertei todos os passos. Quando terminei, a plateia nos aplaudiu de pé. Surpreendi-me e, pensei, também surpreendi os juízes. A primeira coisa que disseram foi:

— Você é um dançarino nato.

Eles nos deram notas oito, nove e oito. Foram as maiores notas entre os homens e a segunda maior pontuação da noite. Fiquei orgulhoso. O tempo todo, brinquei com meus amigos e minha família, dizendo:

— Apenas assistam. Vou ganhar esse troço.

Depois de receber aquelas notas e os cumprimentos dos juízes, fiquei confiante e acreditei que, talvez, pudesse mesmo vencer.

Após aquela primeira apresentação, ganhei mais evidência do que quando venci em Indianápolis.

Tudo bem, pensei, *este negócio é sério. Não posso ficar voando de Miami a Los Angeles toda semana. Tenho de ficar aqui e realmente me dedicar a isto.* Mudei-me para um hotel perto dos estúdios da rede de televisão ABC e não pensei em nada que pudesse atrapalhar: o rompimento do meu noivado, o automobilismo, a investigação. Foi tudo colocado de lado. Fiquei obcecado.

***

Na segunda semana, foi a vez de dançarmos o mambo, completamente diferente do foxtrote, cujos movimentos são mais demorados e suaves. O mambo é rápido e os passos são muito mais intrincados. Julianne repetia incessantemente:

— Há mais expectativa esta semana porque tivemos uma pontuação elevada no programa anterior. Temos de ir até nosso limite.

Aquilo era responsabilidade demais para poder relaxar. Eu tinha só quatro dias para aprender os passos e não estava aprendendo a nova dança com a facilidade que tinha aprendido o foxtrote.

— Acho esta coreografia muito difícil — disse a ela. — Não consigo aprendê-la.

— Você consegue. Tenho certeza disso. Se eu demoro dez segundos para aprender, então sei que você também consegue. Se levar um minuto para eu aprender, então sei que é muito difícil para você.

— Tudo bem, você é a chefa — repliquei.

No final do segundo dia, eu já começava a pegar o jeito.

Quando chegou a noite do programa, eu dominava o mambo. Os juízes nos deram nove, nove e nove. Era exatamente igual a uma corrida. Largamos bem, assumimos a liderança e agora tínhamos de manter o ritmo. Recebi uma mensagem de Apolo:

— Vocês foram demais! Continuem assim.

Mostrei a mensagem a todos os meus amigos, dizendo:

— Vocês acreditam nisso? Recebi uma mensagem de um medalhista de ouro olímpico. O que me falta acontecer agora?

Mas a terceira semana foi a vez do suingue e, então, as coisas começaram a desmoronar.

Julianne disparava uma instrução atrás da outra:

— Erga a cabeça, peito para fora, não saia do ritmo!

Cheguei a falar com Kati:

— Isto está ficando meio maluco. A Julianne berra um monte de instruções de uma vez. Não estou conseguindo pegar.

— Você precisa entender, Helio. É muito fácil para ela. Ela praticamente nasceu executando esses movimentos. Seja paciente e preste atenção nela. Ela sabe o que está fazendo.

Voltei a ensaiar no dia seguinte e, independentemente de quanto Julianne me forçasse, tentei acompanhar. Percebi que ela estava perdendo a paciência. Sabia que a vida dela atravessava um período bem intenso e pude perceber que estava exausta. Tinha muito o que fazer no programa. Não era só me ensinar a dançar. Ela também era responsável por escolher a música, planejar a coreografia e decidir quanto ao figurino. Também havia outras danças para fazer no meio do programa. Além disso, rompera com o namorado pouco tempo antes e estava assinando seu primeiro contrato com uma gravadora. Sabia que estava estressada e procurei ser paciente e me concentrar na dança.

Na quinta semana foi a vez da rumba. Era a dança mais difícil até então. Eu tinha de aprender a me mover devagar. A técnica tinha de estar perfeita porque todos os erros seriam facilmente vistos. Cada passo era realmente importante. Em vez de contar, eu aprendia as danças através do fluxo da música. Quando os sons pareciam executar algum movimento, eu os seguia. Contudo, não conseguia me adaptar ao ritmo da rumba. Além disso, eu deveria parecer sensual ao executar a dança.

— Ache um personagem — Julianne repetia. — Pare de sorrir! Você tem de parecer sexy! Sem sorrisos! Ombros para trás.

— Espere um pouco. Agora, além de dançarino também tenho de ser ator?

Julianne estava ficando frustrada comigo e começou a me repreender com severidade.

Ok, pensei, *acho que isso está indo um pouco longe demais.* Eu precisava colocar meus limites. Sabia o suficiente sobre a rumba para entender que o importante é a química entre o par. Aquela seria a pior dança se houvesse um desentendimento entre nós. Naquela noite, liguei para Apolo e pedi seu conselho:

— Cara, não sei se o problema é comigo, mas você e a Julianne tiveram alguma tensão?

— Ah, sim. Isso acontece. Comigo aconteceu na oitava ou nona semana, mais para o final da temporada. Estou surpreso porque com você as tensões começaram cedo.

— O que você fez?

— Pedi que um dos produtores conversasse com ela e pedisse para ela pegar mais leve. Depois disso, as coisas melhoraram muito.

Fiquei feliz ao saber que não era só comigo. Resolvi que, em vez de pedir para um dos produtores conversar com Julianne, eu esperaria uma oportunidade durante nosso ensaio e falaria diretamente com ela.

O dia seguinte era o último dia de ensaio antes do programa. Eu continuava a errar o mesmo passo que tinha errado a semana inteira, e Julianne batia no meu ombro a cada erro.

— Ombros para trás! Ombros para trás!

— Ok, vamos fazer uma pausa — eu disse.

— Não, não, não. Você começou pela esquerda e tinha de ir pela direita. Vamos começar desde o primeiro passo.

— Sei o que fiz de errado no primeiro passo, mas é esse último passo que não consigo acertar.

— Tudo bem, vamos fazer uma pausa. Você precisa relaxar. Está pensando demais.

Em resposta, murmurei entre dentes:

— Sim, estou pensando em como cair fora daqui.

— O que você disse?

— Disse que estou pensando em como cair fora daqui. Para mim basta. Você está me deixando louco.

— Você não pode falar comigo dessa maneira. Não me conhece tão bem.

— Você tem razão. Mas não consigo relaxar se você ficar gritando "isto está errado", "aquilo está errado", "pare de sorrir". Você só me diz coisas ruins. O que estou fazendo certo?

— Apolo gostava quando eu fazia assim.

— Eu não sou ele. Aprendo de um jeito diferente. Preciso de algo positivo para aprender. Estou aqui para me divertir. E, para mim, não está sendo divertido.

Percebi que os olhos dela marejaram e pensei que talvez estivesse sendo muito rude. Abaixei o tom de voz e expliquei:

— Só estou dizendo que às vezes você precisa ceder. Não sou um dançarino profissional. Estou dando o melhor de mim. Se eu colocasse você em um carro, você não seria capaz de pilotar a quatrocentos quilômetros por hora. Como se sentiria se eu ficasse gritando, perguntando: "O que há de errado com você? Por que está indo tão devagar?"

Ela não disse nada.

— Ouça — continuei —, para mim, isto aqui é mais do que uma competição. Nós ficamos amigos e é por isso que estou conversando com você sobre esse assunto. Poderia não ligar, mas, como sou seu amigo, acho que é melhor conversar a respeito.

— Desculpe. É que aprendi a dançar desse jeito. Não sabia que você não estava se divertindo.

— O quê? Não escutei direito. Você disse "desculpe"?

Começamos a rir, mas a tensão não se desfez. Quando refizemos a dança no dia seguinte, durante os ensaios, já não tínhamos a mesma química que tivéramos antes, e eu comecei a ficar preocupado.

É claro que justamente aquela era a apresentação a que Roger assistiria. Ele não se sentou na primeira fila porque estava nervoso demais. Kathy, sua esposa, e uma amiga sentaram-se na frente e Roger sentou-se atrás, com Kati. Ele confessou a minha irmã:

— Não acredito que estou nervoso. Por que estou desse jeito?

Quando a música começou, fiquei duro desde o primeiro passo. Durante toda a dança, soube que estávamos fora. Quando terminamos, ficamos em pé na frente dos juízes e eu me preparei para o que viesse. Foi nossa pior pontuação: oito, sete, oito. A plateia começou a vaiar os juízes, mas eles tinham razão. Ouvi Roger vaiando mais alto do que todos. Depois, ele me disse:

— Não se preocupe. Foi só um *pit stop* ruim. Esta é uma longa corrida.

— Sabe de que você precisa? — perguntou-me Kathy. — De uma mudança. Você precisa ir para o hotel onde nós estamos, mais perto da praia. Vai conseguir relaxar muito mais.

Ela conhecia minha personalidade muito bem. Sempre que estou estressado, preciso zerar tudo.

Assim, arrumei minhas malas e me instalei no Shutters, em Santa Mônica. Aluguei outro carro e, quando fui buscar Julianne no dia seguinte, disse a ela:

— Ok, vamos começar tudo de novo.

Aquele foi o momento da virada.

Começamos a nos comunicar plenamente, o que fez nossa dança fluir muito melhor e nossa química voltar com toda força. A imprensa começou a especular se estávamos namorando. Quando você passa o dia todo, todos os dias, com uma pessoa linda e com quem você dança bem agarrado, é claro que surge uma atração. A não ser que você seja um cadáver. Devo dizer que, às vezes, esses pensamentos passavam pela minha cabeça, mas eu tinha acabado de romper meu noivado. Eu tinha 32 anos, e Julianne, 19. Também sei que quando você começa a pensar demais, isso quer dizer: "Não faça!" Na verdade, não saí da linha e ainda arranjei as coisas para Julianne com um dos meus amigos, um ator latino de Los Angeles.

Foi minha melhor manobra na competição. Ela ficou feliz e seu humor passou a estar sempre bom. O namorado ia aos ensaios e aos programas. Depois, todos nós íamos a algum lugar. Como eu e Julianne éramos sempre vistos juntos nos mesmos locais, a especulação da mídia aumentou ainda mais.

Aquilo era uma experiência completamente nova para mim. Não conseguia acreditar que as pessoas se importavam tanto com a vida amorosa dos outros. Julianne sabia bem o que fazer nessa situação, pois já havia passado por aquilo.

— Não diga nada — disse-me ela. — Não faça nenhum comentário sobre sua ex-noiva, sobre você ou sobre mim. Aconteceu a mesma coisa no ano passado, com Apolo, e a melhor coisa a fazer é simplesmente ficar quieto.

Segui as orientações de Julianne. Os *paparazzi* começaram a nos seguir, disparando suas câmeras e berrando perguntas em nossa direção. À primeira vista, era tudo muito louco e bem divertido. Eles pulavam uns sobre os outros e brigavam entre si para tirar fotos. Não conseguia me acostumar com aquilo.

— Isso acontece em todas as temporadas — contou-me a diretora de elenco. — É inevitável. Vocês estão sempre juntos e também aparecem dançando agarradinhos, por isso a imprensa diz que estão namorando. A melhor coisa a fazer é não dizer nada.

Fiquei nervoso por conta de a imprensa especular se estávamos juntos. Eu acabara de terminar um noivado e não queria que Aliette pensasse que eu tinha entrado em outro relacionamento assim tão rapidamente. Mas fiquei quieto, conforme tinha sido orientado. Na verdade aquela era a primeira vez que eu passava um bom tempo sem me envolver com ninguém. Eu e Julianne realmente nos aproximamos, mas era mais uma relação do tipo irmão e irmã. Kati também a adotou, por isso ficávamos juntos o tempo todo. É desse jeito que minha família funciona. E eu não queria um relacionamento; queria vencer.

Todos os participantes acabaram se tornando uma família ao longo dos três meses que durou a temporada. Fazíamos todas as refeições juntos, íamos juntos às festas, aos caraoquês. Mas não era muito divertido ir ao caraoquê com a Julianne, pois a voz dela é boa demais.

— Para você, chega — disse a ela. — Sente-se e ouça os outros desafinarem.

Todas as segundas, depois do programa, íamos a um clube chamado Lounge. Uma noite, os fotógrafos estavam todos lá. Um cara enfiou o microfone na minha cara e disse:

— Helio, diga "olá" para o *Access Hollywood*.

Não entendi o que ele disse e, na época, nem sabia o que era *Access Hollywood*. Kati tentou repetir para mim, mas também não entendi o que ela falou.

— Vamos sair daqui — sugeri. — Isto é loucura.

Naquela noite, eu e Kati ficamos descansando no hotel. Fiquei zapeando pelos canais à procura de programas de dança.

— Você acredita nisso? — perguntei a ela. — Há dois meses, se você tivesse me dito que eu me interessaria por programas de dança em vez de *SportsCenter*, eu diria que você tinha ficado maluca.

Kati voltou a Miami e, alguns dias depois, ligou dizendo que não poderia estar na gravação do programa seguinte, na segunda-feira. Acabara de descobrir que estava grávida e sentia-se enjoada. Não acreditei no que ouvi. Apenas uma semana antes, tínhamos visto algumas crianças brincando e Kati comentou:

— Ainda não estou pronta para ter filhos, mas queria que tivéssemos um irmão mais velho que nos desse sobrinhos.

E agora ela ligava e dizia que estava grávida?

Ela também estava meio nervosa porque a investigação do IRS continuava e não sabíamos o que iria acontecer.

— É uma coisa meio doida — disse ela.

— Isso é demais! respondi. — É uma fase perfeita. Com tudo o que estamos passando, isso nos deixará felizes.

— Você ficou feliz?

— Claro! Mas você vai poder vir na semana que vem? Teremos as semifinais!

***

Na oitava semana, pela primeira vez tivemos de fazer duas danças, o *paso doble* e o *quickstep*. Eu havia esperado pela hora do *paso doble* durante toda a temporada. É um tipo de dança bem viril, do tipo toureiro. No ano anterior, eu tinha visto Apolo dominar essa dança. Cindric assistiria à apresentação naquela semana e eu não queria repetir a atuação que tivera diante de Roger. Eu e Julianne passamos muito tempo trabalhando no *paso doble* e menos tempo no *quickstep*.

Àquela altura da temporada, a pressão da mídia era tremenda. No dia do programa, levantei às quatro da manhã e dei três horas de entrevista no rádio. Em seguida, tomei café com o Cindric e fui para o ensaio, que dessa vez seria com as roupas da apresentação. Lá pelas quatro da tarde, eu já havia ensaiado duas vezes ambas as danças. Ao contrário de me sentir cansado, estava ansioso para começar.

Dançamos primeiro o *paso doble*, e nos saímos bem. Contudo, não conseguimos uma pontuação tão alta quanto eu esperava. Todos os juízes nos deram nota nove. Depois, foi a vez do *quickstep*. Dancei muito mais solto do que quando fiz o *paso doble*. Vestia um terno amarelo chamativo e queria me divertir. Não estava pensando muito, sentia-me entusiasmado em vez de nervoso. Apresentamos ao público uma grande surpresa no final da dança, quando beijei Julianne. Foi meu passo favorito! Não podia esperar para ouvir a reação da plateia.

Foi nossa melhor performance até então. A plateia e os juízes ficaram doidos quando nos beijamos no final. Pela primeira vez, tiramos três notas dez! Depois da dança, meu telefone enlouqueceu. Todos os pilotos me passavam mensagens de texto, e não apenas dos da Indy. Pilotos da Nascar, Truck Series e Sprint Car também me escreviam: "Incrível!". "Você tem de vencer esse troço!" Em vez de tirarem um sarro de mim, estavam entrando na competição. Exceto Gil que, claro, zombava de mim o tempo todo:

— E aquele terno amarelo? — perguntou.

A liga da Fórmula Indy lançou a campanha "Vote em Helio" e recebi ainda mais mensagens de diversos blogues. Fiquei espantado e emocionado por conta de tanta atenção. Agora que sabia que todos estavam ligados, minha determinação em vencer a competição aumentou ainda mais.

Quando eu e Julianne passamos para as finais, ela interrompeu as paradas no box. Eu era o único homem que tinha permanecido no concurso; éramos Marie Osmond, Mel B e eu. Eu sabia que estava em desvantagem, pois tinha consciência de que os dançarinos profissionais que faziam par com meus concorrentes executavam evoluções das quais eu era incapaz. Mas aquela era a última volta da corrida e eu estava pronto para acelerar tudo. Para as finais, tínhamos de executar três danças; a mais importante era o estilo livre. Não havia limites e eu sabia que aquele seria o maior desafio de todos. Julianne é audaciosa e temi pelo que ela poderia querer fazer.

No dia em que ela me mostrou a coreografia do estilo livre, vi um acolchoado no meio do salão. Julianne apresentou a coreografia maluca que desenvolvera. Queria que eu desse piruetas e a levantasse. Em um desses movimentos, eu teria de girá-la acima da minha cabeça — o movimento mais difícil de todos. Não sou o cara mais forte do mundo, e, apesar de Julianne ser bem pequena, ela é só músculos.

Até o dia do programa, não consegui levantá-la e girá-la da maneira correta. O movimento tinha de ser feito bem no meio da dança e eu estava nervoso com o que aconteceria se eu errasse. Ela chamou alguns de seus próprios instrutores, mas também eles não conseguiram ajudar.

— Julianne — argumentei —, se nem esses caras conseguiram, como é que eu vou fazer isso?

— Não se preocupe. Você vai conseguir.

Ensaiávamos, ensaiávamos e não conseguíamos. Já estávamos no estúdio há dez horas, quando me lembrei de que Apolo dissera que no final aquilo ficava uma loucura. Meus ombros começaram a inchar. Então eu disse a ela:

— Julianne, acho que é hora de acionarmos o plano B.

— Não há plano B. Você vai conseguir.

Quando fizemos o ensaio com as roupas que vestiríamos no show, eu estava tão cansado e inchado que errei o movimento em que tinha de girá-la sobre minha cabeça. Quase a derrubei.

— Tem certeza de que não quer acionar o plano B? — perguntei de novo, certo de que agora ela mudaria de ideia.

— Não tem plano B — respondeu.

Na hora do programa, quando a música começou, tive uma descarga de adrenalina como se estivesse para largar em uma prova da Indy. Começamos muito bem e, quando chegou o instante de erguê-la, fui fundo. Como num passe de mágica, fiz o movimento com tanta perfeição que a desci duas notas antes do tempo. Ela ergueu-se lentamente e pensei: *Por que está tão lenta?* Então, percebi que era porque eu finalmente acertara o passo. Quando terminamos, fiquei pulando e gritando: "Consegui! Consegui!".

Os juízes Len e Bruno nos deram, ambos, nota dez. Len disse que foi a melhor performance de estilo livre daquela noite. Mas Carrie Ann nos deu nove porque disse que houve uma leve oscilação quando baixei Julianne. Não houve oscilação nenhuma!

Depois do programa, fui falar com Carrie Ann. Eu lhe disse brincando:

— Assista à gravação! Não houve oscilação nenhuma!

(Até hoje brinco com ela por causa disso.)

No programa do dia seguinte, os resultados seriam divulgados e todos os sites diziam que Mel B seria a vencedora. Mas eu sabia que tinha um exército de eleitores me apoiando. Cindric fez todos da Penske votarem, a fábrica da Firestone votou, a Indy Racing League, os patrocinadores da Philip Morris e a maioria das pessoas da comunidade do automobilismo. Eu disse a Julianne que tínhamos de preparar um discurso para falarmos se terminássemos em primeiro ou em segundo lugar. Passamos meia hora para encontrar as palavras corretas.

O caminho da vitória

Quando chegou a hora de anunciar o vencedor, fechei meus olhos e dei as mãos para Julianne.

— E os vencedores são... Helio Castroneves e seu par Julianne Hough!

Começamos a pular de alegria. Não havia alambrado para subir, mas Kati apareceu com um litro de leite. Ninguém entendeu aquilo, até explicarmos que era uma tradição da Indy tomar leite para comemorar a vitória.

Esqueci o discurso que eu e Julianne havíamos preparado e apenas tentei agradecer a todos de quem me lembrava:

— Quero agradecer à equipe Penske, ao pessoal da Indy, a minha família, aos meus amigos...

Tentaram me cortar, mas continuei. Quando me entregaram o troféu Mirrorball, que reproduz a bola de espelhos usada nas discotecas, eu sorria de orelha a orelha, como se tivesse vencido o campeonato de Fórmula Indy. Nunca achei que eu chamaria aquela bola de troféu, mas é um dos prêmios que mais valorizo, pois ele representa a primeira vez que saí da minha zona de conforto e fiz alguma coisa além do automobilismo. Provei a mim mesmo que, se desse duro, poderia conseguir qualquer coisa. Até mesmo na dança de salão. Acabei conquistando um grupo doido de novos amigos: Julianne, Marie Osmond, Jennie Garth, Wayne Newton, Floyd Mayweather, Mark Cuban, Cameron Mathison, Sabrina Bryan, além das pessoas que ficavam atrás das câmeras. A equipe de iluminação, a de elenco, os cabeleireiros e maquiadores — todos viraram uma grande família.

Depois do último programa, fizemos uma turnê de entrevistas pelo país e, durante a viagem, minha ex-noiva emitiu um comunicado de imprensa anunciando que tínhamos terminado nosso noivado. Fiquei chocado. Aquilo tinha acontecido três meses antes! Com isso, parecia que Julianne e eu estávamos realmente juntos e que eu tinha largado minha ex-noiva por causa dela. Eu e Julianne estávamos em Nova York para alguns programas de entrevista e fomos jantar juntos. Para nós era natural, apenas outro jantar com amigos, mas para a imprensa foi um prato cheio. Falaram sobre nós no *ET* e no *Access Hollywood* — àquela altura eu já conhecia bem aqueles programas. "Julianne e Helio dançam sob rumores de romance". "Julianne e Helio fazem seu *Dirty Dancing*". O rosto de Julianne apareceu na capa da revista *People* com uma pergunta logo abaixo: "Será que a Julianne é uma destruidora de lares?" Acho que aquilo incomodou mais a mim do que a ela. Ela encolheu os ombros e disse:

— Não me importa o que eles pensem. Eu conheço a verdade.

Uau! Fiquei impressionado. *Preciso aprender a ser assim*, pensei. Mal sabia quanto aquilo me ajudaria no ano seguinte.

Quando voltei a Miami, comprovei o que Apolo dissera: ganhar o Mirrorball traz mais popularidade do que a conquista de uma medalha de ouro. Eu não podia mais ir ao supermercado sem ser cercado por fãs. As pessoas me abordavam e me contavam histórias. Uma senhora me disse:

— Você salvou minha vida!

— O quê? Como fiz isso?

— Eu estava fazendo quimioterapia e, a cada semana, durante algumas horas, conseguia parar de pensar naquilo. Você parecia estar se divertindo tanto. Seu sorriso era contagioso.

Foi um grande momento. Eu não tinha feito nada de especial, mas aquela mulher se ligou a mim e, de algum jeito, ajudei-a a superar um período difícil de sua vida. Senti-me muito abençoado por ter podido influenciar a vida de uma pessoa de maneira positiva.

O *Dancing with the Stars* terminou em 28 de novembro de 2007, e, durante uma semana, meu telefone surtou: mensagens de texto, e-mails, mensagens de voz de velhos amigos, novos amigos, amigos de amigos. "Bom trabalho!" "Você foi incrível!" "Sabia que você conseguiria!" Não imaginava que atrairia tanta atenção por causa de um concurso de dança. Não perdi a oportunidade de provocar Kati:

— Você é a dançarina, mas sou eu quem traz o maior troféu de dança para casa.

Coloquei o Mirrorball ao lado dos troféus que ganhara na Indy; tenho tanto orgulho dele quanto dos meus Baby Borgs.[3]

---

3   Baby Borg, réplica em miniatura do troféu de vencedor da Indy 500. O troféu original fica no Museu de Indianápolis e o vencedor de cada prova recebe uma réplica. Helio Castroneves possui três delas. (NE)

Parte 3

Preocupe-se mais com seu caráter
do que com sua reputação,
pois seu caráter
é o que você realmente é,
enquanto sua reputação
é apenas aquilo que os outros
acham que você é.

John Wooden

CAPÍTULO 11

Pare, desacelere, volte

Uma curva na estrada não é o fim da estrada...
A não ser que você não consiga fazer a curva.

Anônimo

O caminho da vitória

204

— **P**ARECE QUE SUA DANÇA colocou você de volta no radar do governo — disse meu advogado.

— Como assim?

— A investigação do IRS se intensificou ainda mais. Tudo indica que você terá de responder a seis processos por evasão fiscal e conspiração.

Pare. Desacelere. Volte.

Conspiração? Seis processos por quê? O que estava acontecendo? O que eu fiz?

Kati estava a par dos detalhes da situação muito antes de eu os conhecer. Eu sabia que o IRS estava investigando nossos arquivos, mas eu tentara acreditar que aquilo era um sonho ruim e que logo passaria. Kati sabia o que iria acontecer, mas, uma vez mais, procurou me proteger. Eu estava correndo e dançando, enquanto ela ficara em Miami lidando com advogados e com os fiscais do IRS que iam ao escritório. Quando ficou claro que a investigação resultaria em um processo jurídico, Kati e meus advogados me procuraram para explicar a situação. Uma frase ecoava em minha cabeça: "Se condenado, o pior dos cenários é cinco anos de prisão para cada uma das acusações".

— Cinco anos? — exclamei. — Prisão?

Aquilo não fazia o menor sentido para mim. Falavam como se eu tivesse assassinado alguém. Como gerente dos meus negócios, Kati estava sendo acusada nos seis processos, juntamente com meu advogado, Alan Miller. Eu não tinha nem ideia do que tinha feito de errado. Havia confiado a Alan Miller e meus contadores a responsabilidade de gerenciar os assuntos financeiros e tributários. Não conhecia nada sobre aquele aspecto do negócio e sentia-me tolo por não ter dado a isso a atenção necessária. Os advogados faziam perguntas sobre minha própria empresa e eu não sabia responder.

Alan me ligou umas dez ou doze vezes para tentar me fazer entender o que estava acontecendo.

— Você precisa mais do que um advogado tributarista. Precisa de um advogado criminal — disse ele, dando-me o número de seu amigo, Roy Black. — Ele é o melhor de Miami.

— Advogado criminal? Mas eu não sou criminoso!

— Eu sei, Helio. Mas, por favor, faça o que digo.

Na minha primeira reunião com os advogados, eles falaram apenas sobre o lado negativo: prisão, deportação, nunca mais poder correr.

— Parem de falar apenas o negativo. Falem algo positivo — retruquei.

Apontei para meu advogado tributário, David Garvin:

— David, qual é a situação?

— Sou o melhor advogado tributarista da Flórida. Ganhei mais ações no sul da Flórida do que qualquer outro advogado. Nós vamos vencer este caso — respondeu David.

— Ok — continuei. — Agora vamos olhar o lado positivo.

✳✳✳

Cada vez que meu telefone tocava, eu tinha medo de atender. Nove a cada dez mensagens eram dos advogados: "Você pode vir ao meu escritório amanhã?", "Você tem tempo para uma conferência telefônica hoje à tarde?". Porém, três dias antes do ano-novo, recebi uma mensagem que foi muito bem-vinda: "Desejo a você um Natal alegre e um feliz ano-novo! Beijos, Adriana". Já fazia dois anos que eu não tinha notícias dela. Por que agora, depois de tanto tempo? De qualquer forma, fiquei feliz ao ver o nome dela em meu telefone. Senti-me com se estivesse em uma montanha-russa de emoções: cheio de altos e baixos. Isso já era comum em minha vida. Se eu tentasse entender, provavelmente ficaria louco. O truque, como aprendi, era parar de questionar o tempo todo. Parar de perguntar o porquê e deixar que o plano de Deus se desenvolvesse; isso sempre pareceu funcionar melhor do que qualquer coisa que eu tivesse em mente.

Não digo com isso que espero que as coisas caiam do céu. Sei que preciso ter iniciativa. Peguei o telefone e, em vez de responder com uma mensagem de texto, resolvi me comportar como um cavalheiro e fazer um velho e bom telefonema.

— Ei, *muchacha*! — comecei, com um terrível sotaque espanhol. — O que você está fazendo?

— Nada de especial. Estou em Atlanta, com minha família. E você?

— Estou em Miami.

— Você tem sorte. Estamos congelando por aqui.

Conversamos como se o dia anterior tivesse sido a última vez que nos faláramos.

— O que você vai fazer no Ano-Novo? — perguntei.

— Nada. Vou para Cartagena no dia seguinte.

— Bom, teremos uma festa de ano-novo aqui. Você quer vir?

— Claro, parece uma boa.

— Você pode ficar em casa se quiser.

— Não, não, tudo bem.

— Você pode ficar com minha irmã.

— Obrigada, mas estarei bem. Posso ficar na minha tia.

Ela falava comigo como se eu fosse louco. Eu só achava que estava sendo bem-educado! Então, lembrei-me do motivo porque da outra vez não funcionou e disse a mim mesmo: *Diminua a velocidade. Diminua.*

∗∗∗

Ela chegou em 30 de dezembro e me enviou uma mensagem: "Vou jantar com minha tia. Se quiser, venha conosco. Restaurante Nobu. Oito horas da noite".

Respondi também com uma mensagem: "Com certeza. A gente se vê mais tarde".

Quando cheguei ao restaurante, ela me lançou um olhar esquisito.

— Por que você está sozinho? — perguntou.

— Com quem você queria que eu estivesse?

— Com sua esposa! Você não é casado?

— Não. Você não assiste à TV?

— Na verdade, não. Passei a maior parte do ano na Colômbia. Você se divorciou?

— É uma história longa.

Ao longo do jantar, colocamos a conversa em dia. Contei-lhe sobre meu noivado, o rompimento e o *Dancing with the Stars*. Ela me disse que tinha recém-terminado um relacionamento longo. Havia estado em Cartagena nos últimos meses e não vira nada do *Dancing with the Stars*.

— Não se preocupe — disse eu. — Tenho tudo gravado.

— Maravilhoso — respondeu ela brincando. — Esperava mesmo que você dissesse isso.

Depois do jantar, fomos a um *night club* encontrar alguns amigos. No caminho, ela me disse:

— Sabe, enviei aquela mensagem a todos da minha lista de contatos.

— Ah, claro. Sei disso.

Mas eu ainda não estava certo. Algo em mim me dizia que ela queria me manter em xeque e deixar claro que eu não devia avançar demais. Qualquer que fosse o caso, eu acreditava mesmo que alguma força nos tinha reunido novamente por algum motivo. Daquela vez, eu não desistiria tão facilmente.

A noite seguinte foi véspera de Ano-Novo e eu a busquei na casa da tia, para levá-la à festa. O traje típico para o Ano-Novo em Miami é algo como shorts e um minivestido sensual rosa. Adriana desceu as escadas vestindo um elegante terninho branco. Muito chique. Muito diferente de Miami. Muito impressionante. Durante a noite toda fiquei dizendo a mim mesmo para manter a calma e ir na velocidade dela. Acabamos ficando juntos o tempo todo, exatamente como dois anos antes, em Cartagena. À meia-noite, demos um beijo de Ano-Novo. Naquele momento, pensei: *Ok, isto é algo especial.* Vou aprender a ir devagar por esta garota.

Nos meses seguintes, mantivemos um ritmo bom e tranquilo. Falávamos ao telefone a cada dois ou três dias e nos visitávamos a cada duas ou três semanas. Não havia qualquer pressão. Meus advogados exigiam

O caminho da vitória

mais de mim do que a Adriana! Era diferente de qualquer relacionamento que eu já tivera. Era estimulante e tudo corria com tranquilidade. Não havia ciúme nem falta de confiança. Ela era forte e independente e não tinha tempo nem paciência para fazer joguinhos. Quando queria me dizer algo, falava sem rodeios. Era direta, e isso me agradava.

O mês de maio passou, e fui a Indianápolis treinar para a corrida. Não ligava para Adriana fazia já quase duas semanas, pois estivera no Japão treinando para a corrida. A agenda maluca e a diferença de fuso horário me impediram de ligar. Quando voltei aos Estados Unidos, finalmente liguei para ela:

— Ei, *muchacha*! Como está?

As primeiras palavras que ela disse foram:

— O que você quer deste relacionamento? Preciso saber.

— Opa! O que está acontecendo? Achei que deveríamos ir devagar. Pensei que era isso o que você queria.

— Bem, se continuarmos com isso, você tem de agir como alguém que se interessa por mim.

Será que eu estava ficando louco? Primeiro, fui muito rápido; e agora, devagar demais?

Não tinha experiência com uma mulher como ela. No passado, eu havia desistido de relacionamentos quando eles não se encaixavam perfeitamente na minha vida. Mas não queria fazer isso daquela vez. Haviam me dito que a gente precisa mudar um pouco para que um relacionamento possa funcionar, e achei que finalmente tinha começado a entender aquilo. Percebi que nada ia se encaixar perfeitamente em minha vida. Se eu quisesse construir uma relação estável, teria de adequar meu modo de viver.

Eu a convidei para a corrida seguinte, a Milwaukee Mile, que seria em 1 de junho. Quando uma garota vai assistir à primeira corrida de um relacionamento, é uma experiência de abalar os nervos. E se você bater, o que fazer? Sinal de que a moça trazia azar. E era preciso acabar com aquilo (estou só brincando... bem, um pouco).

Felizmente, nada ruim aconteceu. Mas também não venci. Foi uma corrida média e eu terminei em quinto. *Tudo bem, não foi mal*, pensei. Aquilo poderia dar em alguma coisa.

Durante todo aquele verão, eu e Adriana nos aproximamos e comecei a sentir que ela podia ser "a tal". Todos os meus amigos casados me diziam:

— Quando você sabe, simplesmente sabe.

Durante anos, pensei que aquilo era apenas um velho clichê, mas agora sabia exatamente o que eles queriam dizer.

Continuei, porém, a me perguntar: por que aquilo estava acontecendo naquele momento, quando aquela nuvem do IRS pairava sobre mim? Eu ainda não havia contado a ela sobre a investigação, pois estava otimista e rezando para que a nuvem se dissipasse. E, sim, também porque temia que ela me deixasse se contasse tudo. Como eu devia contar? Dizendo que os EUA estavam me acusando de ser um criminoso? Não era a notícia mais fácil de dar para a mulher que eu queria impressionar.

Em termos de automobilismo, tive uma temporada frustrante. Fiquei em segundo e terceiro lugar em várias provas, mas ainda não havia vencido. A segunda corrida a que Adriana assistiu foi em 24 de agosto, em Sonoma, e era uma prova crucial. Se eu vencesse, voltaria a ter chances de conquistar o campeonato. No entanto, na quarta-feira anterior, quando a equipe estava indo para o autódromo, um dos caminhões pegou fogo e perdemos nossos dois carros principais e grande parte do equipamento. A equipe correu para construir dois carros novos para mim e para Ryan. Era uma tarefa que normalmente levava dois dias para concluir, mas eles conseguiram em doze horas, com tempo o bastante para participarmos das sessões de classificação.

Ao cruzar a linha de chegada em primeiro lugar, dei punhos da maneira como sempre faço. Depois, corri até o alambrado. Em seguida, fui ver minha família e Adriana. Papai disse-me assim que me viu:

— Você está 43 pontos atrás de Scott Dixon.

Ele sempre sabia essas coisas antes de todo mundo.

— Pode alcançá-lo nas corridas seguintes — observou. — Você está de novo na briga pelo campeonato!

— Tudo bem — disse eu, brincando com Adriana. — Agora, você vai ter de vir a todas as corridas. Você é meu amuleto da sorte.

O caminho da vitória

Fiquei em segundo lugar na corrida seguinte, em Detroit, o que diminuiu para trinta pontos a diferença entre mim e o líder da IRL. Fui ao Chicago Speedway para a antepenúltima corrida da temporada. Sabia que precisava chegar entre os primeiros para ter alguma chance de conquistar o campeonato. Contudo, se Scott Dixon terminasse entre os oito primeiros, ele assegurava o título. Eu não tinha como controlar as ações de Dixon. Tudo o que podia fazer era vencer, na esperança de continuar na briga. Fui, porém, punido na prova de qualificação por ter queimado a faixa branca e tive de largar em último lugar, em 28º.

Disparei pelo meio dos outros carros nas primeiras voltas e, na 28ª volta, assumi a liderança. *Tudo bem*, pensei, *só preciso segurar a posição*. Mantive-me calmo e no controle, embora aquela tenha sido uma das corridas mais excitantes da minha carreira. Nas últimas voltas, eu e Dixon voávamos em direção à bandeira quadriculada, nariz a nariz. Cruzamos a linha lado a lado e olhamos para o monitor para ver quem tinha vencido. Vi o nome de Dixon no alto do telão e murchei. Dirigi-me à Victory Lane, a alameda da vitória, para assumir o segundo lugar no pódio.

Quando estava quase chegando, um fiscal de pista me abordou:
— Helio, verificamos o *replay*. A decisão se baseou na fotografia. Você ganhou por um nariz.

Comecei a pular e a abraçar todos que estavam por perto. Disseram que eu chegara 0,0033 segundos antes de Dixon, a segunda menor margem na história da Fórmula Indy. Apesar de saber que Dixon tinha assegurado o campeonato com o segundo lugar, fiquei radiante com aquela vitória emocionante. Foi revigorante largar em último, chegar em primeiro, ter uma equipe que não desiste frente à dificuldade e vencer por centésimos de segundo. Provei a mim mesmo que não podia desistir nunca.

O aniversário de Adriana era em 17 de setembro e, por sorte, eu tinha uma corrida em Atlanta nas semanas seguintes. Fui para lá treinar e também para comemorar com ela. A família dela deu uma grande festa e conheci todo mundo de uma só vez: suas irmãs, tias, tios, primos, amigos. Era uma situação do tipo "não posso bater"!

Eram todos como Adriana: divertidos, gentis, mas nada de bestei-
ras. Era possível perceber se tinham gostado de alguém ou não. Era
gente que não enganaria. E, graças a Deus, passei no teste. Dei-me
bem com todo mundo, sem nenhuma situação estranha ou cons-
trangedora. Ufa! Senti que as coisas estavam finalmente entrando
no lugar.

Mas, poucos dias depois da festa, meu advogado, Roy, me ligou
com notícias realmente más:

— Você vai ser indiciado nesta sexta-feira, ele disse.

— O que isso quer dizer? Qual é o próximo passo?

— O indiciamento formal será nesta sexta. Você terá de estar em
Miami na sexta-feira de manhã para se apresentar ao IRS.

Senti um soco no estômago.

Fiquei confuso, angustiado e preocupado. Como contaria aquilo a Adriana? Como diria a Roger?

— Vou perder minha corrida? — quis saber.

— Quando é?

— No sábado, 4 de outubro, em Atlanta.

— Deverá estar tudo bem. Acho que poderá voltar na sexta à
noite.

— Não podemos fazer isso antes? Assim, poderei voltar para os
treinos.

— Infelizmente, não. Já tentei, mas os responsáveis pelo processo disseram que não conseguem preparar os documentos antes.

Que bagunça. E que hora ruim. Agora, eu tinha de contar a
Adriana. Tinha acabado de conhecer toda a família dela. Tinha deixado uma boa impressão. E, agora, aquilo tudo? Eles iriam achar que
eu era algum criminoso!

Quando contei a ela, achei que ficaria angustiada ou ansiosa,
mas ela não demonstrou nenhum receio.

— Não se preocupe — disse. — Tenho certeza de que tudo vai
dar certo.

Perguntei-me se ela não estava só sendo simpática. *Na primeira
chance que tiver, vai embora.* Eu não a culpava.

Então, liguei para Roger e lhe contei o que estava para acontecer.

— Tudo bem — respondeu da maneira mais calma possível. — Cuide do que for preciso. Não se preocupe com a corrida.

Mas, claro, eu estava preocupado com a corrida. Estava preocupado com tudo. Como todos conseguiam ficar tão calmos?

Passei a semana em Atlanta, preparando-me para a Petit Le Mans. Na quinta-feira, voltei a Miami para a audiência. Adriana me levou ao aeroporto e, ao me deixar, repetiu:

— Não se preocupe. Vai dar tudo certo. Pego você aqui amanhã à noite, e tudo estará acabado.

CAPÍTULO 12

Perdendo o controle

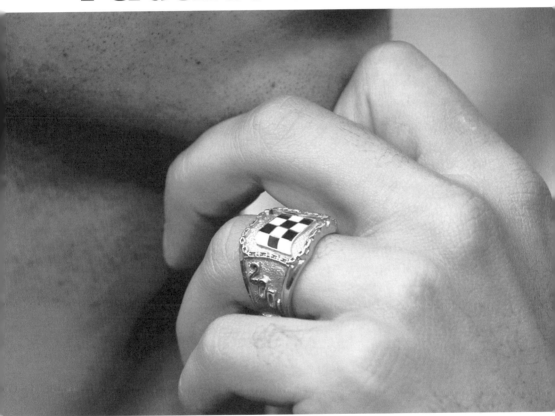

O que não mata deixa mais forte.

Friedrich Nietzsche

ERA SEXTA DE MANHÃ. Kati e eu estávamos em pé na cozinha com nossos pais, de mãos dadas, rezando. Às sete horas, fomos para o tribunal. Estávamos preparados para declarar inocência, encontrar o juiz e, depois de poucas horas, voltarmos para casa a tempo de eu embarcar para Atlanta.

Às oito horas, eu e Kati nos apresentamos ao funcionário do IRS. Os agentes penitenciários nos separaram e informaram que não tínhamos direito de ter advogados. Kati acompanhou as agentes, e eu segui com os homens. Começaram a me fazer muitas perguntas. Qual era meu nome? Meu endereço? Eu era casado? Tiraram fotografias nossas e nos colocaram algemas.

— Desculpe-nos — disseram. — Temos de fazer isso.

Fomos, então, transferidos para o Tribunal Federal. Quando entramos no elevador, encontramos Alan Miller. Ele também estava algemado, com dois agentes penitenciários ao seu lado. Kati começou a chorar.

— Isto não faz sentido — disse ela. — Estão nos tratando como se tivéssemos matado alguém.

Eles nos conduziram através dos corredores, além dos escritórios do IRS.

— Isto é humilhante — comentei com Alan.

— Chama-se "Caminhada do Transgressor" — explicou-me ele. — É para ser humilhante. Mantenha a cabeça erguida.

Quando chegamos ao tribunal, os agentes removeram nossas algemas e colocaram correntes em nossos pés. Kati foi levada para o lado das mulheres e eu não pude mais vê-la. Os agentes me colocaram em uma cela, sozinho, na ala masculina.

— O senhor será mantido sozinho por questões de segurança relacionadas à sua grande projeção — informou o agente.

Sentei no chão, fazendo força para não chorar. As correntes cortavam meu tornozelo e fiquei mudando de posição à procura de uma que fosse mais confortável. A cela era terrivelmente fria e eu estava detestando ficar sozinho. Queria ter alguém com quem conversar. Fiquei olhando na direção da ala feminina e me perguntando como Kati estaria se saindo. *O que fizemos para merecer isto?*

Alguns minutos depois, vi Kati passar por minha cela. Ela olhou para mim e abriu um sorriso. Quando Kati sorri, ela o faz com o rosto inteiro. Seus olhos castanhos amendoados faiscavam, dizendo que tudo daria certo. Mas pude ver que ela também estivera chorando. Sabia que ela estava se mostrando forte por mim. Ela sempre soube controlar suas emoções quando precisou, mas eu sou um livro aberto. Eu me sentia angustiado e isso estava estampado em meu rosto. A visão de Kati algemada me fez voltar a chorar, mas lutei para parar. Se ela mostrava força por mim, jurei fazer a mesma coisa por ela. Ela começou a brincar:

— Ei, Helio! — chamou. — Fiz novas amizades na cela!

E, claro, de um jeito tipicamente seu, Kati realmente fez novas amizades. As outras moças lhe ensinaram a colocar papel higiênico entre a pele e as correntes para que não cortassem. Trocaram histórias sobre os motivos de suas prisões: fraude hipotecária, problemas de imigração e questões imobiliárias. Uma das moças, uma brasileira, estava lá havia dois meses. Ela chegara de barco e ninguém a deixava falar com o Consulado. Isso enfureceu Kati, que entrou no "modo irmã mais velha", aconselhando a moça a exigir um advogado e a insistir em falar com o Consulado.

Em minha cela, sentia-me um pouco solitário. E, àquela altura, eu estava congelado.

— Por que está tão frio? — perguntei ao agente.

— Eles deixam bem frio para que todo mundo fique calmo.

Sério?, pensei. Na verdade, aquilo estava me deixando louco. Conforme o dia passava, mais e mais homens chegavam e eram colocados nas duas outras celas. Eu continuava sozinho na terceira cela.

Não havia relógio e eu não sabia dizer se estava ali por uma ou por cinco horas. Quando o agente me trouxe uma bandeja com almoço, presumi que devia ser por volta de meio-dia. Sem apetite, coloquei a bandeja de lado; mas não toquei em nada. Logo depois, houve troca de turno entre os agentes penitenciários; um dos recém-chegados começou a colocar outros caras na minha cela. Um homem pesando uns duzentos quilos entrou na cela e ficou em pé, ao meu lado. *Meu Deus*, pensei, *agora vou morrer aqui.* O cara apontou para o meu sanduíche e perguntou:

— Você vai comer isto?

— Não, não — respondi, entregando-lhe a bandeja. — É todo seu. Pegue o sanduíche, o leite; pegue tudo.

Ele me olhou por um momento.

— Ei, você é o piloto de automobilismo, não é?

— Sou.

— Cara, você está em todos os jornais. Sua foto, sua casa, tudo.

Ah, sim... *Fantástico!* O dia só ficava cada vez pior.

Então, um dos agentes começou a berrar na cela através do alto--falante:

— O que está acontecendo aqui? Todos para fora da cela!

Saímos correndo em direção à porta, mas gritaram para mim:

— Não o senhor, sr. Castroneves! Volte para lá!

Eles tiraram todos os outros da minha cela e os colocaram nas outras duas. Ficaram todos apertados. Se conseguissem sair da cela, certamente me matariam.

Finalmente, fomos levados à audiência com o juiz. Acorrentaram--nos em grupos e nos conduziram ao elevador. Eu estava acorrentado a Kati, Alan e a outras duas pessoas. Vi o relógio no corredor, eram 13h30. Àquela hora, eu deveria estar em Atlanta, treinando.

— Há muita gente da mídia aqui — disse um dos agentes.

— Ah, não! — ouvia-se uma mulher reclamar. — Não quero que tirem foto de mim! Estou sem maquiagem.

— Eles não estão aqui por sua causa. Estão atrás dele — disse o agente apontando para mim.

— Sério? Quem é você? Você é famoso?

Eu queria entrar em um buraco e desaparecer.

Levaram-nos até o tribunal frio e estéril. Kati e eu estávamos algemados a dois outros irmãos e a dois traficantes de drogas. Quando entramos, vi que o tribunal estava lotado e que a imprensa estava presente; fiquei surpreso, pois não sabia que a imprensa teria acesso ao julgamento.

— São todos repórteres — falei com Kati. — Reconheço muitos deles.

Vimos nossos advogados novamente e comentei sobre a presença da mídia no tribunal.

— Pois é, a acusação informou a imprensa — explicou David. — Agora sabemos porque quiseram esperar até hoje. Não foi porque os documentos não ficaram prontos. Foi porque queriam ter tempo suficiente para avisar a imprensa, de forma que todos os jornais pudessem comparecer.

Sentamos no local reservado aos jurados, e o juiz começou a chamar os acusados um a um. A maioria era ladrões e traficantes; pensei que não devia estar entre eles.

Kati e Alan estavam próximos a mim. Alan nos lembrou de sermos fortes e de não chorar, porque isso era exatamente o que a imprensa e o governo queriam. É claro que quanto mais eu tentava me controlar, menos conseguia. Kati foi um muro de concreto. Enquanto eu desmoronava, ela resistia na mesma medida. Num momento em que eu estava visivelmente lutando contra as lágrimas, um homem sentado na mesa da promotoria tirou uma foto de mim com a câmera de seu celular. Kati ficou muito brava:

— Ei! Ei! — ela gritou para ele.

— Tudo bem, Kati — disse eu. — Deixe quieto.

— Não! Ele não pode fazer isso!

Era como se estivéssemos na pista e alguém tivesse me insultado. Ela chamou o agente mais próximo.

— Com licença, aquele homem usou o telefone para tirar uma foto do meu irmão. Isso é permitido? Faça-o apagar a foto!

O policial ficou muito bravo.

— Você é um advogado — disse ao homem. — O que pensa que está fazendo?

Kati apontou o dedo para o homem e disse ao policial:

— Fique de olho nesse aí.

O policial sorriu para Kati:

— Tenho certeza de que tudo vai dar certo. As coisas ficarão bem. E, quando tudo acabar, todo mundo vai querer tirar uma foto com vocês.

— É claro! — respondeu ela. — Pode deixar que eu garanto a foto!

Eu ainda estava tentando me acalmar, o que é muito mais difícil em um tribunal do que nas pistas. Enquanto isso, Kati ficou dizendo ao policial como tiraria a foto com ele enquanto encarava o promotor público.

— Você é louca — eu lhe disse. — Esqueça esse cara.

Finalmente chegou nossa vez. Ainda algemados e com os pés acorrentados, fomos colocados em pé em frente ao juiz, esperando para ouvir as condições e o valor de nossa fiança. Aquele foi o ponto mais baixo para mim. Eu estava humilhado, com correntes nos pés e algemas nos pulsos, enquanto uma multidão me observava. Felizmente, o juiz era um homem muito ponderado. Ele estabeleceu nossas condições: teríamos de depositar a fiança e não poderíamos deixar os Estados Unidos. Em seguida, fomos enviados de volta às celas enquanto nossos advogados cuidavam da papelada. Listaram meus bens e minhas garantias e retiveram todos os meus documentos de viagem.

Conforme eles preparavam os aspectos logísticos, Kati e eu esperávamos em nossas celas. As horas passavam e nós éramos os únicos que ainda aguardavam liberação. Eu tinha certeza de que nos deixariam ali. Quando finalmente chegaram para nos soltar, meus advogados disseram que havia um exército de jornalistas esperando por mim na saída principal do tribunal.

— Você não precisa falar com eles — explicaram. — A maioria dos clientes prefere agir assim. Podemos sair pela porta lateral e evitar a coisa toda.

— Não — respondi. — Não tenho nada a esconder. Vou falar com eles.

Saí e fui em direção aos microfones que me aguardavam; Kati estava logo atrás. O mais difícil foi me recompor.

— Vou encarar isto como uma corrida — eu mal conseguia falar. — Vai ser uma corrida difícil, mas sei que não fiz nada de errado. Vou confiar nos meus advogados e contadores e rezar para que a justiça seja feita.

Quando voltamos à minha casa, nossa família nos aguardava. Tínhamos uns aos outros para nos apoiarmos e nos permitimos respirar depois de horas de agonia. Tive tempo bastante para me recompor antes de embarcar para Atlanta. Minha namorada, Adriana, deveria me pegar no aeroporto. Durante o voo, fiquei pensando se ela realmente estaria lá. Estávamos namorando há poucos meses, e agora meu rosto e minha casa estavam estampados em todos os jornais e noticiários. *Ela não precisa aguentar isso*, pensei. Eu acabara de conhecer a família dela e agora imaginava-os aconselhando-a a me deixar. E, de verdade, eu não a culparia por correr na direção oposta.

Aterrissei em Atlanta e, quando fui buscar minha mala, vi Adriana ao longe. Ao me aproximar, seus grandes olhos castanhos encontraram os meus e um sorriso confiante irradiou em seu rosto. Ela me abraçou e sussurrou:

— Tudo vai ficar bem.

Não dava tempo de treinar, por isso fomos direto para o hotel. Encontrei Cindric no corredor. Ele olhou para mim e perguntou:

— Você quer mesmo correr?

— Claro! — respondi.

Sabia que correr era a única coisa que me faria sentir normal novamente. A única coisa que me permitiria estar no controle de algo.

Na manhã seguinte, fui cedo para a pista. Todos diziam:

— Vai dar tudo certo. Você vai sair desta sem nenhum arranhão.

Sorriam e me davam tapinhas nas costas; mas, ao mesmo tempo, eu sentia que me mantinham a certa distância.

Tínhamos uma reunião no *motor home* da equipe, onde havia monitores de tela plana ligados para que todos sintonizassem as corridas ao vivo. Estávamos conversando e discutindo estratégias quando, de

O caminho da vitória

repente, todos ficaram em silêncio. Olhei ao redor. *O que aconteceu?* Virei e vi a mim mesmo algemado no tribunal. Ninguém sabia o que dizer, por isso fiz uma piada:

— Veja, estou na CNN! Uau!

Mas, ainda assim, foi constrangedor. Fiquei repetindo a mim mesmo: *Concentre-se. Você só precisa terminar esta corrida.*

Meu colega de equipe, Ryan Briscoe, tinha conquistado para nós a *pole position* no dia anterior, por isso largávamos na frente. A Petit Le Mans é uma corrida que avança noite adentro e eu estava preocupado por ter de pilotar à noite. A corrida começava às 11h00 e devia terminar por volta de 21h00. No final da tarde, eu ainda não tinha sido chamado para correr. Disse a Roger que não queria pilotar à noite porque não tinha treinado.

— Tudo bem, sem problemas — respondeu ele.

Então, quando o sol começava a se pôr, ele me disse:

— OK, Helio, é sua vez. Vamos lá.

Entrei no carro, mas não conseguia me concentrar. Havia muita coisa ocupando minha cabeça. Repetia a mim mesmo: *Foco, foco, foco.* A Petit Le Mans é uma corrida cansativa, tem dez horas de duração, mas para mim foi como um momento de glória numa época em que tudo desmoronava ao meu redor. Esqueci o que tinha acabado de acontecer em Miami. Roger me deu instruções táticas incríveis e liderei a maior parte da corrida. Ele repetia que eu diminuísse a velocidade e só me preocupasse em terminar. Àquela altura, diminuir era a última coisa que eu queria fazer. Tinha de tirar da cabeça as últimas 24 horas e a única forma que conheço de fazer isso é me lançando à frente à toda velocidade possível. Não diminuí até cruzar a linha de chegada. Pela primeira vez em muitos dias, eu estava no meu lugar.

Quando subi ao pódio, os repórteres me perguntaram como eu tinha feito aquilo. Como tinha ido da cela da prisão ao alto do pódio em questão de 24 horas. Aquela era uma pergunta maluca para mim.

— É assim que sou — respondi. — Correr é tudo o que sei fazer.

Desde que tinha onze anos de idade, minha vida sempre se baseou neste preceito: *Olhe à frente, vá mais rápido, apenas pilote.* Mas naquele instante eu sabia que no dia seguinte teria de voltar a Miami, onde eu viveria o reverso daquilo tudo. E saber disso me assustava como o diabo.

**

No dia 10 de outubro, compareci diante do juiz a fim de pedir-lhe permissão para ir à Austrália, para correr a última prova da temporada da Fórmula Indy. Era o mesmo juiz, no mesmo tribunal da audiência de acusação formal, embora dessa vez o local não estivesse lotado. Vi o principal promotor público, Matt Axelrod, pela primeira vez. Apesar de saber que ele estivera na audiência de acusação formal, não me lembrava de tê-lo visto. A memória daquele dia era um borrão. Dessa vez eu estava calmo e concentrado. Estudei Axelrod e sua imagem se imprimiu em minha mente. Ele era exatamente como eu imaginava que um agente federal deveria ser: alto, de ombros largos, levemente arqueado, cabelos rigorosamente repartidos de lado. Vestia um terno convencional e tinha o olhar intenso. No momento em que o ouvi falar, percebi que ele tinha opinião formada e que faria tudo para vencer aquele caso.

— Este homem é um criminoso — disse ele apontando para mim. — O senhor não pode deixá-lo sair do país. Ele fugirá.

O sangue correu para minha cabeça. *Quem é esse cara? Ele não me conhece.* Nunca nos falamos. Sequer tínhamos nos visto antes, mas ele apontou-me o dedo e repetiu:

— Este homem é um criminoso. Ele fugirá.

O juiz se dirigiu a mim:

— Sr. Castroneves, o senhor correu em Atlanta no último sábado, no dia seguinte ao indiciamento?

— Sim, excelência.

— E o senhor venceu?

— Sim, excelência.

— Isto é muito impressionante, sr. Castroneves.

— Obrigado.

— Vou fazer uma coisa. O promotor público está fazendo o trabalho dele ao dizer que o senhor pode fugir. Contudo, escolho não acreditar nele a esse respeito. O que o senhor fez na semana passada é notável. Prova que o senhor é muito bom no que faz. Não acredito que o senhor deseje arriscar sua carreira ao fugir. Não obstante, se o senhor o fizer, então nós o encontraremos, e o senhor irá se haver com a polícia.

— Compreendo, excelência. Irei lhe trazer o troféu.

No entanto, não venci na Austrália, cheguei em sétimo lugar. Teria sido perfeito demais. Voltei a Miami sem nenhum troféu, pronto para me preparar para a maior corrida da minha vida.

Sabia que os meses seguintes seriam uma contínua jornada para trás: *Parar, ir devagar, voltar.*

CAPÍTULO 13

Preparação

*Seja paciente e forte.
Um dia, essa dor será útil a você.*

Ovídio

O caminho da vitória

ERA NOVEMBRO DE 2008. Meus pais, Kati, meu cunhado Eduardo e meu sobrinho se mudaram para minha casa. Eu não queria ficar só. Naquele momento, a casa grande, os carros de luxo e todos os troféus não tinham qualquer importância. Queria minha família por perto. Precisava do apoio deles. Eu queria que todos estivéssemos juntos para que nos fortalecêssemos uns aos outros. Não era fácil para nenhum de nós — estávamos todos desamparados e confusos. Quando Adriana também veio para minha casa, fiquei muito grato. Ela me deu o apoio do qual precisava:

— Vai ficar tudo bem — ela repetia o tempo todo.

Ambos sabíamos que talvez não fosse assim, mas só de ouvi-la dizer aquilo, eu me tranquilizava. Se ela conseguia passar por tudo aquilo, poderia enfrentar qualquer coisa. Passávamos noite e dia lidando com os preparativos para o julgamento. E, agora, tínhamos todo um elenco de novos personagens que se uniram a nós.

David Garvin era meu advogado tributarista. Alegre, elegante e muito inteligente. Ele conhecia a legislação tributária como a palma da mão. Alto, de óculos, com aparência de um professor de biologia. Acho que tinha exatamente o jeito que um advogado tributarista deveria ter.

Roy Black era meu advogado criminalista. Era muito sociável, atencioso e paternal. Mas, quando se tratava do caso, era um guerreiro e um mestre em sua área. Ele tinha uma reputação impressionante e uma incrível presença no tribunal.

Os irmãos Srebnick representavam Kati. O mais velho, Howard, era divertido e carismático. Ele parecia mais com o Jon Bon Jovi do que com o Perry Mason. Scotty, o irmão mais novo, era uma enciclopédia jurídica ambulante, com diploma da Harvard e experiência como secretário em uma corte federal.

Alan Miller era meu advogado de negócios e também estava sendo acusado de evasão tributária e conspiração. Um forte ex-jogador de futebol americano da NFL de ombros largos. Íntegro da cabeça aos pés.

Bob Bennett era advogado de Alan e ex-advogado de Bill Clinton. Rechonchudo, incrivelmente esperto e divertido. Adorava suspensórios e gravatas roxas. Se aquilo era uma corrida, ele era o estrategista. Bob sabia o que tínhamos de fazer em termos de estratégia e preparação.

Eu reconhecia que contava com uma ótima equipe. Mesmo assim, foi o período entre temporadas mais torturante da minha vida. Durante cinco meses consecutivos, preparei-me com Kati e os advogados para o julgamento. Eles vinham até nossa casa quase todas as noites. Quando me preparo para uma corrida, sei o que fazer, o que esperar e como reagir. Quando comecei a me preparar para o julgamento, estava perdido. Eu não me sentia confuso apenas com as acusações contra mim, mas também estava desnorteado por conta do processo, do sistema legal e da legislação tributária americana. Quanto mais os advogados explicavam, mais confuso eu ficava. Quanto mais perguntas me faziam, mais percebia que não tinha respostas para questões fundamentais da minha vida.

Em que ano meu pai fundou a Seven? Eu não tenho certeza.

Por que US$ 5 milhões meus estavam em uma conta na Holanda? Não sei.

Mais ou menos quanto dinheiro meu pai tinha investido em minha carreira? Muito. Um número? Não tenho nem como imaginar.

Você sabe quanto dinheiro tem em sua conta bancária? Não faço ideia.

Para mim, não estávamos apenas nos preparando para o julgamento. Eu fazia um curso sobre um aspecto da minha vida o qual nunca havia conhecido: o lado dos negócios. Kati assumia sempre que perguntavam sobre as questões financeiras. Meu pai veio do Brasil para explicar tudo em detalhes aos advogados. Lutei para entender o que queriam dizer as palavras e os números que surgiam todos os dias.

Uma noite, fomos todos jantar: meus advogados, meus pais, Alan, Kati, Adriana e eu. Eu estava frustrado porque ainda não entendia o caso. Continuavam a repetir os mesmos termos novamente: "recebimento diferido" e "pagamento diferido".

Bati os punhos na mesa:

— Vocês ficam repetindo essas palavras, mas não tenho ideia do que querem dizer! Alguém pode, por favor, me explicar em termos simples sobre que diabos vocês estão falando?

David tirou uma nota de US$ 1 da carteira e colocou-a na mesa:

— Vê este dólar? Vou dá-lo a você. Você tem de fazer uma escolha. Se você quiser pegar o dólar agora, terá de pagar quarenta por cento de impostos e ficará com US$ 0,60.

— Tudo bem.

— Mas se deixá-lo na empresa de licenciamento Fintage, na Holanda, por dez anos, este dólar vai gerar juros e renderá US$ 10. Contudo, você não poderá tocá-lo. Você concordou em adiar o pagamento que ele representa.

— Ok.

— No final desses dez anos, eu só vou cobrar impostos sobre esse US$ 1 que estou lhe dando agora. Então, você pode pegar agora o dinheiro, isto é, US$ 0,60. Ou você pode pegar o dinheiro mais tarde e receber US$ 9,60. O que você prefere?

— Quero US$ 9,60, claro.

— Certo, foi por isso que você colocou dinheiro numa conta da Fintage. Foi por isso que Alan pôs o dinheiro dele na conta da Fintage. Só não foi US$ 1, mas US$ 5 milhões. Então, imagine quanto você receberá em juros por adiar o pagamento de todo esse dinheiro por dez anos.

— Muito, acho eu.

— Sim, muito dinheiro. Ninguém estava tentando enganar ninguém. Alan estava tentando fazer um fundo de aposentadoria para você. As pessoas normais têm um fundo de pensão, mas não os atletas. Ele estava tentando proteger você. Entendeu agora?

— Acho que sim.

— Veja, em 2000, ele colocou o seu dinheiro na Fintage e a quantia ficará lá por dez anos para que você possa receber juros. Em outubro de 2009, você terá acesso a esse dinheiro, o que significa que você irá "recebê-lo de modo diferido". Nessa ocasião, você terá de pagar os impostos que incidirem sobre ele.

— Espere um pouco. Estou sendo julgado por um dinheiro no qual não posso nem tocar ainda?

— Agora você entendeu, cara.

A-hã... "Maravilhoso!"

***

Logo cedo, no sábado seguinte, Kati e eu nos encontramos com Howard em uma cafeteria cubana para tomarmos café com leite. Eu queria conversar sobre ciclismo, em vez de me preparar para o julgamento. Discutimos modelos, aceleração, força, velocidade... Conceitos, que, enfim, eu compreendia.

Antes de irmos embora, Howard me disse que iria a um *bar-mitzvá* naquela manhã e que trabalharia no caso à tarde.

— Qual é o objetivo do *bar-mitzvá?* — perguntei. — Sempre quis saber.

— É quando um garoto judeu faz treze anos e se torna um homem.

— Como a Crisma?

— Sim, mais ou menos — respondeu ele.

— Você é judeu?

— Sim.

— Você é religioso?

— Acredito nos valores familiares que o judaísmo promove, mas tenho muitas dúvidas.

— Tipo?

— Nunca consegui entender a história de Abraão e Isaac. Por que Deus pediria a Abraão sacrificar seu filho para provar seu amor por Ele?

— Mas, no final, Deus não deixou que Abraão matasse Isaac — observei. — Deus o deteve.

— Mesmo assim, Deus pediu a Abraão que matasse seu próprio filho. Que tipo de Deus pediria a um pai para fazer isso?

— Não sei o que responder, Howard. Mas acredito que havia um motivo. Tenho fé no plano de Deus.

***

Quando fui informado de que seria indiciado por um "grande júri", perguntei à minha equipe de advogados:

— Que diabos é um grande júri?

— Vinte e três cidadãos da comunidade que ouviram a teoria do governo sobre o caso — explicaram. — Você não terá direito de apresentar qualquer prova a essas pessoas, e seus advogados não têm permissão para se dirigirem a elas. É um processo totalmente parcial. Se a maioria desse grande júri acreditar que há alguma possibilidade de um crime ter sido cometido com seu envolvimento, então, você será forçado a se defender no tribunal.

— Não temos uma chance de provar nosso caso ao grande júri? — perguntei.

— Não. A lei não permite que seus advogados encontrem ou falem com os jurados.

— Isso é injusto. Nem mesmo sob a supervisão de um juiz?

— Não haverá juiz na sala do grande júri quando o governo apresentar o caso aos jurados. As únicas pessoas que têm permissão para se reunir com o grande júri são o promotor público e as testemunhas de acusação.

— Como não haverá juiz presente? Quem garantirá que o promotor público apresentará o caso de forma justa e honesta?

— O promotor público.

— Como assim, "o promotor público"? O promotor público é o cara que está tentando colocar a mim e a minha irmã na cadeia. Como pode ele decidir o que será apresentado ao grande júri? Por acaso temos algum meio de garantir que o promotor público aja com honestidade?

— Bem-vindo ao sistema federal de justiça criminal.

***

Em dezembro, meus advogados começaram a preparar minhas testemunhas. Pediram que eu fizesse uma lista de amigos e colegas que poderiam revelar meu verdadeiro caráter ao júri. Pedimos que meu velho treinador, Alfredo, testemunhasse. Quando liguei para Alfredo, ele agiu de um modo estranho e me disse que estava com problemas financeiros. Ficou quieto por alguns momentos e entendi que ele precisava de uma quantia para cobrir as despesas da viagem.

— Desculpe, mas estou pedindo um favor — respondi. — Pagaremos a passagem e o hotel.

— Desculpe, mas será difícil eu me afastar por dois dias. Tenho de tirar o visto e minha empresa...

Ele continuou a explicar os motivos pelos quais não poderia vir. Sabia que ele estava preocupado; as pessoas não gostam de se envolver com problemas do governo. Mesmo assim, fiquei incrivelmente magoado.

— Fora sua família, quem conhece melhor você? — perguntaram os advogados. — Quem pode contar sua história desde a infância?

— Bem, meu amigo Tony — eu me referia a Tony Kanaan. — Mas duvido que ele queira testemunhar. Nós nos desentendemos.

Nós não nos falávamos desde a controversa corrida de Chicago, um ano e meio antes.

De qualquer forma, liguei para ele:

— Tony, preciso de um favor...

— Claro, Helio — respondeu ele. — Pode contar comigo.

Fiquei surpreso. Talvez eu o tivesse julgado mal.

Meus advogados entrevistaram Tony e acharam que ele seria uma ótima testemunha, capaz de contar quem eu realmente era.

Américo Teixeira, meu primeiro assessor de imprensa; Mark Seiden, meu amigo e advogado; Raul Seabra; Amir Nasr; Marina e José Salles; Renata e Heloísa; Edu Homem de Mello; Aleteia; José Maria; papai e mamãe também concordaram em testemunhar. Contudo, muitos outros me disseram:

— Desejo a você toda a sorte, mas não posso fazer isso.

Uma parte de mim compreendia. O IRS é uma coisa assustadora, especialmente para alguém que não é cidadão norte-americano. Ninguém quer dançar com eles — acredite, sei bem do que estou falando. Mesmo assim, eu faria isso por um amigo. Foi um daqueles momentos em que descobri quem são meus verdadeiros amigos. Senti-me isolado e abandonado.

O Natal chegou, e, ao menos por um dia, tentamos agir normalmente. Montamos uma árvore e preparamos o tradicional jantar de véspera de Natal, mas o espírito natalino não estava presente e nós sabíamos disso. Só compramos presentes para o Edu, o bebê de Kati — embora ele tivesse apenas seis meses e fosse pequeno demais para abri-los. Mas agradecemos a Deus por ele. Era um bebê sorridente e feliz. Trouxe luz e risadas a uma casa que, do contrário, teria ficado melancólica. Não comemoramos o Ano-Novo, que normalmente é uma das minhas datas preferidas. Naquele 31 de dezembro, sabíamos que o novo ano não traria um novo começo. Aquele pesadelo teria de terminar antes que qualquer coisa pudesse começar novamente.

Nos fins de semana, Kati e eu íamos à casa de Howard a fim de nos prepararmos para o julgamento. No primeiro fim de semana em que lá fomos, a esposa de Howard, Sharon, apareceu com uma galinhada. Sharon é alta, loira e linda. Contudo, ela não era latina e desconfiei daquela comida. Educado, peguei um prato e me preparei. Na primeira garfada, olhei para Kati sem acreditar. Era a melhor galinhada que já tinha experimentado. Como era possível?

— Cresci em Miami — Sharon explicou. — Você achou que eu não saberia fazer comida latina?

Gostei dela no mesmo instante.

Enquanto muitos de nossos amigos pararam de telefonar, de enviar e-mails e mensagens de texto, Howard e Sharon nos davam todo o apoio. Tornamo-nos como irmãos, adotamos a religião uns dos outros e, se eu precisasse falar com alguém às três da manhã, era para eles que ligava.

***

No começo de janeiro, a Penske me informou que o piloto australiano Will Power me substituiria até meu retorno. Compreendi a decisão. Sabia que aquilo se tratava de negócio, que não era pessoal. Já tinha assistido ao filme *O Poderoso Chefão*. Mesmo assim, a notícia me enervou. Meu julgamento deveria começar em 2 de março, e a temporada, em 5 de abril. Percebi que seria arriscado demais para a Penske Corporation contar que tudo estaria resolvido até aquela data. Se eu aprendi alguma coisa sobre negócios durante minha carreira de piloto, é que uma corporação bem-sucedida não funciona com base na esperança.

Fui a Indianápolis para a entrevista coletiva que anunciaria Will como piloto interino. Eu teria de fazer um pronunciamento, o qual preparei cuidadosamente:

— É um pouco estranho estar nesta situação — comecei. — Mas tenho a dizer que Roger e Tim estão me apoiando em tudo. É muito bom ter amigos como eles e também ter uma organização que me apoie.

Um repórter da ESPN perguntou como eu estava enfrentando a possibilidade de passar 35 anos na prisão.

O quê? De onde ele tirou essa informação? Isso é verdade? Meus advogados apenas me falaram em dez anos! Tratei de me acalmar e de repetir as palavras que havia preparado.

— Minha vida é o automobilismo. Tenho muita confiança em que tudo se resolverá logo e que voltarei às pistas para fazer o que mais amo.

CAPÍTULO 14

Tempo de julgamento

*Há um tribunal superior
ao tribunal de justiça:
o tribunal da consciência.
Ele supera todos os tribunais.*

Mahatma Gandhi

O caminho da vitória

234

ERA 4 DE MARÇO DE 2009, o primeiro dia do julgamento. Meus advogados disseram à Adriana que não fosse ao tribunal. Eu quis saber por quê.

— Ela é bonita demais. Os jurados podem não gostar.

— Ah.

Tinha me esquecido dos jurados. Comecei a ficar tenso em pensar que eles vigiariam cada um dos meus passos. Quando chegamos ao tribunal, uma multidão de repórteres esperava do lado de fora. Kati e eu entramos lado a lado.

— Mantenha a cabeça erguida — disse-me ela com o rosto sorridente.

Kati sentou-se ao meu lado, forçando um sorriso, dizendo-me que tudo daria certo. Mamãe e papai estavam no fundo do tribunal. Papai permanecia resignado. Mamãe chorava e rezava.

***

O julgamento começou como se fosse uma corrida. Ficamos em pé em frente à bandeira norte-americana, ouvimos os anúncios, ouvi meu nome ser chamado, o juiz instruiu os advogados. E, então, foi dada a largada.

As primeiras voltas foram acidentadas. O promotor público, Matt Axelrod, fez seu discurso de abertura. Ele apontou para mim diversas vezes e me chamou de criminoso. Um vilão que planejava fraudar o governo dos Estados Unidos. Apontou para Kati e para Alan e os acusou de conspirarem comigo. Comecei a entrar em pânico. Mas disse a mim mesmo para me acalmar. A corrida era longa. Haveria tempo para mostrar a todos quem eu realmente era.

Meus advogados apresentaram seu discurso de abertura, explicando a verdadeira história. Eu não era uma mente criminosa, disseram ao júri. Ao contrário, era um piloto de automobilismo que não entendia nada das leis tributárias dos Estados Unidos. Aliás, observaram eles, eu não sabia sequer sobre minhas finanças. Durante toda a minha vida, aquilo tinha estado fora da minha linha de visão. Conforme meus advogados contavam a verdadeira história e endireitavam a situação, comecei a achar que tinha chance.

O mais difícil foi que o governo pudera apresentar sua versão antes. Durante semanas, os promotores públicos me pintaram como um criminoso. Em termos simples, esta era a história deles: em 1999, assinei um contrato de licenciamento com a Penske no valor US$ 5 milhões. Imediatamente depois de assinar, afirmavam eles, Kati, Alan Miller e eu conspiramos para encontrar um modo de não pagar os impostos devidos sobre aquele valor. Alan enviou aquela quantia para uma empresa na Holanda, a Fintage. Isso fora feito para que o governo não pudesse colocar as mãos no dinheiro. Também havia um patrocínio de US$ 2 milhões que eu recebera da Coimex. Aquele dinheiro havia sido enviado à Seven Promotions, uma empresa de fachada no Panamá, cujo dono era eu. Foi assim que os promotores contaram a história. A primeira testemunha que a acusação interrogou foi um panamenho da Seven. Eu nunca o tinha visto antes.

No segundo dia de julgamento, Larry Bluth, do Conselho Geral da Penske Racing, sentou-se no banco das testemunhas. Na frente dele havia uma pilha de papel: um contrato para o piloto, um contrato de licenciamento, um contrato de relacionamento, um contrato de representação promocional. Era a mesma pilha de papel que eu tinha assinado num quarto do Dearborn Inn, quase dez anos antes.

— O contrato do piloto tem 21 páginas, não é? — perguntou Roy Black, meu advogado.

— Sim — respondeu Bluth.

— As letras são pequenas e o documento está repleto de termos técnicos, não é?

— As letras são pequenas e o documento está repleto de termos jurídicos.

— Sim. Bem, deixe-me perguntar sobre alguns detalhes. Essa papelada é bem complicada, não é?

— Pode ser bem complicada.

— Bem, é complicada ou não é? — insistiu Roy.

— Depende de quem esteja lendo.

— O senhor acha que um brasileiro de 24 anos, sem nenhum conhecimento legal, possa ler o contrato em uma hora e compreendê-lo?

O promotor público, Matt Axelrod, levantou-se:

— Protesto, meritíssimo.

No mesmo instante, um telefone celular começou a tocar.

— Um minuto — disse o juiz. — Só um minuto. Um pouco de música para nos manter acordados. Aliás, bem na hora.

Risos abafados ecoaram pelo tribunal, enquanto eu me remexia na cadeira.

— Protesto, excelência — Axelrod repetiu.

— Aceito.

Roy prosseguiu:

— Peço que o senhor leia o parágrafo 12.01 do contrato do piloto.

Bluth procurou em meio à pilha de papéis e Roy começou a ler a cópia que tinha em mãos.

Roy tem a aparência de um advogado. Alto, cabelo curto e grisalho, óculos com aro metálico e uma presença intimidadora. Quando ele falava, eu não tinha certeza de que entendia tudo o que ouvia. Eu me perdia com a linguagem jurídica. Durante todo o julgamento, eu continuamente me inclinava e sussurrava a Howard, o advogado de Kati:

— Howie, o que está acontecendo agora?

Kati me empurrava para trás e dizia:

— Ei, você tem dois advogados. Howard é meu. Deixe-o em paz.

Roy ainda estava falando:

— ... se este contrato tiver sido firmado com supressão de sua parte inválida e houver intenção declarada das partes...

Inclinei-me e sussurrei a Howard:

Tempo de julgamento

— Que diabos ele está falando?

— Ele está lendo trechos dos contratos que você tem com a Penske — respondeu.

Era apenas o segundo dia do julgamento e eu me sentia exausto. O relógio marcava quatro da tarde; eu já estava sentado na mesma cadeira desde as oito da manhã. Termos como "força maior" ou "corporação Delaware" flutuavam ao meu redor e eu comecei a divagar. Olhei para a pilha de papéis, em seguida para Larry Bluth, depois para Kati. Minha mente retornou para a suíte no Dearborn Inn, em 5 de novembro de 1999. Eu era um garoto de 24 anos que não cabia em mim de contentamento por estar assinando com a Penske. Era o dia mais feliz da minha vida. Se eu soubesse que aquilo me levaria a ser processado pelo governo norte-americano, será que eu teria lido todos os contratos antes de assiná-los? Será que eu teria corrigido todos os erros? Talvez não soubesse nem por onde começar.

**

Para apresentar a verdadeira história ao júri, meus advogados resolveram não começar em 1999. Eles voltaram até minha infância em Ribeirão Preto, quando comecei a correr com karts. Contaram sobre a determinação de meu pai, a dedicação dele, da minha mãe e da minha irmã; então, falaram sobre a falência da família. Explicaram como o advogado do meu pai fundou a Seven Promotions para proteger os bens da família e conseguir patrocinadores para mim. Aquilo foi feito porque Emerson não cumprira a parte dele. E mais: ele recebia comissões sobre todos os patrocinadores que Kati e papai conseguiam. Meu pai teve de encontrar um meio de parar com aquilo e a Seven foi a melhor forma que ele encontrou. Nós estabelecemos a empresa no Panamá porque um banco brasileiro hipotecara todas as propriedades de meu pai, de forma que ele não podia abrir uma empresa no Brasil em seu próprio nome. O dinheiro seria imediatamente retirado dele. E o patrocínio de US$ 2 milhões da Coimex, mencionado pela acusação, era, de fato, de US$ 200 mil, dos quais eu havia recebido US$ 50 mil, cujos impostos foram pagos. Os outros US$ 150 mil foram para a Seven, não para evitar a tributação, mas para bancar minhas despesas naquele ano. Qualquer dinheiro que sobrasse seria destinado a pagar meu pai pelo trabalho de dez anos que realizou comigo e pelos milhões de dólares que gastou. Aquilo era apenas o começo do pagamento que eu devia a ele.

Contaram sobre o terrível acidente de Greg Moore, em 1999, e sobre como eu havia assinado com a Penske. Descreveram como eu e Kati celebramos, pulando na cama do hotel, a tal ponto entusiasmados por conseguir um contrato de três anos que o dinheiro ficara em segundo plano. Eu teria corrido de graça, só pela garantia de correr por três anos. Meus advogados perguntaram se alguém achava mesmo que, em dado momento, nós tínhamos parado de pular na cama, olhado para Alan Miller e dito:

— Vamos arranjar um jeito de fraudar o governo dos Estados Unidos.

E será que alguém realmente achava que Alan, que ainda estava de luto pela morte de Greg Moore, um amigo tão próximo que lhe inspirara a batizar o próprio filho com o nome do piloto, teria respondido:

— Tudo bem, vamos fazer isso. Quero apostar minha vida e minha reputação para fazer isso.

Sério? Aquilo fazia sentido para qualquer um naquele tribunal?

Demorou semanas para que os dois lados da história fossem apresentados. Perto de um mês depois do início do julgamento, eu ainda não tinha certeza sobre qual lado estava vencendo. Sentia-me cansado, amedrontado e desnorteado com todo o processo. Parecia que minha cabeça ia explodir. Havia muita coisa acontecendo ao meu redor. Eu era chamado de criminoso todos os dias. Tinha acabado de encontrar a pessoa com quem queria passar o resto da minha vida, mas não podia seguir em frente; tínhamos de ficar em compasso de espera. Via meus pais sofrendo: o filho e a filha naquela posição. Via minha irmã, que não podia ficar com seu bebezinho, pois tinha de me acompanhar naquele tribunal, julgada por conta dos meus impostos. Como ela foi se envolver naquilo? Eu tinha consciência de que a única coisa que sabia fazer era correr; e podiam muito bem tirar aquilo de mim. Meu mundo girava e eu sentia que estava perdendo minha identidade.

Repetia a mim mesmo que Deus tinha um plano, embora, naquele momento, eu não soubesse qual era. Eu iria para a prisão, para sair ainda mais forte? Será que aquilo era para que eu me aproximasse daqueles que amo? Para que me conscientizasse de quanto era amado? Será que era para testar minha fé? Eu só sabia uma coisa: não perderia a fé. Repetidamente, lia uma anotação em meu caderno: "Fé é ver o invisível, acreditar no inacreditável e receber o impossível". E eu dizia a mim mesmo para que visse, acreditasse e recebesse o que quer que fosse que Deus tinha reservado para mim.

***

No período do julgamento, todas as manhãs eu acordava às 5h30. Íamos Kati, meus pais e eu à missa das 6h00 na Epiphany Church, perto da minha casa. Quando minha irmã beijava seu filho, Eduardo, de nove meses, antes de ir para o tribunal, meu coração doía. Eu sabia que tinham acusado Kati porque acharam que eu aceitaria fazer um acordo para tirá-la do caso. Logo no início do processo, fizeram uma oferta: se eu me declarasse culpado, eles a deixariam livre. Como ela acabara de ter um bebê, acharam que aquilo poderia exercer pressão sobre mim e que eu aceitaria o acordo. Mas Kati não quis saber daquilo.

— De jeito nenhum — disse ela. — Você não vai se declarar culpado de nada. Não fizemos nada de errado. Estamos nisto juntos.

Fiquei admirado com sua coragem. E ela continuou:

— Meu trabalho é tomar conta dos seus negócios. Fiz o melhor que pude. Se houve erros e se alguém tiver de ir para a cadeia, este alguém sou eu, não você.

Com certeza, o governo norte-americano a subestimará grosseiramente.

Sentados no banco da igreja, dávamos as mãos. Eu falava com Deus: *Senhor, seja qual for seu plano para mim, eu o aceito. Mas, por favor, proteja minha família. Confio no Senhor. Acredito no Senhor.*

Depois de orarmos, meu pai nos levava ao tribunal. Eu e Kati sentávamos em um banco na calçada, enquanto esperávamos que o prédio abrisse. Sempre chegávamos pelo menos vinte minutos antes — eu queria ter certeza de que não me atrasaria. Enquanto esperávamos, eu pensava sobre como havíamos chegado ali. Trabalhei tanto para realizar o sonho americano! E Kati havia dedicado sua vida para me ajudar a chegar lá. Estávamos juntos naquela montanha-russa. Tivéramos uma infância muito afortunada, mas sofremos durante anos por conta da falência da família. Comemorávamos todas as reviravoltas do destino e nos apoiávamos uns nos outros a cada obstáculo na estrada. E agora éramos dois garotos imigrantes sentados em um banco, esperando o tribunal abrir, querendo confiar na justiça norte-americana.

***

Todas as tardes, quando chegávamos do tribunal, Adriana me convidava:

— Vamos dar um passeio de bicicleta?

Andávamos nas ruas vizinhas à minha casa e procurávamos conversar sobre tudo, exceto o julgamento. Um dia, quando já fazia semanas que eu não conseguia dormir, ela me disse:

— Você sabe que eles não podem prender você por dez anos. Seus advogados estão sendo sensacionais.

— Tem certeza? — perguntei.

— Sim, tenho certeza. Pare de se preocupar tanto.

Ela mentia, mas aquilo me acalmou mesmo assim. Pela primeira vez, dormi a noite toda desde que o julgamento tinha começado. Comecei a perceber que Adriana tinha voltado à minha vida no momento exato. Ela me mantinha forte e positivo.

— Quando isto terminar — eu lhe disse —, vamos nos casar e formar uma família. Se conseguirmos superar isto, poderemos superar tudo.

À noite, os advogados se reuniam em minha casa e nós nos preparávamos para o dia seguinte no tribunal. Os advogados não eram apenas estudiosos e inteligentes, mas eram surpreendentemente divertidos, ótimas companhias. Kati e eu nos demos muito bem com Bob Bennett, uma celebridade que tinha representado Bill Clinton no caso Monica Lewinsky. Ele tinha um senso de humor que desarmava, fazendo piadas sobre si mesmo. Quando o governo me acusou de não pagar impostos sobre as roupas Hugo Boss que recebi como parte do patrocínio da equipe, Bennett deu uma pirueta na frente do júri (um movimento impressionante para um homem corpulento como ele) e reclamou que a Hugo Boss não fazia ternos que servisse em sua "avantajada figura".

Eu e Kati nos tornamos muito próximos de Howard. Sempre que tínhamos dúvidas, recorríamos a ele. Quando estávamos assustados, confusos, ou nos sentíamos para baixo, ele nos assegurava:

— A verdade será revelada e a justiça será cumprida.

Ou fazia uma piada:

— Um cara foi a um restaurante e pediu uma sopa...

Só de ouvir o começo da piada, começávamos a rir. Ele também nos dizia que havia gente em situação pior do que a nossa. O filho de sua irmã, Luke, que tinha sete anos, havia sido diagnosticado com câncer aos três anos de idade e estava sendo submetido à quimioterapia havia quatro anos.

— Minha irmã se preocupa todas as noites com Luke — Howard comentou.

— Deus queira que ele se cure — eu disse a ele.

— Por que Deus deixou que ele adoecesse com tão pouca idade? — perguntou.

Uma noite, bem tarde, entrei no quarto de Kati e sussurrei:

— Kati, você está acordada?

— Não.

— Não consigo dormir.

— Helio, deixe-me em paz — ela me passou o telefone. — Ligue para o Howard.

Disquei o número do celular de Howard:

— Helinho — disse ele. — O que está havendo?

— Não consigo dormir.

Então, Howard me contou sobre um caso que ele e Roy defenderam alguns anos antes, quando representaram um amigo de infância de Howard, Raphael. Ele havia sido acusado de lavar US$ 8 milhões de um cartel colombiano de tráfico de drogas.

— Raphael também era um homem muito religioso, como você, Helinho. E eu perguntei a ele: "por que Deus deixou você ser indiciado por um crime que não cometeu?" Ele respondeu: "Deus governa o mundo". Como você sempre diz, Helinho, Deus tem um plano.

— O que aconteceu com Raphael?

— Foi absolvido de todas as acusações pelo júri.

— Viu, Howard, seu amigo estava certo. Deus tem um plano. Boa noite.

Todos os dias, Roger me telefonava e me perguntava como as coisas estavam indo. Eu explicava da única forma que sabia, usando termos automobilísticos: "Fizemos uma boa parada no box: acho que estamos uma volta na frente", ou: "Pegamos um pouco de ar sujo, hoje; ficamos alguns carros para trás".

— Concentre-se na linha de chegada — ele me dizia. — Relaxe. Seu carro estará esperando por você quando isso tudo terminar.

Eu ficava tranquilo a cada vez que falava com ele.

***

Em 18 de março, meu ex-contador, Pat Bell, prestou depoimento como testemunha do governo. Senti-me como se tivesse batido contra um muro.

Ele falou durante muito tempo, explicando que teve dúzias de reuniões comigo para me explicar sobre impostos. Na verdade, eu me encontrei com ele apenas uma vez, depois Kati assumiu. Ele disse que Kati nunca o informara de que o dinheiro havia sido enviado à empresa de meu pai para pagá-lo e por isso não fora tributado. Então, foram apresentados e-mails e correspondências que mostravam o contrário do que ele afirmava. Fiquei furioso ao ouvi-lo negar a verdade.

Finalmente, o julgamento chegava ao fim. Sabia que dependia demais das minhas quatro últimas testemunhas: Tony Kanaan; Mark Seiden, meu amigo e ex-advogado; Américo Teixeira, meu primeiro assessor de imprensa, quando eu tinha apenas doze anos de idade; e Helio Phydias Zeiglitz de Castro Neves, meu pai.

Na semana em que Tony testemunharia, não conseguimos encontrá-lo. Ele não respondia aos telefonemas e começamos a ficar preocupados. Na noite anterior ao seu depoimento, o advogado dele ligou para o meu e disse que Tony não poderia testemunhar. Ele estava no meio de seu divórcio e tinha alguns problemas. Aquilo marcou um dos piores momentos do julgamento para mim; senti que tinham me desertado e fiquei muito desanimado.

Mas foi um momento em que também descobri quem eram meus verdadeiros amigos: as pessoas que continuaram a me telefonar, a me enviar mensagens de texto e e-mails lembravam-me de que eu não estava só. Recebi muito menos mensagens do que quando venci em Indianápolis ou o *Dancing with the Stars,* mas serei sempre grato às pessoas que ficaram ao meu lado.

Na manhã de 2 de abril, meu amigo Mark sentou-se no banco das testemunhas. Matt Axelrod perguntou a ele porque tinha se recusado a encontrar os promotores para discutir o caso:

— O governo pediu em diversas ocasiões para o senhor falar conosco, certo?

— Sim — respondeu Mark.

— E o senhor recusou-se a nos encontrar, não é?

— Sim. O senhor quer saber o porquê?

— Sr. Seiden, o senhor é um advogado experiente, certo?

— Sim.

— O senhor sabe como isto funciona. Eu faço as perguntas e o senhor responde.

— E eu posso explicar as respostas se quiser.

— Não.

O juiz se pronunciou:

— Um momento. Um momento. Um momento. Se ele quiser explicar uma resposta que lhe foi feita, ele pode.

— Sim, excelência. Acho que a pergunta era apenas se ele se recusou ou não a se encontrar conosco.

— Mas ele quer explicar a resposta que deu. E ele pode.

— Sim, excelência. Vá em frente, sr. Seiden.

— Eu não quis me reunir com vocês porque vocês estão processando injustamente uma pessoa inocente e eu não queria ajudá-los nessa tarefa.

Axelrod se enfureceu ao ouvir aquilo.

O tribunal ficou em silêncio. Senti que tínhamos conseguido alguns carros de vantagem.

Mark prosseguiu explicando o dia da assinatura de contrato com a Penske, o processo de Emerson em 2004 e o fato de que aquele julgamento era ridículo e que nunca deveria ser apresentado a um tribunal federal.

Naquela tarde, Américo Teixeira prestou testemunho. Américo conhecia a mim e a minha família desde o começo de minha carreira. Ele fora editor da *Motorsport Brasil,* a revista oficial da Confederação Brasileira de Automobilismo. Explicou os detalhes do automobilismo no Brasil, dos karts até a Fórmula 3. Contou como conheceu a mim e a meu pai em 1987, e informou que meu pai sempre apoiou minha carreira.

— Quero perguntar sobre o período entre 1999 e 2006 — disse Roy. — O senhor sabia que Helio, o pai, estava promovendo a carreira de Helio Jr. ou conversando com jornalistas naqueles anos?

Houve uma pausa, enquanto o tradutor explicava a Américo o que lhe haviam perguntado. Lembrei-me do pesadelo de 2004, quando, ao testemunhar, fiquei perdido com a tradução e a confusa linha de questionamento. Temi por Américo, mas ele respondeu com firmeza.

— Sim, Helio, o pai, sempre gerenciou a carreira do filho. Ele não era só responsável por diversas atividades profissionais, mas era também o principal contato com a imprensa.

— Seria correto afirmar que Helio, o pai, fez muito no sentido de promover a carreira e a imagem do filho?

— Helio Jr. não teria sido o campeão mundial, o ídolo internacional, por assim dizer, se não fosse pelo apoio de sua família. Mais especificamente, o apoio de seu pai.

O testemunho de Américo foi brilhante e começou a ficar emocionante. Enquanto eu o ouvia, meus olhos ficaram marejados. Ele mostrou uma fotografia de 1989.

— Esse foi o ano em que... Essa é a vitória... Desculpem-me — ele engasgou. — Essa foi a vitória que Helio conquistou em 1989 pelo Campeonato Brasileiro — então, começou a chorar.

Senti um nó se formar em minha garganta.

— Desculpem, desculpem — disse ele. — Mas, ao ver este artigo, lembrei-me de um momento muito importante... Desculpem — afirmou e engasgou novamente.

Comecei a chorar. Os advogados pediram um recesso. Fui ao banheiro, Bob Bennett estava lá. Ele me abraçou e, enquanto fazia isso, tentei me acalmar.

— Helio — Bob falou —, sou de Washington D.C., e nós não nos abraçamos muito, quanto mais no banheiro. Na verdade, é a primeira vez que faço isso.

Começamos a rir e consegui me recompor. Estava pronto para voltar ao tribunal onde Américo daria seu testemunho à acusação.

Axelrod se aproximou do banco das testemunhas:

— Meu nome é Matt Axelrod. Sou advogado assistente dos Estados Unidos, representando os Estados Unidos neste processo. Tenho apenas algumas perguntas para o senhor. É claro que o senhor é muito próximo da família Castroneves, não é?

— Sim, sou.

— E seu relacionamento com a família Castroneves data de mais de vinte anos?

— É verdade. Mais de vinte anos.

— E o senhor se importa muito com eles?

— Sim. Importo-me muito com eles — respondeu Américo.

— E o senhor quer ajudá-los.

— Estou aqui para dizer a verdade. Se a verdade os ajudar, será um prazer.

— Sim, pois o senhor se importa com eles.

— Eu me importo com a verdade e a justiça.

Novamente Axelrod se perdeu. Uma vez mais, o tribunal ficou em silêncio.

Ótimo, com isso ganhávamos mais alguns carros de dianteira, talvez uma volta inteira.

***

No dia seguinte, foi a vez de meu pai. Aquela era a pior parte do julgamento para mim. Sabia que seria assim. Pedi a meus advogados que me deixassem testemunhar em lugar de meu pai, mas, ironicamente, eu não sabia o bastante sobre minhas próprias finanças para poder sentar no banco das testemunhas. Também seria fácil para a acusação me engambelar, como aconteceu no processo de 2004 contra Emerson. Em qualquer outro dia, meu pai seria um ursinho de pelúcia, amoroso e carinhoso. Mas no banco das testemunhas, ele era um urso pardo, feroz e protetor.

Ele contou toda a história, do começo ao fim. Quanto dinheiro gastou naqueles anos, como gerenciava minhas finanças, como havia usado a Seven Promotions para proteger meu dinheiro, e não para fraudar quem quer que fosse. Foi uma agonia vê-lo ali, esforçando-se para contar a história, mas tropeçando quando o tradutor não interpretava a pergunta corretamente. Foi ainda pior quando Axelrod o interrogou. Falou com papai em um tom humilhante, como se ele fosse estúpido e desonesto:

— O senhor assinou ou não assinou estes documentos? — berrou o promotor.

Axelrod perguntava da forma mais confusa possível. O intérprete estava tendo dificuldade para traduzir as perguntas claramente. Kati e eu ficamos o tempo todo sussurrando a Howard e a Roy:

— Não foi isso que ele disse. A tradução está confundindo o significado!

No intervalo, meu pai me perguntou:

— Como estou indo?

— Não sei, pai — respondi, tentando segurar o choro.

O juiz encerrou a sessão e informou que no dia seguinte seriam ouvidos os argumentos finais. Fiquei com um nó no estômago ao escutar aquilo. Estava feliz porque o julgamento estava chegando ao fim, mas estava ansioso pelo veredito. Quando saímos do tribunal, Howard disse a Kati e a mim:

— Hoje é a primeira noite da Páscoa. Quero que vocês venham ao nosso *seder*.[4] Agora, vocês fazem parte da família.

Ao pôr do sol, chegamos à casa de Howard para nosso primeiro *seder*. Sua família nos recebeu com abraços:

---

4   Ceia de Páscoa celebrada pelos judeus. (NT)

— Entrem! Entrem! Estamos muito felizes por vocês terem vindo.

Em uma noite em que deveríamos sentir tensão e medo, sentimos apenas amor e amizade. Fomos cercados por pelo menos trinta pessoas que nos diziam sem parar:

— Sentem-se, sentem-se. Sintam-se em casa.

Tomamos nossos lugares no final de uma mesa comprida, lindamente decorada com cristais e porcelana. Todos conversavam com a tranquilidade e facilidade daqueles que se conhecem a vida inteira. Aquilo me deu saudade da minha família e dos meus amigos no Brasil — as pessoas que me conheceram quando eu era criança. Não o piloto Helio Castroneves, o cara que ganhou o *Dancing with the Stars*, nem o cara que estava sendo julgado por evasão de tributos.

Um menino de sete anos foi até a frente da mesa para recitar as quatro perguntas, um costume da religião judaica, conforme fiquei sabendo. Tinha a pele pálida e o cabelo ralo. Era pequeno para sua idade. Era Luke, o sobrinho de Howard que lutava contra o câncer desde os três anos de idade.

— Por que em todas as outras noites do ano comemos pão e *matzoh*,[5] mas nesta noite comemos apenas *matzoh*? — perguntou Luke. — Por que em todas as outras noites comemos todos os tipos de ervas, mas nesta noite comemos apenas ervas amargas? Por que nas outras noites não mergulhamos nossas ervas em molho nem uma única vez, mas nesta noite as mergulhamos duas vezes? Por que nas outras noites jantamos sentados ou reclinados, mas nesta noite ceamos apenas na posição reclinada?

Luke voltou ao seu lugar e eu o saudei com um dedo positivo:

— Muito bem, amigão. Foi muito bem.

Começamos a conversar e acabei me dando melhor com ele do que com a maioria dos adultos. Ele me via apenas como um cara normal. Era criança demais para saber quem eu era ou o que eu fazia, puro demais para se importar.

Instintivamente, perguntei-lhe, como faço com todas as crianças:

— Luke, o que você quer ser quando crescer?

---

5   Pão duro, sem fermento, feito de farinha branca e água. (NT)

Ah, droga! Logo que as palavras saíram da minha boca, percebi que aquela família temia que o garoto nem mesmo chegasse a se tornar adulto. Ali havia uma criança cuja existência estava em jogo.

— Jogador de basquete profissional. Talvez de futebol. Ainda não resolvi.

Os adultos ficaram em silêncio, todos cientes de que aqueles sonhos eram grandes demais para uma criança que acabara de passar pela terceira sessão de quimioterapia. Mas ele demonstrava um otimismo e uma coragem revigorantes, como só as crianças são capazes de fazer. Ele acreditava que podia conseguir tudo, apesar de estar lutando contra um câncer cujo nome eu não conseguia nem pronunciar.

— Rabdomiossarcoma — disse-me ele sem hesitar.

Bem, aquilo não colocava tudo sob outra perspectiva?

Howard ergueu um prato de *matzoh*:

— Este é o pão da aflição que nossos pais comeram na terra do Egito. Quem quer que esteja faminto, que venha e que coma; quem quer que esteja passando necessidade, que venha e seja recebido com o *seder* da Páscoa. Neste ano, estamos aqui. No ano que vem, estaremos na terra de Israel. Neste ano, somos escravos. No ano que vem, seremos um povo livre.

— Por que ninguém perguntou a Deus porque ele escravizou os judeus? — perguntou Howard. — Por que não estamos perguntando isso, em vez de agradecer por ter nos libertado?

Quando sentou-se para explicar, sussurrei para ele:

— Porque, meu amigo, Deus tem um plano.

Natal com Kati em casa, em Ribeirão Preto.

Kati e eu em São Paulo, 1975.

1987 – papai (de camisa azul, ao lado de mamãe) já era meu empresário.

Minha primeira grande vitória!

Os garotos de São Paulo.

Meu primeiro troféu!

Em meu primeiro kart, com tio Guaraná.

Kati e eu, nos meus anos de Fórmula 3.

Com Ayrton Senna.

Na pista de Silverstone, Inglaterra, com mamãe e Kati.

Equipe Corpal de Fórmula 3.

Preparação.

Pronto para correr.

Comemorando a vitória em Richmond, 2005, com meus pais e minha irmã.

Rumo à minha terceira vitória em Indianápolis.

Homem-Aranha.

O gosto de leite nunca foi tão bom.

O anel número três!

Na minha vitória em Barber (2010), o primeiro pódio de Mikaella.

A família Castroneves recebendo seu mais novo membro!

Mamãe Adriana e Mikaella.

CAPÍTULO 15

Concluindo

*Comece pelo começo
e continue até chegar ao final.
Então, pare.*

Lewis Carroll

E NTREI NO TRIBUNAL para a volta final. Entrei com a cabeça erguida, confiante, porque era inocente e cheio de fé em Deus e no sistema judiciário norte-americano.

A bandeira branca havia sido hasteada: era a última volta. Argumentações finais.

O governo largou primeiro e torci para que começasse mal. Axelrod iniciou atacando. Disse ao júri que não havia problema em enviar o dinheiro ao meu pai, mesmo que ele estivesse no Brasil. Isso acontecia o tempo todo.

— Enviar dinheiro é admissível — afirmou —, mas deduzir esse valor de seu imposto devido, afirmando ter havido uma dedução referente a negócios, requerendo uma dedução por serviços não prestados, isso não é admissível. Isso é fraude tributária.

Queria gritar com ele. *Quantas vezes você ouviu sobre quanto dinheiro meu pai investiu em minha carreira? Todo o trabalho que teve comigo? Quantas vezes fora dito que aquilo era um negócio?* Não se tratava de brincadeiras de jardim da infância. Eu sabia que Axelrod estava fazendo seu trabalho, mas meu sangue fervia quando eu ouvia aquilo. Seu discurso prosseguiu por quatro horas e tentei não ouvir. Não aguentava mais escutá-lo me chamando de criminoso.

***

Então, David apresentou todos os detalhes tributários. Explicou mais uma vez que o dinheiro havia sido enviado ao meu pai como pagamento dos milhões de dólares que ele investira em minha carreira. Explicou mais uma vez o motivo de Alan ter mandado meu dinheiro à Fintage, para que eu tivesse um fundo de aposentadoria quando já não pudesse mais correr. Eu divagava. Estava cansado de ouvir falar de recebimento diferido e pagamento diferido, mas daquela vez entendi um pouco mais sobre o significado desses termos. Olhei para os jurados com esperança de que também eles entendessem. Demorou dez anos para que eu pudesse finalmente compreender — seriam eles capazes de apreender o conceito em apenas seis semanas? Pedi a Deus que sim. Estava muito nervoso para continuar a prestar atenção. Apertei as contas do meu terço e comecei a rezar. *Ave Maria, cheia de graça...*

Paramos para o almoço. Eu não conseguia comer. Fui com minha família à igreja, em frente ao tribunal. Sentamos e rezamos em silêncio. Mal falávamos. Estávamos ansiosos para voltar à corte e acabar logo com tudo aquilo. Os jornalistas cercavam o prédio do tribunal e eu tive o cuidado de manter uma expressão que transmitia força ao passarmos pela multidão, enquanto voltávamos para ouvir meus advogados concluírem suas declarações.

***

Bob Bennett colocou-se — com seu peso avantajado — na frente do júri e começou a fazer sua declaração de encerramento. Prestei atenção. Não tinha como não prestar atenção quando Bob falava.

— Bom dia, senhoras e senhores. Meus irmãos e irmãs na tribuna do júri. Esta é uma acusação muito injusta e uma apresentação de evidências muito pobre. A acusação adotou uma abordagem de aspirador de pó neste caso: colheu coisas aqui, no Brasil e em outros lugares e, então, simplesmente despejou todo o conteúdo sobre o júri, esperando que os senhores e as senhoras, quando fossem deliberar, tentassem juntar as peças e achar alguma violação. O caso não é complexo e confuso apenas por conta do tema em si, mas pelo modo como a acusação apresentou as evidências. Imagine uma casa com janelas sujas, muito sujas. Até mesmo um lindo dia na Flórida não pareceria assim tão bonito se fosse visto através dessas janelas sujas. E é isto o que o governo está fazendo neste caso, da investigação à acusação: vê tudo através de janelas sujas... Há um grande escritor inglês de nome Lewis Carroll que escreveu aquelas histórias fabulosas sobre uma menina chamada Alice no País das

Maravilhas. Parece que um dia, ao andar em um bosque, Alice caiu em uma toca de coelho. Ela caiu, caiu, caiu e, quando chegou ao fundo, ergueu-se e encontrou todos os personagens coloridos de Lewis Carroll. Lá estavam o Chapeleiro Maluco, ou seja, uma lebre gigante que vestia uma cartola, e o sapo de óculos. Havia um aquário com um peixinho dourado. Mas Alice percebeu uma coisa: todos estavam de ponta-cabeça, exceto ela. E aqueles personagens olhavam para Alice como se houvesse algo errado com ela. Bem, senhoras e senhores, acho que meus amigos da acusação caíram no buraco do coelho...

Assim, Bob atraiu a atenção de todos. E começou a pegar todos os fatos do caso, colocá-los todos juntos na toca do coelho, deixá-los em pé e dispô-los na ordem correta. Limpou as janelas sujas. Tudo começou a fazer sentido.

— Vocês acham que quando Kati e Helio assinaram o contrato, eles colocaram as taças de champanhe de lado e disseram: "Chega de comemoração, vamos tratar de negócios, Alan. Entre, por favor, gostaríamos de convidá-lo para participar de nossa conspiração para fraudar o governo dos Estados Unidos. Você aceita?". E que Alan Miller tenha respondido: "Vocês parecem dois garotos legais. Vivi 61 anos da minha vida de forma honesta. Certamente vou me unir a vocês em sua conspiração para fraudar o governo dos Estados Unidos". Isto é um absurdo, senhoras e senhores. São os promotores olhando através da janela suja.

Bob concluiu com uma última reflexão:

— Senhoras e senhores do júri, meu último pensamento para os senhores é o seguinte, pensem bem: quando este caso for concluído, depois que vocês derem seu veredito, voltarão para casa, para todas as alegrias que têm na vida. O juiz Graham irá julgar o próximo caso. Os srs. Dwyer e Axelrod irão processar outra pessoa. Todos os advogados de defesa continuarão com seus trabalhos. Mas Helio, Kati e Alan viverão com seu veredito pelo resto de suas vidas. Confiamos em sua decisão. Eu respeitosamente digo a vocês que o veredito justo neste caso é o que inocenta todos os réus. Muito obrigado.

***

Roy assumiu. Era como se assistíssemos a Ty Cobb dando lugar a Babe Ruth; ou, para aqueles que não cresceram assistindo partidas de beisebol, era como ver Pelé passando a bola para Ronaldo. Roy explicou mais uma vez que meu dinheiro havia sido colocado na Fintage como um fundo de aposentadoria e não com a intenção de fraudar o governo dos Estados Unidos. E que a Seven Promotions estava sendo usada de forma que eu pudesse pagar a meu pai tudo o que ele fizera por mim, e não para lesar o governo norte-americano.

— E o que este homem, Helio, o pai, fez pelo filho? Ele pode ter se tornado um obcecado, mas vejam o que ele fez. Ele pegou um garoto que pilotava um carro que não tinha nem nome. O carro trazia um ponto de interrogação em vez do logo do patrocinador. Este homem estava quase no fim, o dinheiro terminando, e ele realizou um trabalho incrível, fazendo tudo o que podia para apoiar o filho. E, em menos de dez anos, por meio dos esforços deste homem, este garoto, de uma cidade do interior do Brasil, saiu dos karts e de um carro sem nome para se tornar um dos maiores pilotos do mundo, vencendo as 500 Milhas de Indianápolis duas vezes consecutivas e perdendo a terceira vez por milésimos de segundo. Foi isto que este homem fez pelo filho. Vendeu suas propriedades. Levou sua empresa à falência. Dedicou-se noite e dia, batalhando por isso. Todos os finais de semana, ele trabalhava com o garoto para que se tornasse este homem, este campeão, este astro no topo do mundo. Quanto vale isso? Podemos imaginar um valor? Não sei se conseguiríamos. Mas tenho de dizer que, mesmo sendo difícil atribuir um valor a esse esforço, há alguém capaz de dizer que é um crime pagar a este homem pelo que ele fez?

Olhei para meu pai. Meu coração acelerou. Perguntei a mim mesmo se, quando tivesse filhos, faria por eles a mesma coisa que papai fez por mim. Seria eu tão abnegado? Sacrificaria tudo por eles? Apostaria o futuro da minha família para desenvolver o talento de um filho?

Roy continuou:

— Como estamos falando de justiça, vamos falar um pouco sobre fazer justiça com o Helio. Ele não é um imigrante. Ele tem um visto 01, o que significa que pode ficar aqui enquanto estiver pilotando e nada mais. Que benefícios ele recebe? Que benefícios ele recebe por pagar seus impostos, como todos recebemos por pagar os nossos? Ele não tem Previdência Social, não tem assistência médica, o Medicare, garantido pelo governo. Os senhores pensam que quando ele voltar a Ribeirão Preto e apresentar seu cartão Medicare na farmácia local lhe fornecerão remédios ou o médico irá tratá-lo tendo esse cartão como garantia? Isso é justo? Ele não recebeu nenhuma educação pública deste país. Não tem residência permanente. Não obteve a cidadania norte-americana. Não tem o direito de votar. Precisa pedir permissão para viajar. Se quiser um financiamento para comprar uma casa, precisa pagar de trinta a quarenta por cento de impostos. E tem de renovar seu visto a cada três meses. E sabem o que mais, o serviço de imigração pode expulsá-lo quando bem quiser. Como seria se algo acontecesse com ele? O que aconteceria se ele batesse em outro carro ou no muro a 400 quilômetros por hora e ficasse inválido, ou perdesse uma perna, ou adquirisse um dano cerebral permanente? Quem cuidaria dele?

Fiquei ansioso só de ouvir aquilo. Eram coisas sobres as quais nunca pensara; fui treinado para bloquear essa realidade. Foi difícil e chocante ouvir Roy falar daquilo com cores tão vivas.

E ele prosseguiu:

— Sim, porque, se isso acontecer, ele ficará sem trabalho e será mandado para fora deste país. Quem vai cuidar dele? É por isso que são criados fundos como o de aposentadoria para essa gente. Os advogados sabem disso. Alan Miller sabia disso. Foi por isso que ele enviou US$ 5 milhões à Fintage; não para fraudar o governo dos Estados Unidos, mas para proteger Helio.

Naquele momento, as coisas fizeram sentido para mim. Alan tinha anos de experiência representando os melhores pilotos de automobilismo do mundo. Confiei instintivamente que ele faria o melhor para mim, como de fato fez. Assinei aquela pilha de documentos sem ler e talvez este tenha sido o meu erro. Talvez algumas pessoas possam dizer que eu deveria ter feito perguntas em vez de confiar em outras pessoas, mas como eu poderia conhecer todos os detalhes da legislação tributária americana? Eu era um piloto brasileiro de 24 anos, feliz por conseguir a vaga para correr. E, mesmo que eu fosse um banqueiro nova-iorquino de 45 anos, duvido que tivesse entendido o manual de impostos.

***

A exposição de Howard me levou de volta à mesa de jantar de nossa família, em 1987, quando meu pai nos contou que havia vendido a propriedade do Rio para contratar Américo Teixeira para ser meu assessor de imprensa e para comprar meu equipamento.

— Em algumas famílias, isso pode provocar desarmonia — explicou Howard. — Em alguns lares, isso pode trazer rivalidade entre os irmãos. Mas em Ribeirão Preto, em 1987, quando um pai contratou um profissional de relações públicas para um garoto de doze anos, a irmã Kati compreendeu. E ela entendeu que não foi porque eles amavam mais o irmão, ou porque o favoreciam mais, mas sim porque sabia que era um empreendimento da família. O modelo visto em Ribeirão Preto entre 1987 e 1990 foi o de uma irmã devotada à carreira do irmão, sacrificando-se por ele, pois via a mesma coisa que seus pais, o mesmo que todo mundo via naquele menino...

Howard continuou contando sobre os 22 anos em que Kati se dedicou com convicção. Eu não me atrevia a olhar para ela, com medo de que um de nós começasse a chorar. Eu estava me controlando bem até Howard começar a falar da minha família.

— Será que Helio e Kati planejaram vir a este país para cometer um crime? Para não pagar impostos? Kati e Helio vieram a este país para realizar um sonho. O sonho de um pai, o sonho de uma mãe, o sonho de um filho e o sonho de uma irmã; uma irmã que se dedicou ao irmão com altruísmo, sem ciúme nem inveja, apoiando o irmão, sem fama e, de fato, sem fortuna. Ela fez isso porque entendia o propósito desse esforço. Sabia qual seria o resultado. Não imaginava, porém, que terminaria em um tribunal.

Aguente!, disse a mim mesmo, *Não chore.*

— Ela acreditava em seu irmão caçula e estava ali para apoiá-lo em tudo e para protegê-lo. E foi isso o que fez.

Senti um nó na garganta e meus olhos começaram a marejar.

Lembrei-me daquele filme sobre duas garotas que crescem como se fossem irmãs. Uma delas se tornou uma cantora famosa e a outra viveu à sua sombra. Bette Midler cantava a música, talvez vocês se lembrem. O filme era *Amigas para sempre: It must have been cold there in my shadow, / To never have sunlight on your face. / You were content to let me shine, that's your way. / You always walked a step behind.* [Deve fazer frio aí, em minha sombra, / o sol nunca é sentido em seu rosto. / Você se contentou em me deixar brilhar, era seu jeito. / Você sempre andou um passo atrás.]

Ouvi sons de choro ao meu redor. Cerrei os olhos para segurar as lágrimas. Mordi meus lábios.

O tribunal inteiro estava chorando: advogados, testemunhas e até mesmo alguns jurados. A assistente do juiz saiu discretamente da sala para que não percebessem que também ela estava chorando.

Por um momento, pareceu que eu e Kati estávamos sozinhos com Howard. Sem júri, sem juiz, sem imprensa, apenas o irmão e a irmã encarando emoções de uma vida inteira. Ela havia dado tudo de si para que eu chegasse ao topo. Será que eu teria feito o mesmo se ela tivesse precisado que eu desistisse do meu sonho para poder realizar o dela?

Sem mais me conter, comecei a chorar à vista de todos. Kati olhava para baixo, por isso eu não consegui ver seu rosto. Olhei para Howard e percebi que até ele estava engasgado. Sabia que Kati e eu éramos mais do que clientes para ele. Havíamos nos tornado uma família.

Olhei de novo para Kati. Ela sorriu através das lágrimas.

Vai dar tudo certo.

Pela primeira vez em muito tempo, pude sorrir de volta.

Vai dar tudo certo.

***

O sentimento de calor e segurança não durou muito. O governo apresentou um último discurso de encerramento. *Quantas vezes eles vão poder fazer isso?* Permaneci sentado em silêncio, ouvindo novamente os advogados me chamarem de algo que não sou: criminoso, enganador, sem ética, desonesto. O sangue subiu ao meu rosto. Depois do que pareceu ser uma eternidade, a corte entrou em recesso, e o júri entrou em deliberação. Não havia nada a fazer, além de esperar.

Aquela se mostrou a parte mais desesperadora de todo o julgamento. Eu tinha certeza da minha inocência, mas não sabia qual seria a decisão do júri. Todas as manhãs, eu acordava às 5h30 por força do hábito. Queria dormir até mais tarde para fazer os dias passarem mais rapidamente, mas meu corpo não deixava. Eu ia à igreja e, então, Kati e eu ficávamos no apartamento de um amigo, perto do tribunal. O juiz havia ordenado que não ficássemos a mais do que quinze minutos de distância do tribunal, de forma que, quando o veredito saísse, pudéssemos estar lá o mais rapidamente possível. Durante toda a semana, ficamos no apartamento, esperando pelo telefonema.

Falta de notícia era boa notícia. Sabia que, quanto mais tempo o júri deliberasse, maiores seriam nossas chances. As manhãs eram a pior parte do dia. Lá pelas duas da tarde, começávamos a relaxar um pouco. Será que teríamos mais uma noite de paz? Quando o relógio marcava 17h00, respirávamos completamente aliviados. Tudo estaria bem por mais algumas horas. Mas, no dia seguinte, às 5h30, a tortura começava de novo. Foi assim por uma semana.

Eu não sentia nada. Não tinha controle de nada. Entreguei-me ao destino. Aceitaria o plano de Deus, qualquer que fosse.

No sétimo dia, Kati e eu resolvemos esperar o veredito na igreja que ficava em frente ao tribunal. O padre rezava a missa em espanhol. Ele nos deu a comunhão.

Y tomando el pan, habiendo dado gracias, partió, y les dio, diciendo: Esto es mi cuerpo, que por vosotros es dado; haced esto en memoria de mí. [E tomando o pão, tendo dado graças, o partiu e lhes deu, dizendo: Este é meu corpo que é dado por vós; fazei isto memória de mim.]

Ao voltarmos pelo corredor em direção ao banco que ocupávamos, vimos Howard na última fileira da igreja. Não sabíamos por quanto tempo ele estivera ali. Ele acenou para nós com a cabeça. *O júri chegou ao veredito.*

Ave Maria cheia de graça...

— Sr. Castroneves, em pé, por favor.

Quando ouvi aquelas palavras, todas as emoções que eu tinha represado nas últimas seis semanas começaram a emergir. Tentei reprimi-las uma vez mais, mas já não podia. Levantei-me e perdi todo o controle. Senti-me trêmulo e ofegante. Estava fora do meu corpo. Nem sei como consegui me manter em pé. Ao fundo, o juiz começou a ler o veredito com uma voz abafada. Não consegui ouvir nada do que ele disse, apenas os ecos na minha cabeça e minha respiração.

De repente, meu advogado, David Garvin, me agarrou, me abraçou e repetiu alguma coisa várias vezes até que ficou claro:

— Eu disse que ia dar tudo certo. Eu disse que ia dar tudo certo.

Lentamente, meus sentidos voltaram à sala de audiência. O juiz ainda falava.

Kati me agarrou e nos abraçamos.

Houve uma confusão de abraços, beijos, lágrimas, risos e enormes suspiros de alívio. Ainda não sabia se aquilo era verdade.

Inocente. Inocente. Nem mesmo ouvi o juiz Graham dizer aquelas palavras.

Abraçado com minha família, comecei a recuperar o senso de realidade.

Bem, este foi o chá mais bobo a que já fui,
Nunca mais vou voltar!
Lewis Carroll

CAPÍTULO 16

De volta às pistas

Entusiasmo é tudo.
Deve ser tenso e vibrante,
como uma corda de violão.

Pelé

O caminho da vitória

260

O MÊS SEGUINTE PASSOU como se fosse um sonho. Via minha vida através de flashes em vez de vê-la em tempo real. Era muita coisa para processar.

Saí do tribunal e embarquei direto para Long Beach, Califórnia. Assim que desembarquei, vi Cindric segurando meu capacete e meu traje à prova de fogo. Cheguei ao autódromo, onde milhares de torcedores gritavam meu nome. Entrei em meu carro, agarrei o volante e respirei fundo. Não entrava em um carro de corrida havia seis meses e senti isso. Tentei recuperar meu ritmo, mas, durante a volta de classificação, girei e bati. A corrida foi um borrão. Sei que terminei em sétimo; entretanto, pela primeira vez na minha vida, não fiquei decepcionado com o sétimo lugar. Estava muito feliz por poder correr novamente.

Nas três semanas seguintes, aluguei um apartamento em Indianápolis e fui me preparar para as 500 Milhas. Percebi que ninguém esperava que eu vencesse — em termos de treinamento, eu estava meses atrasado com relação aos outros pilotos. Mas estava determinado a recuperar o tempo perdido. Passava todos os dias na pista, do minuto em que o autódromo abria até o minuto em que fechava. A preparação para Indianápolis não acontecia apenas nos treinos. Tive de dar diversas entrevistas e até mesmo viajar algumas vezes para Nova York, para aparecer na TV. Mal consegui dormir nas semanas que antecederam a corrida. Passei esse tempo em aviões, em carros de corrida, participando de programas de entrevista que iam ao ar tarde da noite e acordando cedo para treinar. Não que me importasse. Queria ficar acordado o tempo todo. Finalmente, sentia-me normal de novo, um piloto perseguindo a bandeira quadriculada.

De volta às pistas

O mundo ao meu redor ainda estava um pouco enevoado, um tanto surreal. Girava muito rápido e minha mente não conseguia acompanhar. Ainda tinha aquele agito todo: treinos, programas de TV e entrevistas. Então, a velocidade da vida diminuiu e se acalmou. Percebi que estava em território familiar. Eu estava na linha de largada do Indianapolis Motor Speedway, com a mão sobre o coração, saudando a bandeira norte-americana.

***

O hino nacional era executado enquanto quatrocentos mil espectadores ouviam com a mão no coração. As últimas palavras ecoaram pelo autódromo: "... na terra dos livres e lar dos bravos".

Endireite o peito. Mantenha a concentração.

— Largando na 33ª posição...

— Largando na décima posição...

— Largando na segunda posição...

— E largando na *pole position*, o bicampeão de Indianápolis, Helio Castroneves!

O público ficou louco. Senti um frio na barriga. Era minha hora preferida da corrida — o frio na barriga, a excitação e o nervosismo. Estufei o peito.

Para ser um campeão, você tem de agir como um campeão.

A banda começou a tocar *Back Home Again in Indiana*. Milhares de balões foram lançados ao ar.

Aguente firme, disse a mim mesmo. *Mantenha o controle.*

— Senhoras e senhores, liguem seus motores.

Deus tem um plano.

A bandeirada foi dada e eu larguei. Sabia o que tinha de fazer ali.

***

Eu estava afivelado ao carro, o suor escorrendo pelo rosto, meu coração batendo forte. Mais do que ouvir, eu sentia o zunido do carro. Quatrocentas mil pessoas enchiam as arquibancadas do autódromo de Indianápolis. Eu estava calmo e relaxado. Estava em casa.

Era uma corrida de 500 milhas (800 quilômetros), marcada pelas batidas do coração.

Até as cinco últimas voltas.

Procurei o monitor eletrônico e vi meu nome acima dos outros pilotos. Estava vencendo por dois segundos.

Uma imagem de Adri, Kati, papai e mamãe apareceu no monitor do autódromo. Estavam em pé em uma plataforma, de mãos dadas. Sabia que estavam ansiosos e incertos quanto à vitória. Eu sabia, porém, que aquela corrida era minha.

Naquelas últimas cinco voltas, agarrei o volante e fiz aquilo para que fui treinado minha vida toda.

A cada curva, o nível de adrenalina aumentava.

Três voltas para terminar.

Olhe adiante.

Duas voltas para o final.

Vá mais rápido.

A última volta.

Apenas pilote.

Entrei na reta final. Não olhei no retrovisor. Não precisava, sabia que tinha vencido.

Quando cruzei a linha de chegada, o mundo ficou calmo e silencioso durante um doce momento.

E, então, explodiu.

Fiscais de pista vieram correndo em minha direção. Uma multidão enorme gritava, calando qualquer outro som, exceto a voz em minha mente.

Isto é real. Isto é real.

Eu chorava. Ria. Vibrava os punhos no ar. Enquanto o carro diminuía a velocidade, eu só queria sair dali. Desafivelei o cinto enquanto os fiscais da pista tentavam me impedir de sair do carro antes que ele parasse. Mas saí de qualquer forma. Corri pela pista e subi no alambrado. Enquanto subia, vi mil bandeiras brasileiras tremulando. Ouvi meio milhão de pessoas gritando meu nome.

Pela primeira vez em muito tempo, o mundo estava sendo transmitido em alta resolução e com som estéreo.

Olhei a multidão de torcedores que gritavam e respirei fundo.

Eu estava de volta.

Olhei para o céu e tudo ficou calmo.

Deus tem um plano.

CONCLUSÃO

O começo

E RA 28 DE DEZEMBRO DE 2009. Às 5h30 da manhã de uma daquelas frias manhãs de Atlanta, o termômetro do carro marcava –1° C, mas eu suava. Eu e Adriana seguíamos ao hospital. Em questão de horas, seríamos pais. Adriana estava calma e tranquila, como sempre, enquanto eu me sentia nervoso e excitado.

Quando chegamos ao hospital, a enfermeira nos levou ao nosso quarto. Uma pequena multidão se formou ao redor de Adriana, plugando-a ao monitor, medindo sua pressão sanguínea, fazendo o possível para deixá-la confortável.

O começo

Eu não sabia o que fazer, então, sentei-me ao lado dela, abracei sua perna e esperei. Estava hipnotizado pelo movimento na tela e tranquilizado pelo zunido do monitor.

Um milhão de pensamentos cruzavam minha mente. Será que vou ser um pai tão bom quanto o meu? Será que conseguirei trocar as fraldas dela direito? Serei capaz de criar minha filha do jeito que meus pais me criaram?

Desde o começo, tenho tido muita sorte. Sei disso. Sorte por ter um pai que me contagiou com sua obsessão pelo automobilismo e que foi louco o bastante para me apoiar ao longo da estrada da vitória. Sorte por ter uma mãe que me infundiu uma forte fé em mim e que foi abnegada o suficiente para apoiar meus sonhos, não importando quanto eles a deixavam nervosa. Sorte por ter uma irmã que ficou o tempo todo ao meu lado e que me apoiou a cada passo do caminho. Eles me ajudaram a forjar o homem que hoje sou.

Eu tinha dependido deles durante 35 anos da minha vida, às vezes, talvez, tenha dependido demais da conta. Não queria sair do ninho. Era confortável e seguro. Estava contente em ser filho e irmão, protegido e apoiado por meus pais e minha irmã.

Mas naquele dia eu me tornava pai.

Alguém viria a mim em busca de ajuda pelos próximos 35 anos. Só esperava ser tão abnegado como meus pais foram comigo. Rezei para que pudesse inspirar minha filha a seguir seus sonhos e para que eu pudesse estar lá quando ela precisasse de minha ajuda para realizá-los. Repetirei a ela a mesma filosofia com a qual fui educado: *Para ser uma campea, você deve agir como uma campeã* e *Deus tem um plano.*

E um dia, quando ela ainda tiver vontade de me ouvir, eu lhe contarei quem fui antes de ela vir ao mundo e mudar minha vida.

Fui um piloto de automobilismo, um campeão das 500 Milhas de Indianápolis. Posso até mostrar o vídeo para ela, como uma prova. Fui um cara que nasceu com sorte, chegou ao topo e, rapidamente, caiu até o fundo do poço antes de se erguer novamente. Então, apenas alguns meses antes de ela nascer, quase caí de novo na toca do coelho em um processo judicial movido contra mim pelo governo dos Estados Unidos. Vou contar tudo isso a ela, mas primeiro contarei sobre o dia em que soube que ela viria.

Estávamos em um autódromo, é claro. Foi alguns dias antes das 500 Milhas de Indianapolis de 2009.

— Tenho algo para contar — disse a mãe dela.

E, antes de Adriana falar, eu já sabia. Comecei a chorar, a rir e a pular. Se a vida é uma corrida, naquele dia Deus me guiou de volta à pista.

Pegue o volante, disse Ele, *e vá em frente. Este é o primeiro dia do resto de sua vida.*

Durante meses, um processo federal me fez olhar para trás, algo que eu nunca tinha feito antes. O automobilismo havia me ensinado a apenas olhar para a frente. Não marque bobeira, não se irrite, isso não levará você a nenhum lugar, diziam-me. E estavam certos. Mas aprendi a importância de olhar no espelho retrovisor de vez em quando. Descobri quem eu era e aprendi a perceber quem eu queria me tornar. Passei a gostar dos belos altos e baixos que Deus colocou em meu caminho: vitórias na Indy, falência da família, *Dancing with the Stars,* um processo federal contra mim. E agora, eu era pai.

Ao olhar para trás, desenvolvi um enfoque mais claro quanto ao futuro. Digo a mim mesmo algo que algum dia repetirei para minha filha:

Viva um dia de cada vez. Cada desafio deve ser tratado no seu próprio tempo. A vida é uma corrida. Você não vai vencer na primeira volta. Você tem de manter o ritmo, economizar combustível, ficar firme quando as coisas ficam meio assustadoras. Às vezes, você precisa mudar sua estratégia. Às vezes, tem de ir em velocidade máxima. Não se esqueça, é um trabalho de equipe, você não está sozinha, embora às vezes pareça assim. Mantenha o controle. Confie em si mesma quando os outros duvidarem de você. Lembre-se: se surgir um problema, é porque há uma solução.

***

Às 16h45, Mikaella nasceu. Quando ela chegou ao mundo, tudo ficou quieto. Então, o médico lhe deu uma palmada e ela começou a chorar. Foi o som mais belo que jamais ouvi. Parecia que meu coração ia pular para fora do peito. Não conseguia parar de olhar para ela. Não conseguia parar de rir, chorar, gargalhar. Percebi que aquele foi o momento mais importante da minha vida.

Minutos depois, a enfermeira me entregou meu belo bebê. Tudo nela me impressionava. Seus olhos perfeitos, sua mãos perfeitas, seus lábios perfeitos, seus cabelos densos. Levei um minuto para recuperar o fôlego.

Senti seu coração batendo contra o meu, e meu mundo mudou.

Obrigado, Deus, por este lindo plano.

A corrida é longa e, no final, é apenas com você mesmo.

Apêndice

DESTAQUES NA FÓRMULA INDY

Primeira largada: 18 de março de 2001 (Phoenix International Raceway).

Primeira vitória: 27 de maio de 2001 (Indianapolis Motor Speedway).

Primeira *pole*: 17 de março de 2002 (Phoenix International Raceway).

2011

- Terminou em 11º lugar no Campeonato de Fórmula Indy pela Team Penske com dois pódios (segundo lugar em Edmonton e Sonoma).
- Atingiu a marca de 200 corridas pela equipe de Roger Penske na prova de New Hampshire.

2010

- Terminou em quarto lugar no Campeonato de Fórmula Indy pela Team Penske, com quatro vitórias e duas *pole positions*.
- Com 25 vitórias, assumiu a liderança isolada de recorde de brasileiros vencedores na Indy.

2009

- Terminou em quarto lugar no Campeonato de Fórmula Indy pela Team Penske, com duas vitórias e uma *pole position*.
- Conquistou a *pole position* da 93ª edição das 500 Milhas de Indianápolis.
- Obteve sua terceira vitória nas 500 Milhas de Indianápolis, tornando-se um dos quatro únicos pilotos a vencer três vezes a Indianápolis e o primeiro a realizar o feito desde Al Unser, em 1970-1971.

2008

- Terminou em segundo lugar no Campeonato de Fórmula Indy pela Team Penske, com duas vitórias e três *pole positions*, chegando a um total de 33 *poles* em sua carreira.
- Estendeu a nove seu recorde de anos consecutivos com pelo menos uma vitória.

2007

- Terminou em sexto lugar no Campeonato de Fórmula Indy pela Team Penske, com uma vitória em St. Petersburg, Flórida.
- Terminou seis provas entre os cinco primeiros, e dez provas entre os dez primeiros.
- Conquistou a *pole position* da 91ª edição das 500 Milhas de Indianápolis.
- Estabeleceu o recorde da Fórmula Indy com sete *pole positions* (St. Petersburg, Motegi, Indianápolis, Milwaukee, Watkins Glen, Mid-Ohio e Belle Isle).

2006

- Terminou em terceiro lugar no Campeonato de Fórmula Indy pela Team Penske, com quatro vitórias e cinco *pole positions*.
- Venceu em St. Petersburg, Motegi, Texas e Michigan.

Apêndice

- Chegou entre os cinco primeiros em nove corridas, e entre os dez primeiros em doze corridas.
- Conquistou *pole positions* consecutivas em Milwaukee, Michigan e Kentucky e conquistou *pole positions* em Watkins Glen e Richmond com base na velocidade em treino.
- Também largou na *pole position* em Motegi, quando o *grid* de largada foi definido por pontos.

2005

- Terminou em sexto lugar no Campeonato de Fórmula Indy pela Team Penske, com vitória no Richmond International Raceway.
- Terminou entre os cinco primeiros em oito corridas, e entre os dez primeiros em onze provas.
- Liderou oito corridas por 230 voltas.
- Conquistou *pole positions* em Pikes Peak e em Watkins Glen.

2004

- Terminou em quarto lugar no Campeonato de Fórmula Indy, com uma vitória em Texas2.
- Terminou entre os cinco primeiros em seis corridas, e entre os dez primeiros em treze provas.
- Conquistou cinco Prêmios MBNA Pole (Richmond, Nazareth, Chicagoland, Califórnia, Texas2) e repetiu o recorde estabelecido por Billy Boat em 1998 por conquistar quatro *poles* consecutivas.

2003

- Terminou em quarto lugar no Campeonato de Fórmula Indy, com vitória em Gateway e Nazareth.
- Terminou entre os cinco primeiros em nove corridas, empatando com três outros pilotos pelo maior número de corridas terminadas entre os cinco primeiros.

O caminho da vitória

- Conquistou três *pole positions* (Indianápolis, Gateway, Califórnia) e terminou entre os dez primeiros em onze corridas.
- Conquistou a MBNA Pole para a 87ª edição das 500 Milhas de Indianápolis, tornando-se o primeiro vencedor dessa prova a conquistar a *pole* consecutivamente, em sua tentativa de vencer três edições seguidas. Terminou essa corrida em segundo lugar, tendo um resultado de primeiro lugar e segundo lugar nas suas três primeiras Indianápolis, o que lhe garantiu o melhor resultado de toda a história da prova.

2002

- Venceu pela segunda vez consecutiva as 500 Milhas de Indianápolis pela Marlboro Team Penske, tornando-se o quinto piloto a vencer corridas consecutivas em Indianápolis e o primeiro a realizar tal feito desde Al Unser, em 1970-1971. Primeiro piloto a vencer duas vezes as 500 Milhas de Indianápolis nos dois primeiros anos de sua carreira.
- Terminou o Campeonato de Fórmula Indy em segundo lugar, conquistando vitórias em Indianápolis e Phoenix. Terminou sete corridas entre os três primeiros, doze corridas entre os cinco primeiros e catorze corridas entre os dez primeiros.

2001

- Venceu as 500 Milhas de Indianápolis com uma vantagem de 1,7373 segundos sobre seu colega da equipe Marlboro Team Penske, Gil de Ferran. Liderou as últimas 52 voltas depois de ter largado em 11º.
- Conquistou a 11ª vitória das 500 Milhas de Indianápolis para o dono da equipe, Roger Penske.
- Largou em 17º e chegou em 18º em Phoenix, em sua estreia na Fórmula Indy.

Apêndice

A ESTRADA PARA A FÓRMULA INDY

2001

- Terminou em quarto lugar na CART pela Marlboro Team Penske, liderando desde a *pole position* em Long Beach e Detroit. Também venceu a corrida em Mid-Ohio e conquistou a *pole* em Motegi.

2000

- Conquistou três vitórias (Detroit, Mid-Ohio, Laguna Seca) e três *poles* e terminou a CART em sétimo lugar em seu primeiro ano com a Marlboro Team Penske.
- Primeira vitória de sua carreira na CART, em Detroit.

1999

- Terminou em 15º lugar sua primeira temporada na CART, pela Hogan Racing.
- Conquistou a primeira *pole* de sua carreira, em Milwaukee.

1998

- Terminou a CART Rookie of the Year [estreante do ano] em segundo lugar, pilotando pela Bettenhausen Motorsports.
- Liderou 37 voltas, o melhor entre os estreantes.

1997

- Terminou a PPG-Dayton Indy Lights em segundo lugar, com apenas quatro pontos de diferença em relação ao primeiro lugar.
- Conquistou vitórias na Indy Lights em Long Beach, Savannah e Toronto. Conquistou quatro *pole positions* na Indy Lights.

O caminho da vitória

1996

- Terminou sua primeira temporada na Indy Lights em sétimo lugar, pilotando pela Tasman Motorsports.
- Conquistou a primeira vitória em sua carreira na Indy Lights, liderando desde a *pole position*, em Trois-Rivières.

1995

- Terminou o Campeonato Britânico de Fórmula 3 em terceiro lugar, pilotando pela Paul Stewart Racing com uma vitória em Donington Park.

1994

- Terminou o Campeonato Brasileiro de Fórmula 3 em segundo lugar, com quatro vitórias. Conquistou quatro *poles*.
- Correu na Fórmula 3 britânica.

1993

- Terminou o Campeonato Sul-Americano de Fórmula 3 em segundo lugar, com quatro vitórias e três *poles*.

1992

- Terminou o Campeonato Brasileiro de Fórmula Chevrolet em segundo lugar.

INÍCIO DA CARREIRA

- Competiu em campeonatos de kart, conquistando o título brasileiro da categoria e correndo a Copa Mundial de Kart na Europa.

Agradecimentos

EU GOSTARIA DE agradecer a todas as pessoas que tiveram parte em minhas realizações:

Começando com a Castroneves Racing Family: minha assistente Fernanda, por manter minha vida em ordem. Edu, meu cunhado e o melhor administrador de sites. Kati, minha irmã e empresária, e Jack Mcmahon (que Deus o tenha). No Brasil, Aletéia e Jurandir, que estão comigo desde o começo.

Tio Cícero, tia Mara e os primos Cicinho, Anelise e Fernanda, que têm estado nas arquibancadas dos autódromos desde meus primeiros dias de kart, filmando as corridas e torcendo por mim.

Tia Sheila, vovó Cely e o primo Leonardo — vocês também estavam lá desde o começo, ajudando a acalmar minha mãe durante as corridas.

Tio Xani, os primos Xaninho, Ricardo e Aline — mesmo morando longe, vocês sempre me apoiaram em pensamento e com orações.

Meus avós Diniz e Elza — embora não estejam mais aqui, tenho certeza de que ainda olham por mim.

Os primos de Brasília, Luís Paulo e Elaine, e seus filhos, Dimitrius, Ludmila, Raíssa — que sempre me ofereceram um lugar para ficar em Brasília e sempre vieram às minhas corridas.

Os amigos da escola: Guilherme Lepore, que hoje é padrinho da minha filha. Também Roger, Bola (Daniel, mas para mim sempre será Bola), Miguel, Saulo, Carlão, Lesura, Daniel Branco, Marcelinho, Matheus, Marina Salles, Bim. E os colégios Marista e Objetivo.

Minha equipe da Corpal: Edu, Rubão, Ariovaldo, tio Guaraná, João, Mané, Tato, Passoca, Pedro Muffato e Lagarto. Sem vocês, eu nunca chegaria onde estou agora.

O caminho da vitória

Equipe Nasr: Amir, Samir, Munir, Carlão, Luigi, André e muitos outros. Nunca esquecerei os ótimos momentos que passamos juntos.

Os amigos que fiz quando corri no Reino Unido, inclusive Paul Stewart e Sir Jackie, que continuam sendo grandes amigos ainda hoje, e também Vince Howard.

Minha primeira equipe nos Estados Unidos, Tasman Motorsports, Steve e Christy Horne — obrigado por acreditarem em mim, apesar de todas as dificuldades. O apoio de vocês foi inestimável.

Tony Bettenhausen e Carl Hogan. Apesar de não estarem mais aqui, estão no meu coração.

Roger e Kathy Penske e toda a família Penske. Obrigado pelo carinho que vocês dedicaram a mim todos estes anos. Vocês sempre me fizeram sentir como parte de sua família.

Todos os meus amigos da Penske Corporation, especialmente Walter Czarnecki e Bud Denker. Obrigado por seu apoio.

Tim Cindric, meu mestre em estratégia. Nunca teria conseguido sem você. E obrigado por sempre compreender meu inglês.

Todo o pessoal da equipe Penske. Obrigado por estarem aí o tempo todo. Tenho orgulho de ser colega de equipe de vocês. Troy Anderson, Randy Ankeny, Noel Arnold, Bob Berlin, Andy Borme, Mike Brown, Joe Giordano, Brian Goble, Keith Goslin, Sean Hanrahan, Tim Harris, John Haslett, J. T. Horn, Eric Horsfield, Clive Howell, Pat Hozza, Trevor Jackson, Tim Lambert, Scott Leitheiser, Damon Lopez, Geoff Miller, Grant Newbury, Corey Odenbrett, John Piccinotti, Eric Prentice, Mike Ribas, Rick Rinaman, James Rosemond, Matt Rosentel, Ron Ruzewski, Chris Schwartz, Scott Shimp, Joshua Sides, Tim White, Aaron Yaeger e Gary Yingst.

O tetracampeão das 500 Milhas de Indianápolis Rick Mears, o mestre da oval, por tudo o que me ensinou para vencer no Indianapolis Motor Speedway.

Os companheiros de equipe que me tornaram melhor: Gil de Ferran, Sam Hornish Jr., Ryan Briscoe e Will Power. E os adversários que constantemente me desafiam.

Meu primeiro treinador, Silviano Domingues, que me colocou no caminho certo, há muitos anos, em uma academia de São Paulo. E o meu atual treinador, Carlos Bailey, que pensa que pode me dar uma dura, mas é claro que não pode (he-he-he).

Meus relações-públicas, que sempre estiveram nos bastidores, fazendo que os outros entendessem o que eu dizia — Susan Bradshaw, Lisa Boggs, Jeremy Riffle, Adam Hoover, Dan Passe, Merrill Cain e o mestre Dan Luginbuhl, ou DRL.

Família *Dancing with the Stars:* Deena Katz, Julianne Hough, Amy Astley, todo o elenco e equipe. E Apolo Ohno, por ter me envolvido com o programa.

O time de advogados que venceram meu caso: David Garvin, Roy Black, Howard e Scotty Srebnick, Mark Seiden, Bob Bennett, Lilly Sanches, David Leland, Alan Miller, Carlos Samlut e Noah Fox. Obrigado por acreditarem em Kati e em mim e por recuperarem nossa fé no sistema judiciário.

Os caras com quem fiz amizade antes e durante meu julgamento: Michael Joseph, Ali Soltani e Michael Fux.

Meus parceiros de pôquer e de tênis em Miami: Kiko, Edson, Ronaldo, Sandrinho, Paulinho Rebenboi, Paulo Bachi, Flavio, Raul, Fernando Campos, Ricardo Echenike, Dante e Oswaldo Negri.

Os grandes caras de São Paulo que me ajudaram no começo da carreira: FHJ, Raul Seabra, Américo, Edu H. de Mello, família Chiattone Alves, André Duek, Altair, Siciliano, Sucre, Dieter, Marina Lima, Fátima, Willie Herman, Carlo Gancia, Silviano, Gandini, Sérgio Chamon, José Luis Balardini, seu Mário, Mário Sérgio e Leandro (Lelê).

Meus guias espirituais: Padre Phil DeRea, Padre Mário, Padre Jacó, Lurdinha, Padre Primo, Bob Hills e Don Ancelmo.

Meu incrível editor, Ian Jackman; meu agente literário, Raymond Garcia, e sua equipe na Penguin, especialmente Kim Suarez.

Minha escritora, Marissa Matteo. Belo trabalho e muito obrigado.

E é claro, Adriana, Mikaella, mamãe, papai, Kati, Edu e Dudes.

Todos os amigos não citados aqui, fãs e conhecidos que torcem por mim e que me enviam orações e pensamento positivo.

Obrigado!

Outros livros publicados pela Editora Gaia

A biografia de Kelly Slater
Pipe Dreams

A escalada — a verdadeira história da tragédia no Everest
Anatoli Boukreev

A história de Eddie Aikau, herói havaiano
Stuart Holmes Coleman

A luta de Lance Armstrong
Daniel Coyle

A volta ao mundo em oitenta dias
Álvaro Garnero e José Antonio Ramalho

Everest — escalando a face norte
Matt Dickinson

Guia da mountain bike
José Antonio Ramalho

K2 — vida e morte na montanha mais perigosa do mundo
Ed Viesturs

Lance Armstrong — Programa de Treinamento
Lance Armstrong e Chris Carmichael

Outras ondas
Fred d' Orey

Pelo amor
Kelly Slater

Sete roteiros de aventuras — viajando pelo mundo numa bike
José Antonio Ramalho

Vivendo com o perigo
Brett Nunn

CTP·Impressão·Acabamento
Com arquivos fornecidos pelo Editor

EDITORA e GRÁFICA
VIDA & CONSCIÊNCIA

R. Agostinho Gomes, 2312 • Ipiranga • SP
Fone/fax: (11) 3577-3200 / 3577-3201
e-mail:grafica@vidaeconsciencia.com.br
site: www.vidaeconsciencia.com.br